한국외국어대학교 EU연구소
신사회계약인문사회총서 08

# 비평화의 시대

## 연결성이 – 어떻게 – 갈등의 – 원인이 – 되는가

이 역서는 2022년 대한민국 교육부와 한국연구재단의 지원을 받아
수행된 연구임 (NRF-2022S1A5C2A02091292)

이 책을 아버지 딕 레너드(Dick Leonard)(1930.12.12.~2022.06.24.)를 기리며 헌정한다.

전쟁, 민족주의, 불의의 그늘에서 태어난 그는
노동당 의원, 언론인, 작가, 역사가로서 이러한 악과 싸우며 평생을 보냈다.
그의 진실성, 친절함, 미래에 대한 끊임없는 관심은 우리 모두에게 영감을 주었다.

이는 내 어머니 아이린 하이델베르거-레너드(Irene Heidelberger-Leonard)와의
60년 결혼 생활이라는 아름다운 러브스토리의 토대가 되었다.

아버지의 가치관은 변하지 않았지만,
아버지는 항상 어둠 속에서 빛을 찾아내는 재창조의 대가였다.

우리가 지금 세상을 다시 생각하도록 아버지가 도와주실 수만 있다면.

# 발간에 부쳐

한국외국어대학교 EU연구소 인문사회연구사업단은 한국연구재단의 지원을 받아 "'신(新)사회계약론' 탐구: 대전환 시대 유럽의 응전과 한국"을 연구 주제로 과제를 수행해 오고 있다. 그 과정에서 연구단은 번역서 『노란 조끼 운동』을 시작으로 『법으로 보는 유럽』, 『대전환 시대 유럽의 새로운 길』 및 『신사회계약: 유럽의 성찰과 구상』 등의 단행본을 성과물로 출간했다. 그중 『노란 조끼 운동』은 2024년 세종도서 학술 부문 추천 도서로 선정되는 영광을 얻기도 했다.

본 연구단은 복합 위기와 대전환으로 요약되는 오늘날의 상황에 마주하여 대응 전략을 앞장서 마련하며 실천에 옮기고 있는 유럽의 동향을 추적하는 것을 목표로 하고 있다. 나아가 이를 마당으로 우리 사회의 내일을 구상하는데 긴요하고 유익한 시사점을 제공하는 것 또한 연구의 궁극적 목표로 삼고 있다. 이는 기후 위기, 보건 위기, 노동시장 위기, 인구 절벽과 고령화, 녹색 전환, 디지털 전환 등과 같은 새로운 흐름과 도전에 맞선 유럽의 발 빠른 움직임에는 그 중심에 신(新)사회계약(new social contract)에 관한 논의가 자리하고 있다는 본 연구단의 판단에서 기인한다.

연구단은 현재의 위기와 갈등 및 도전이 일국적인 범주에 국한되어 따로따로 분리되어 진행되고 있다고 보지 않는다. 냉전 이후에 본격화된 글로벌화와 정보화를 매개로 변형된 새로운 국제 질서에 대한 체계적인 이해 없이 오늘날의 위기와 갈등의 원인 및 도전의 성격에 대한 온전한 설명은 불가능하다는 것이 연구단 구성원 간에 공유된 판단이다. 이러한 고민과 문제의식을 연구단이 이번 성과물에 반영하고자 했다. 그리고 그 결실이 연구단의 네 분 전임연구원이 완역한 『비평화의 시대: 연결성이 어떻게 갈등의 원인이 되는가』이다.

2022년 출간된 마크 레너드(Mark Leonard)의 'The Age of Unpeace: How Connectivity Causes Conflict'를 원저로 한 본서는 오늘날을 '비평화의 시대'로 규정하면서 '연결성' 개념을 중심으로 위기와 갈등이 격화되고 있는 국제 사회의 현실을 집중적으로 파헤치고 있다.

본서에 따르면, 1990년대 초반 이루어진 냉전의 해체를 평화 시대의 자연적 도래로 착각한 어리석음을 조롱하듯, 오늘날의 국제 사회는 갈등과 물리적 충돌의 격랑 속으로 치닫고 있다. 시리아 내전, 이스라엘-팔레스타인 전쟁, 러시아-우크라이나 전쟁, 미국과 중국 간의 패권 경쟁 이외에도 국가 간의 긴장 관계는 냉전 시대를 비롯한 이전 시대에 비해 더욱 격화되는 양상이다. 경제의 글로벌화와 사이버공간을 매개로 한 정보화 확산에 기대어 '하나의 세계'가 곧 열릴 것으로 환호하던 분위기는 국가이익을 앞세운 신(新)민족주의의 부상과 배타적인 편 가르기가 당연시되는 적대적이고 날이 선 관계로 대체되고 있다. 도전과 위기에 대한 공동의 응전을 통해 선순환적인 역사 발전을 고대하던 바람은 이익의 이기적인 극대화를 향한 구성원 간의 쳇바퀴 놀음에 힘을 잃어 회의주의적 관점이 대세를 이루는 형국으로 뒤바뀌고 있다. 이러한 현실에 착목하고 있는 레너드는 그 원인을 '연결성'에서 찾고, '비평화 시대'의 내용을 구체적이고 체계적으로 묘사하고 있다.

레너드에게 있어 문제의식의 출발점은 '상호의존' 자체가 갈등을 일으키는 원인이라는 사실에 있다. 무역, 투자, 국제기구를 통해 사람들을 하나로 묶으면 긴장이 줄어들고 평화가 조성된다는 것이 통념이었지만, 현실은 이런 예측과 완전히 다른 모습을 보이고 있다는 것이다. 더욱이 오늘날 폭력과 충돌은 육지, 공중, 바다뿐만 아니라 인터넷, 이주, 기술, 공급망, 금융시스템으로까지 확산하여 전개되고 있다는 점을 레너드는 강조한다. 그 때문에 레너드에게 있어 오늘날은 비평화의 시대이다. 레너드 저작의 수월성은 현실에 대한 면밀한 분석에 머물지 않고, '평화로운 인류 사회'를 위한 해결책을 구상해야 할 그 필요성을 강조하고 있는 점에 있다. 본문에서 밝히듯, "우드로 윌슨, 존 메이너드 케인스처럼, 우리도 새로운 세계 질서를 위한 새로운 건축물을 만들어낼 수 있기를 바란다."는 이와 관련한 저자의 입장을 분명하게 보여주는 대목이다. 평화로운 국제 사회 건설을 위한 구체적이고 풍부한 방안과 그 내용에 관해서는 일정 부분 아쉬움을 남기고 있지만, 레너드는 현실주의적 입장에만 머물지 않는 학자임에는 분명하다. 이러한 부분에서 본 연구단의 문제 인식 및 미래 사회 구상 작업과 관련하여 맞닿을 부분이 상당하다고 본다.

한국연구재단의 지원으로 수행되는 EU연구소 인문사회연구단의 연구 과제 "'신(新)사회계약론' 탐구: 대전환 시대 유럽의 응전과 한국"은 2028년도 상반기까지 진행되는 연구 작업이다. 2단계에 접어드는 2025년부터는 유럽과 우리의 문제를 비교하는 주제도 이제 본격적으로 다룰 계획이다. 연구 과제 수행과 관련된 각 프로그램의 성과물은 앞으로도 주로 학술적인 논문 형식으로 출간될 예정이고, 그 연구 성과물들은 매년 단행본 형태로 엮어 나갈 계획이다. 이후 진행될 세부 연구 주제와 후속 성과물에 대한 연구자와 독자들의 애정 어린 관심과 성원을 재차 당부드리는 바이다.

한국외국어대학교 EU연구소 인문사회연구사업단 연구책임자
겸 정치외교학과 교수
김면회

# 옮긴이 서문

오늘날 우리는 연결의 시대에 살고 있다. 인터넷과 스마트폰, 글로벌 경제체제, 그리고 국제적인 교류 네트워크는 지구촌이라는 말이 더 이상 수사적 표현이 아님을 증명한다. 마크 레너드(Mark Leonard)의 이 책 『비평화의 시대: 연결성이 어떻게 갈등의 원인이 되는가(The Age of Unpeace: How Connectivity Causes Conflict)』는 우리가 당연하게 받아들였던 이 연결성의 긍정적인 면모 뒤에 감춰진 어두운 그림자를 조명한다. 원저자는 우리가 상호 연결된 세상에서 경험하고 있는 새로운 갈등의 형태를 정확히 짚어내며, '연결성'이 단순히 협력과 발전만을 의미하지 않는다는 사실을 냉철하게 분석한다.

이 책을 번역하며 가장 인상 깊었던 점은 원저자가 제시하는 '비평화(Unpeace)'라는 개념이다. 이는 기존의 평화와 전쟁이라는 이분법적 구도에서 벗어날 것을 요구함과 동시에 연결성이 무기화된 새로운 갈등상태를 의미한다. 결국, 비평화라는 개념을 통해 제시하는 연결성이 강화될수록 오히려 갈등이 더 촉발되고 복잡해질 수 있다는 그의 통찰은 오늘날의 국제 사회를 바라보는 새로운 시각을 제공한다. 이는 단순히 국가 간의 문제에 국한되지 않는다. 기술, 경제, 정보, 환경 등 다양한 분야에서 연결성이 갈등의 촉매제가 되는 현상을 원저자는 구체적 사례와 논리를 통해 설득력 있게 풀어낸다.

번역 작업은 쉽지 않았다. 원저자가 제시하는 개념들은 기존의 익숙한 틀을 깨뜨리는 동시에 매우 복잡한 국제 현실을 다루고 있기 때문이다. 특히, 연결성과 갈등의 관계를 설명하기 위해 사용된 다양한 사례와 분석들은 문화적 및 역사적 맥락에 따라 다르게 해석될 수 있으므로, 옮긴이들은 본래의 의미를 온전히 전달하기 위해 많은 고민을 했고, 단어 선택과 문맥의 전달에 신중을 기하고자 했다.

이 책은 독자들에게 연결성의 양면성을 깊이 고민하게 만든다. 우리가 인터넷과 글로벌 경제를 통해 얻은 편리함과 효율성 뒤에는, 서로 간의 의존도가 커짐으로써 발생하는 갈등과 긴장이 동시에 존재한다. 이는 단순히 연결을 끊어야 한다는 결론으로 이어지지 않는다. 오히려 연결성을 어떻게 관리하고, 새로운 형태의 갈등에 어떻게 대응할 것인가에 대한 질문을 던지며 독자 스스로 답을 찾도록 유도한다.

한반도를 둘러싼 지정학적 긴장과 기술 패권 경쟁의 소용돌이 속에서, 이 책은 연결성의 이점을 누리면서도 그 위험에 대비해야 하는 첨예한 도전 앞에 선 우리에게 새로운 국제 질서를 이해하고 대응하는 지혜를 얻는 기회가 될 것이다.

이 책을 번역하는 데 있어 다수의 응원과 지원이 있었다. 우선 이 책의 번역은 2022년 한국연구재단의 『인문사회연구소지원사업』의 일환으로 계획되었음을 밝히고 싶다. '한국연구재단'의 지원이 없었다면 역서의 계획도 출간도 사실상 불가능했을 것이다. 또한 출판시장의 어려운 환경을 무릅쓰며 본 역서의 출간을 흔쾌히 허락해 주신 한국외국어대학교 '지식출판콘텐츠원'에도 깊은 고마움을 전하고 싶다. 특히 장혜정 선생님 이하 편집진 여러분들을 향한 감사함을 빼놓을 수 없다. 이 분들의 노고가 없었다면 꼼꼼한 교정 작업도 역서의 완결성도 불가능했을 것이다.

그리고 번역 과정에서 물심양면으로 여러 선생님의 응원이 있었음도 알리고 싶다. 한국외국어대학교 EU연구소 소장님이신 강유덕 교수님, 인문사회연구사업단 단장님이신 한국외국어대학교 김면회 교수님, 한국유럽학회 회장님이신 한국외국어대학교 김봉철 교수님, 본 사업단에 함께 하시며 항상 든든한 버팀목이 되어주시는 조선대학교 공진성 교수님, 세명대학교 랄프 하베르츠(Ralf Havertz) 교수님 등이 그분들이다. 나아가 그 외 다수 선생님께서도 본 역서에 관심과 애정을 보내주셨는데, 지면 관계상 일일이 존함을 표기하지 못함을 용서 바라며 다만 다른 기회로 인사와 감사함을 표하고자 한다.

옮긴이 일동

# 페이퍼백 서문

그것은 그들이 감히 이름을 붙일 수 없는 갈등이다. 시체가 쌓이고 포탄이 쏟아진다. 그리고 공포가 사방으로 퍼진다. 하지만 러시아에서는 우크라이나에 대한 공격을 전쟁이라고 부르는 것이 여전히 허용되지 않는다. 15년을 감옥에서 보내고 싶지 않다면 말이다.

처음 『비평화의 시대』를 집필했을 때 나는 세계가 새로운 무질서 시대의 문턱에 서 있다고 확신했다. 많은 사람이 글로벌 무역 및 금융시스템, 공급망, 인터넷으로 묶인 보다 평화로운 지구로 나아가고 있다고 기대했었다. 다른 사람들은 경쟁이 세계 정치의 결정적인 힘이 될 것이며, 가장 큰 국가들이 영향력 있는 영역을 구축하고 권력과 영광을 위해 경쟁할 것이라고 주장했었다. 내 책은 이 두 가지 주장이 모두 옳았다고 주장한다. 우리는 전례 없는 상호의존과 치열한 경쟁을 겪고 있다. 연결성이 사람들에게 싸울 새로운 동기와 공격할 새로운 무기를 제공함에 따라, 우리 세계는 그것을 하나로 묶어주는 바로 그 요소들로 인해 분열될 위험에 처해 있다. 나는 갈등을 위한 21세기 무기고에는 경제 제재, 에너지 차단, 이주와 난민 유입, 사이버 공격이 포함된다고 주장한다. 지난 한 해 동안 분명해진 것은 이러한 도구들이 여전히 존재하지만 '열'전(熱戰)을 대체하기보다는 새로운 전선을 개시하고 있다는 점이다. 그리고 이제 이러한 갈등은 에너지 요금 상승에서 식량 공급 감소, 막대한 주택 담보대출, 피난처를 찾는 절망적인 사람들에 이르기까지 일상생활의 많은 측면을 변화시키고 있다.

불가리아의 지식인 이반 크라스테프(Ivan Krastev)는 우리의 현시대와 1920년대 및 1930년대를 비교하면서 익숙하지만 거의 잊혀진 죽음, 파괴, 고통의 이미지를 바라보는 서방세계의 충격을 요약해서 표현했다. 그 당시 사람들은 자신들이 '전후'의 세계에 살고 있다고 생각했다. 하지만 후대의 역사가들은 이를 '전간기'라고 불렀다. 그는 냉전 종식과 2022년 2월 24일 사이의 우리 경험도 마찬가지일 것이라고 암시했다.[1]

그러나 크라스테프는 푸틴의 러시아에 살고 있지 않다. 푸틴 대통령은 사람들에게 이 갈등을 '특수 작전'으로만 지칭하도록 명령했다. 푸틴의 오웰식 언어 사용은 — 키이우의 유대인 대통령을 나치라고 부르거나 파괴의 책임을 우크라이나 군대에 돌리며 비난하기로 한 그의 결정과 함께 — 그가 평행 우주에 살고 있다는 또 다른 증거로 제시되었다. 크렘린의 언어 통제는 이웃 국가에 대한 폭력적 해체를 지지하지 않는 대중의 반발을 막기 위해 고안된 것이다. 그러나 푸틴의 탄압은 비록 그의 거짓을 위한 것일지라도, 우크라이나에서의 싸움이 전쟁과 평화 사이를 오가던 오랜 여정에서 또 하나의 전쟁에 불과하다고 가정하는 것은 오류일 것이다. 어떤 의미에서 푸틴이 '전쟁'이라는 단어의 사용을 거부한 것은 지정학에 대한 더 깊은 진실을 가리킨다. 이 책에서 내가 주장하듯이 전쟁과 평화의 구분은 근본적으로 무너졌다.

전투의 발발이 러시아와 우크라이나 간의 투쟁에서 끔찍한 확전을 의미한다고 해도, 우리는 2022년 2월 24일 이전에 '전간기'에 살지 않았다. 세계는 이미 폭력적인 갈등으로 가득 차 있었고, 이미 최소 8년 동안 러시아군 및 그 대리인들과 싸워온 우크라이나 사람들보다 이를 더 잘 아는 사람은 없었다.

더 나쁜 것은, 우크라이나에서 가장 폭력적인 싸움이 끝나더라도 평화가 이어지지 않을 가능성이 높다는 것이다. 2022년 우크라이나 침공은 새로운 '비평화'의 시대에 현대적인 '연결성 갈등'으로 이해하는 것이 더 좋을 것이다. 일부의 주장처럼 그것은 유럽 전쟁의 초기 시대로 회귀하는 것이 아니라 앞으로 다가올 글로벌 불안정의 징조이다. 앞으로 지정학은 장군이나 총리만의 문제가 아니라 우리 삶의 모든 측면에 스며들어 우리 모두의 핵심적인 문제가 될 것이다.

## 연결성 갈등으로서의 우크라이나 전쟁

우크라이나의 정체성과 역사는 처음부터 연결성과 그로 인해 조성된 긴장에 의해 형성되었다. 우크라이나라는 국가명 — 일찍이 서기 1187년에 처음 사용된 — 은 '국경 지역(frontier region)' 또는 '경계지(borderland)'를 뜻하는 슬라브어에서 유래한다. 이는 우크라이나가 무역, 사상과 종교의 확산, 군대의 이동을 촉진하는 등 항상 다른 대륙을 연결하는 네트워크의 노드 역할을 해왔다는 사실을 나타낸다. 우크라이나는 다양한 영향력을 독특한 코사크 정체성으로 통합하여 번영을 이루었다.

1991년 소련 붕괴와 함께 시작된 우크라이나의 통합된 현대 국가의 지위는 러시아와의 연결과 유럽연합(EU)과의 연결 사이의 싸움, 즉 동방 국가로서의 사명과 서방 국가로서의 사명 간의 끊임없는 긴장을 특징으로 했다. 우크라이나 경제 모델은 탄화수소가 통과할 수 있는 파이프라인으로 정의되며, 이 기간 시설은 우크라이나의 전체 산업 기반에 핵심이 되었다. 그리고 키이우의 가장 큰 위기 — 2004년, 2014년, 2022년 — 는 이러한 동서 간의 갈등이 폭력적으로 표출된 것이었다.[2] 그런 의미에서 현대 우크라이나는 내가 이 책에서 설명하는 일종의 '연결성 갈등'의 물리적 구체화라고 할 수 있다.

내가 처음 우크라이나를 여행한 것은 그러한 위기 중 하나인 소위 '오렌지 혁명'이 일어난 직후였다. 2004년 우크라이나는 모스크바의 지원을 받는 빅토르 야누코비치와 친서방적인 빅토르 유셴코 간의 사이에서 문명의 선택으로 제시된 선거를 치렀었다. 야누코비치가 선거를 도둑질하려 했고, 그의 경쟁자가 독극물에 중독된 의심스런 상황에서, 수천 명의 우크라이나인이 거리로 나와 독립 광장인 마이단에 캠프를 차렸다. 그리고 오렌지색(유셴코의 선거 색상) 옷을 입고 민주주의와 유럽의 미래에 대한 열망을 표출했다.

몇 년 후 나는 빅토르 유셴코를 인터뷰하기 위해 키이우로 갔다. 그는 잘 재단된 양복에 밝은 빨간색 넥타이를 매고 있었지만 내 시선을 사로잡은 것은 그의 얼굴이었다. 전 세계를 충격에 빠뜨리고 혁명을 불러온 바로 그 유명한 얼굴이었다. 마맛자국과 옹종으로 훼손된 그 얼굴은 유셴코의 죽을 뻔한 이야기와 그의 나라가 민주주의를 위해 벌인 처절한 투쟁에 관한 이야기를 말해주고 있었다. 그러나 유셴코의 라자루스* 식 부활과 선거 승리로 줄다리기가 해결된 것은 아니었다. 사실 그 후 몇 년 동안 우크라이나는 서방과 러시아 사이에서 정치적 교착 상태에 빠져 있었다.

## 러시아의 '특수 작전' 역사

러시아는 우크라이나와의 관계를 이용해 서쪽 이웃 국가를 다양한 방식으로 조종했다. 우크라이나로 가는 가스를 차단하고, 우크라이나 TV 채널을 매입했으며, 정치인에게 뇌물을 주었고, 사이버 공격을 가했고, 무비자 여행을 도입했으며, 심지어는 수천 명의 우크라이나 시민에게 러시아 여권을 발급해 주기까지 했다. 우크라이나가 여전히 EU로 끌려가고 있다고 느끼자, 모스크바는 소련 붕괴 이후의 국가들 사이에서 러시아의 매력을 높이기 위해 '유라시아경제연합(Eurasian Economic Union)'을 창설하기도 했다. 브뤼셀의 관료 양성 교육 기관인 브뤼헤의 '유럽 대

* 라자루스(Lazarus)는 성경 요한복음에 나오는 죽음에서 부활한 사람 중의 하나이다. '하나님이 도우셨다'라는 뜻의 히브리어 엘르아살(Eleazar)에서 유래된 것으로, 성경에 따르면 마르타와 마리아의 오빠로 죽은 지 4일 만에 예수가 살린 사람이다.

학(College of Europe)' 출신 러시아 졸업생들은 새로운 연합의 기관을 설계해 달라는 요청을 받기까지 했다. 그 후 모스크바는 연합에의 가입을 위해 우크라이나와 다른 구소련 공화국들을 설득하기 시작했다. EU는 우크라이나에 유라시아경제연합에 서명하거나 EU와의 제휴 협정을 채택하는 것 중 하나를 선택해야 한다고 말했다. 그러나 우크라이나는 둘 다 할 수 없었다.

빅토르 야누코비치가 2010년 선거 이후 대통령직에 복귀하고 우유부단함으로 국정 운영이 마비되었을 때, 결국 그는 EU와의 제휴 협정을 마지막 순간에 거부하고 모스크바에 기댈 것이라고 발표했다. 이에 수십만 명의 우크라이나인들이 다시 거리로 나와 마이단을 점거하고 이번에는 오렌지색 옷을 입는 대신 EU 깃발을 흔들면서 제2의 혁명이 일어났다. 당황한 야누코비치는 처음에는 군대에 시위대를 향해 총을 쏘라고 지시했다가 러시아로 도망쳤고, 푸틴은 우크라이나가 자신의 손아귀에서 빠져나가는 것에 두려움을 느꼈다.

러시아 대통령의 반응은 예상치 못할 만큼 폭력적이었다. 그는 우크라이나의 주요 기간 시설에 대해 신속히 사이버 공격을 시작하여 국가를 마비시켰다. 그리고 이후에 벌어진 혼란 속에서 그는 크림반도와 돈바스에 비밀 요원을 파견하여 우크라이나로부터의 독립과 모스크바에 대한 충성을 선언하게 했다. 이러한 사이버 공격, '리틀 그린 맨',* 그리고

* 리틀 그린 맨(little green men)은 2014년 러시아-우크라이나 전쟁 때 표식이 없는 녹색

허위 정보의 사용은 그가 정식으로 전쟁을 시작했다는 비난을 받지 않고도 우크라이나를 약화할 수 있게 했다. 이는 처음에는 서방에 혼란을 일으키는 데 매우 효과적 — 몇몇 유럽 국가들은 이것이 현지의 정치적 각성이 아니라 모스크바의 소행이라는 사실을 받아들이는 데 몇 주가 걸렸다 — 이었다. 즉, 서방의 대응은 처음에는 매우 제한적이었고 크림반도 합병에 직접 연루된 사람들을 겨냥한 몇 가지 약한 제재만 있었다. 결국 MH17 여객기 격추 사건*으로 300명에 가까운 사망자가 발생하면서 EU는 러시아의 침략을 처벌하지 않으면 훨씬 더 많은 민간인이 피해를 볼 수 있다는 것을 깨닫고 더 광범위한 제재를 도입하기 시작했다.

그 잔인한 합병 이후 나는 여러 차례 우크라이나를 방문했고, 전쟁의 여파 속에서 국가를 건설하려고 애쓰던 용감하고 영감을 주는 사람들을 많이 만났다. 현재 상황이 점점 더 불확실성에 휩싸이는 것을 지켜보면서, 나는 그들의 침착함과 품위 있는 태도에 계속 경외감을 느끼고 있다. 그들의 투쟁은 세계가 현상을 바라도록 만들었으며, 또 다른 세상이 가능할 것인지 생각해 보는 데 영감을 주었다.

군복을 입고 복면을 쓴 채로 등장한 위장한 러시아군 무장 군인들을 일컫는 표현이다.

* MH17 여객기 격추 사건은 2014년 7월 17일 네덜란드 암스테르담에서 이륙해 말레이시아 쿠알라룸푸르로 향하던 말레이시아 항공 MH17편이 우크라이나 동부 도네츠크 지역 상공에서 우크라이나 친러 분리주의 반군 세력의 미사일 발사로 격추당한 사건이다. 이 사건으로 탑승 인원 298명이 전원 사망했으며, 러시아의 책임을 둘러싼 국제적 갈등이 발생하면서 유럽연합(EU)의 대러시아 제재가 강화되었다.

## 우리의 글로벌 미래를 위한 우크라이나의 교훈

내 세계관에 가장 근본적인 충격을 준 것은 상호의존 자체가 갈등을 일으키는 원인처럼 보인다는 사실이었다. 무역, 투자, 국제기구를 통해 사람들을 하나로 묶으면 긴장이 줄어들고 평화가 조성된다는 것이 기존의 통념이었다. 하지만 우크라이나에서의 생생한 경험은 이러한 많은 거대 이론과 모순되는 것처럼 보였다. 사실 우크라이나와 러시아, 그리고 서방 간의 연결고리와 그것이 우크라이나의 발전에 미친 방식이 세 당사자 간의 불안의 핵심에 있는 것처럼 보였다.

유럽인들은 우크라이나와 더 많은 관계를 맺어 상황을 진정시키려고 노력했었다. 그들은 러시아와 '현대화를 위한 파트너십(partnership for modernization)'을 구축하려고 노력했고, 경제적 연결을 강화함으로써 정치적 변화를 촉진할 수 있을 것으로 기대했었다. 이것이 바로 많은 서방 에너지 기업들 — 예컨대 BP, Total, RWE — 이 러시아와 연결을 구축하도록 장려를 받은 이유 중 하나이다. 우리는 모든 종류의 상호의존이 동등하지 않다는 것을 뼈저리게 배웠다. 한쪽이 다른 쪽에 더 많이 의존하면 협박에 노출될 수 있으며, 러시아는 에너지 차단을 통해 이를 즐겨 이용했다. 또 다른 중요한 교훈은 다자간 통합 프로젝트가 갈등을 완화할 수도 있지만, 갈등을 유발할 수도 있다는 것이다. EU는 제휴 협정을 기술적 과정으로 취급했지만, 크렘린에서는 이를 지정학적 움직임으로 바라보았다. 이는 연결성에 대한 서로 다른 비전이 지닌 위험성을 보여주는데, 이에 대해서는 나중에 자세히 살펴볼 것이다.

돌이켜보면, 10년에 걸친 EU와 러시아 간의 줄다리기는 우크라이나와 러시아 간의 더 광범위하고 폭력적인 전투의 서막이었다. 상호의존의 전쟁에서 이길 수 없었던 푸틴은 사이버 공격과 정보 전쟁에서 에너지 가격 조작과 민간인 강제 대피에 이르기까지 무기화된 연결의 힘을 통해 강화된 군사력을 동원하기에 이르렀다. 푸틴의 군사적 폭력이 우크라이나의 전투 의지를 꺾을 수 있을지 여부와 관계없이, 그가 제2차 세계대전 이후 최대의 난민 위기를 유발했다는 사실은 젤렌스키를 지지하는 유럽 국가들의 정치를 뒤흔들 것이다.

한편으로, 유럽인과 미국인은 이전에는 상상할 수 없었던 방식으로 자국의 경제와 사회를 무기로 삼고 있다. 러시아 중앙은행에 대한 제재에 겸하여, 러시아 민간 은행을 스위프트* 정보 전송 시스템에서 배제하고, 러시아산 석유와 가스에 대한 보이콧 등은 전면적인 금융 전쟁과 다름없다. 더욱이, 러시아를 투자하기 어려운 환경으로 만들어 마이크로소프트, 맥도날드, 넷플릭스, 스타벅스 등 수십 개의 서방 브랜드가 러시아에서 철수하도록 유도했다. 2022년 2월 말, 구글과 애플은 비접촉 결제 시스템을 중단했고, 모스크바 지하철에서는 사람들이 주머니를 더

* 스위프트(SWIFT)는 전 세계의 은행과 금융 기관이 거래 정보를 안전하고 신속하게 전송할 수 있는 네트워크이다. 1973년 15개국 239개 은행이 금융 정보 형식을 표준화해 금융 기관이나 기업이 정보를 전자적으로 더 쉽게 상호 교환할 수 있도록 하고자 설립되었다. 그 이후로 SWIFT 거래는 전 세계 금융 부문에서 자금 이체를 위한 공식 표준이 되었다. 오늘날 200여 개 국가 및 지역에서 11,000개 이상의 기업이 SWIFT에 접속하고 있다.

듣으며 거스름돈을 찾느라 긴 줄이 늘어섰다. 전쟁은 더 이상 전장에서의 폭력에 국한되지 않으며, 민간과 군대의 구분이 점점 모호해지고 있다. 소비자로서든, 기업으로서든 또는 시민으로서든 우리는 이러한 새로운 갈등에서 자신도 모르게 모두가 전투원이 될 위험에 처해 있다.

## 세계를 단절시킬 수 있는 연결성 갈등

이 글을 쓰는 시점에 이 다툼이 어떻게 전개될지는 불확실하다. 하지만 우리는 이미 몇 가지 예측을 자신 있게 할 수 있다.

첫째, 비행기와 드론, 탱크와 포탄을 통한 물리적 전투는 이 책에서 설명하는 모든 전장을 아우르는 훨씬 더 넓은 연결성 전쟁의 맥락에서 하나의 전선에 불과할 것이다. 어쩌면 우리가 상상하지 못했던 새로운 전선이 있을 수도 있다. 우크라이나 침공 이전에도, 러시아는 댓글부대를 이용해 서방의 선거를 조작하고, 마린 르 펜과 같은 포퓰리스트 정치인에게 대출을 제공하고, 에너지 가격을 조작하고, 서방 제품에 대한 제재를 시행하는 것은 물론이고, 사이버 공격, 강제 이주, 심지어 폴로늄과 노비초크와 같은 화학 무기를 사용해 서방 시민을 공격하는 것을 목격했다. 이는 전쟁에 대한 기존의 설명에는 맞지 않을지 몰라도, 확실히 평화처럼 느껴지지는 않았다.

둘째, 이 갈등의 역학은 매우 예측할 수 없을 것이라는 점이다. 이러한 종류의 갈등이 지닌 독특한 점은, 그 갈등들이 눈에 보이지 않고, 부인할 수 없으며, 모호한 방식으로 진행되는 경우가 많다는 것이다. 때때로 국가는 상대방을 혼란에 빠뜨리기 위해 위장 작전을 펼치기도 할 것이다. 때로는 기업들이 메시지를 전달하는 데 이용되는데, 그들이 행동하는 밑바탕에는 이윤 추구가 아닌 정치적인 동기가 깔려 있다.

셋째, 가장 뜨거운 열전의 국면이 끝나더라도, 질서가 뒤따르지 않을 가능성이 있다. 관계를 위한 새로운 확실성과 안정적인 틀을 만드는 조약이 아니라, 기껏해야 일종의 '비평화 조약'을 맺게 될 가능성이 높다. 이 때문에 뜨거운 열전은 끝났어도 지속적인 갈등과 경쟁의 여지는 남아 있게 될 것이다. 평화 협정은 군대를 철수하고 국경을 확정하도록 국가들에 명령할 수는 있다. 하지만 평화 협정이 사이버 공격, 허위 정보 유포, 에너지 차단, 비공식 경제 제재, 심지어는 소위 '리틀 그린 맨'의 이동까지 막을 수는 없다.

그런 의미에서 러시아와 공유된 일련의 제도와 규범을 중심으로 협력적인 유럽 질서가 구축될 수 있다는 희망은 이제 역사가 될 것이다. 그 대신에, 러시아에 대항하여 질서를 구축하려는 시도가 있게 될 것이다. 유럽인들은 경제와 금융시스템을 모스크바와 분리하고 크렘린에 대한 의존도를 최소화하려고 노력할 것이다. 모든 국가가 상호의존성을 잠재적 취약점으로 인식하기 시작하면서, 우리는 온쇼어링*이 급증하고

* 온쇼어링(onshoring)은 비용 절감 등의 이유로 국외로 생산기지를 옮겼던 기업이 다시 본국으로 돌아오는 현상을 말한다. 리쇼어링(reshoring)과 비슷한 개념이다. 반면에 원가 절감과 현지 진출 등을 목적으로 인건비가 저렴한 다른 나라에 현지 공장이나 기업을 세워 진출하는 것을 오프쇼어링(offshoring)이라고 하며, 인접 국가로 옮기는 경우에는 니어쇼

일부 글로벌 공급망이 해체되는 것을 보게 될 것이다.

궁극적으로 우리가 러시아와 거대한 땅덩어리를 공유하고 있다는 사실은 우리가 러시아 곰으로부터 완전히 차단될 수 없다는 것을 의미한다. 질서는 모두가 추구하고 존중할 때만 존재할 수 있다. 그리고 정확히 그것이야말로 일어날 가능성이 없는 일이다.

현대 전쟁의 가장 파괴적인 측면의 일부를 피할 수는 있을 것이다. 그러나 궁극적으로 우리가 서로 연결되어 있는 한, 갈등의 가능성은 항상 존재할 것이다. 그 때문에 우크라이나 전쟁은 또 다른 비평화의 시대로 끝날 것이다.

어링(nearshoring)이라고 한다.

# 차례

# 서론 _ 연결성의 난제

우리는 새로운, 조용한 팬데믹의 문턱에 서 있는지도 모른다. 코로나-19처럼, 이는 지구 전역을 휩쓸고, 기하급수적으로 퍼지며, 네트워크화된 세상의 틈을 이용하고 우리의 방어선을 피하고자 끊임없이 돌연변이를 일으키고 있다. 그러나 인류 전체를 질병에 맞서게 하는 바이러스와 달리, 이 새로운 팬데믹은 인간에서 인간으로 의도적으로 전염되고 있다. 이는 생물학적 힘이 아니라 바이러스처럼 증식하는 일련의 유독한 행동이다. 사람과 국가 간의 연결이 무기가 되고 있다.

코로나에 대한 우리의 대응을 살펴보자. 보급되어야 할 백신, 마스크, 가운이 충분하지 않았고, 각국은 전 세계 공급을 늘리기 위해 협력하기보다는 자국의 재고를 다른 나라를 괴롭히는 데 사용했다. 바이러스가 처음 발생했을 때 중국 정부는 의약품, 마스크, 개인보호장비를 비축했다. 그리고 바이러스가 확산하자 이러한 물품을 뇌물과 협박에 사용했다. 중국의 동맹국인 브라질, 세르비아, 이탈리아에는 마스크와 백신이 쏟아졌다. 그러나 호주, 프랑스, 네덜란드, 스웨덴, 미국과 같이 보다 비판적인 입장의 국가들은 정부 정책을 바꾸지 않으면 공급을 보류하겠다는 위협에 직면했다.[1]

이러한 유독한 연결은 비단 무역에만 국한된 것이 아니다. 미국에서 조지 플로이드 살인 사건으로 '흑인의 생명도 소중하다'라는 시위가 맹위를 떨쳤을 때, '파시스트 경찰'에 대한 폭력을 촉구하는 아프리카 소셜미디어 게시물이 쏟아졌다. 이는 전 세계적인 정치적 각성처럼 보였지만 러시아 국가의 자금 지원을 받은 가나와 나이지리아의 댓글부대에 의해 조직된 것이었다.

기술 자체에 대한 갈등이 세계 최대 기업들에도 영향을 미치고 있다. 구글과 화웨이는 가장 성공적인 휴대폰 제조업체와 가장 널리 사용되는 운영 체제 간의 파트너십을 구축하며 수년간 긴밀하게 협력해 왔었다. 하지만 미국이 중국 휴대폰 제조업체를 거래 금지 목록에 올리자, 구글은 안드로이드 플랫폼에서 화웨이를 금지했고, 수백만 명이 휴대폰을 업데이트할 수 없게 되면서 중국의 거대 기술 기업은 위기에 빠졌다.

동맹국들조차도 종종 갈등을 빚는 것처럼 보인다. 예를 들어, 2020년 12월 프랑스 정부가 국경을 봉쇄하자 영국 슈퍼마켓에서는 과일과 채소가 바닥났다. 영국 화물차에 대한 운행 금지는 표면적으로는 코로나를 통제하기 위한 것이었지만, 브렉시트 협상 막바지에 다우닝가에 압박을 가하는 결과를 낳기도 했다.

또한 초강대국들이 힘을 과시하는 동안, 약소국들도 비슷한 전술을 사용하여 반격에 나서고 있다. 같은 해 이란 해군은 강력한 제재에 대해 항의하기 위해 유조선을 나포했다. 이는 금융 봉쇄에 대한 지지를 깨기 위해 고안된 해적 행위였다. 몇 달 전, 인근 튀르키예에서는 대통령이 그리스와의 국경을 개방하여, 수백만 명의 시리아 난민에게 유럽에서 더 나은 삶을 찾을 것을 촉구했다. 그의 목표는 난민들이 꿈을 좇도록 돕는 것이 아니라 난민 물결이라는 위협을 이용해 EU로부터 양보를 얻어내는 것이었다.

중국의 괴롭힘, 러시아의 댓글공작, 미국의 규제, 프랑스의 봉쇄, 이란의 해적 행위, 튀르키예의 협박 등이 지닌 공통점은 무엇일까? 그것은 하늘에서 떨어진 소행성이나 지진과 같은 무작위적인 사고가 아니라 새로운 유형의 정치적 폭력이었다. 각각은 연결된 세상의 약점을 이용하기 위해 완벽하게 진화된 무기였다. 한 국가가 이러한 무기를 사용할 때마다 다른 국가도 보복에 나서면서 치명적인 긴장의 소용돌이를 만들고 있다. 그리고 우리가 21세기에 접어들면서 이러한 무기의 사용이 팬데믹 수준으로 확산하고 있다.

## 비전쟁과 비평화

이 책은 단순한 생각을 담고 있다. 즉, 세상을 하나로 묶는 연결이 세상을 갈라놓기도 한다는 점이다. 너무나 위험해서 핵 강대국 간의 전쟁을 생각조차 하기 힘든 세상에서, 국가들은 서로를 연결하는 바로 그것들을 조작하여 갈등을 일으키고 있다.[2] 강대국 정치는 마치 부부가 서로의 존재를 견딜 수 없으면서도 이혼할 수 없는 사랑 없는 결혼과 같이 되어버렸다. 그리고 불행한 부부처럼 우리가 좋은 시절에 공유했던 것들이 나쁜 시절에는 해를 끼치는 수단이 되고 있다. 결혼 생활이 무너지면 보복하는 배우자들은 자녀, 개, 별장을 이용해 서로에게 상처를 입히려 할 것이다. 지정학에서는 무역, 금융, 사람들의 이동, 팬데믹, 기후 변화, 그리고 무엇보다도 인터넷이 무기가 되고 있다.[3] 그리고 나중에 분명해질 것이지만, 사람들에게 싸울 기회와 경쟁할 이유, 그리고 배치할 무기를 제공하는 것은 연결성 바로 그 자체이다.

깊은 상호의존성이 국가 간 경쟁을 없애기보다는 오히려 그것을 부추기는 것 같다. 경제적 강압이 새로운 것은 아니지만, 글로벌화의 숨겨진 배선은 새로운 것이다. 그리고 그것이 조작되는 방식은 제재, 봉쇄, 홍보 캠페인에 바이러스성과 치명성을 부여하는데, 이는 우리 세계가 네트워크에 의해 정의되기 전에는 존재하지 않았던 것이다. 저널리스트 토머스 프리드먼은 우리의 글로벌화된 세상이 평평하다고 주장했지만, 사실은 그 반대이다. 즉, 세상은 고르지 않고 산이 많은 네트워크이다. 일부 국가들은 다른 국가들보다 시스템의 중심에 있다. 그들은 경쟁국을 차단하고 허브에 대한 장악력을 이용하여 자신의 힘을 과시할 수 있다. 마치 미국이 달러와 인터넷 장악으로, 또는 중국이 의료용품 제조와 희토류 접근권을 가지고 하는 것처럼 말이다. 그러나 약소국도 이란이 해운로를 봉쇄하거나 튀르키예가 난민을 볼모로 이용하듯이 적절한 지렛대를 이용해 강대국을 공략할 수 있다.

이러한 새로운 갈등을 '연결성 전쟁'으로 생각해야 할까? 어느 정도는 그럴 수 있지만, 꼭 그렇지만은 않다.[4] 전쟁과 평화의 교차는 인류의 역사를 형성해 왔고, 국가의 경계를 정의했으며, 사회 계약의 성격, 경제 구조, 정치의 목적에 영향을 미쳐왔다. 그러한 교차는 우리의 상상력을 사로잡았고 위대한 시와 소설의 일부에 영감을 주었다. 하지만 톨스토이가 오늘날 살아 있었다면 『전쟁과 평화』와 같은 걸작을 쓰지는 못했을 것이다. 아니, 누구도 그럴 수 없었을 것이다. 전쟁과 평화의 구분이 무너졌기 때문이다.

전쟁 규칙에 따르면 전쟁은 주권 국가 간에 이루어져야 한다. 전쟁은 선언으로 시작하고 평화 조약으로 끝나야 한다. 그리고 전투원은 군복으로 명확하게 구분되는 군인이어야 한다.

그런 종류의 전통적인 전쟁은 사실상 사라졌다. 제2차 세계대전 이후로 그런 전쟁이 유럽이나 미국에서는 일어나지 않았다. 그리고 중동과 아프리카에서 벌어지는 전쟁은 비극적이지만, 역사적으로 볼 때 전쟁으로 인한 사망자 수는 미미하다. 지난 수십 년 동안 무장 전투에서 죽은 사람보다 자살한 사람이 더 많았다.[5]

칼 폰 클라우제비츠는 전쟁을 다른 수단을 통한 정치의 연속이라고 부른 것으로 유명하다. 그러나 핵 시대에는 전쟁의 대가를 가늠할 수 없다. 그 때문에 연결성 갈등이 글로벌 정치의 '다른 수단'이 되고 있다. 이는 비용이 적게 든다. 그리고 이는 더 효과적이다. 그 결과 더 널리 퍼지고 있다. 그리고 이 수단이 전 세계로 확산하면서 전통적인 전쟁보다 더 많은 사람을 죽이고 있다.

새로운 투쟁은 육지, 공중, 바다에서 벌어지는 것이 아니라 인터넷, 국경 통제, 기술, 공급망, 금융시스템에서 벌어지고 있다. 이 투쟁은 갈등을 세계 경제의 주변부에서 핵심부로 되돌렸다. 그 때문에, 유럽과 미국도 아프리카나 라틴아메리카만큼 영향을 받고 있다. 이 투쟁에서 전투원도 달라졌다. 즉, 과거에는 소수의 강대국만이 대륙을 가로질러 싸울 수 있었지만, 오늘날에는 인터넷이나 테러를 통해 수백만 명의 사람들이 서로에게 해를 입힐 수 있다. 희생자는 군인이 아닌 민간인이며, 그 수는 수천 명이 아닌 수백만 명에 달한다.

연결성 갈등은 소셜 미디어에서 선호하는 극적이고 공유할 수 있는 영상 장면을 만들지 않기 때문에, 대부분 사람은 그것이 전통적인 군사적 갈등보다 덜 치명적이라고 생각한다. 하지만 단지 시신 가방이 보이지 않는다고 해서 이 갈등이 치명적이지 않은 것은 아니다. 사실, 연결성 갈등은 이미 수억 명의 사람들의 목숨을 앗아갔다.

제재, 인구 추방, 무역 전쟁은 수 세기 동안 존재해 왔다. 하지만 세계가 글로벌 공급망, 인터넷 정치, 달러화된 금융시스템을 중심으로 조직되기 전까지는, 자신의 비용 투자 없이 외국 경제와 사회를 옥죄는 것이 쉬운 일은 아니었다. 이미 수십만 명 — 베네수엘라와 이란으로부터 수단과 북한에 이르기까지 — 이 제재로 사망했으며, 주로 식량, 의약품, 전기에 대한 접근을 제한하는 방식으로 이루어졌다. 최근 수십 년 동안 정치적인 이유로 수백만의 민간인이 자의로 고향을 떠나야 했다. 몇 가지 예를 들면, 쿠바와 코소보에서 리비아와 튀르키예에 이르기까지 여러 나라에서 그러했다. 무역 전쟁은 수천만 개의 일자리 — 러시아와 중국에서 독일과 캐나다에 이르기까지 — 를 잃게 했으며, 사이버 공격은 국가 전체를 혼란에 빠뜨릴 수 있는 잠재력을 가지고 있다. 미국 국토안보부는 단 한 번의 사이버 공격으로 '파국적인 피해'가 발생할 수 있는 미국 내 65개 시설을 확인했다. '파국적인 피해'란 '500억 달러의 경제적 피해, 2,500명의 사망자, 또는 국가 안보의 심각한 훼손을 초래하거나 초래할 가능성이 있는 피해'를 뜻한다. 지금까지 가장 교묘한 사이버 공격 중 일부는 민주적 선거를 해킹하려는 시도였다(2016년 가을부터 2019년 봄까지 12억 명의 인구를 대표하는 20개 민주주의 국가에서 국가 선거를 방해하려는 시도가 있었다).[6]

이 모든 것을 합치면, 연결성 전쟁으로 인한 사망자 수가 21세기에 전통적인 전쟁으로 인한 사망자 수보다 훨씬 많다는 것이 분명하다. 지난 20년 동안 군사적 갈등으로 사망한 사람은 연평균 7만 명 미만이었지만,[7] 연결성 전쟁으로 피해를 당한 이는 수백만 명이었다. 그리고 상황은 갈수록 더욱 악화해 가고 있을 뿐이다.

하지만 연결성 갈등이 전통적인 전쟁보다 더 흔하고 더 효과적이며 더 치명적임에도 불구하고, 우리는 이러한 갈등이 일어나고 있다는 사실을 실제로 인식하지 못하고 있으며, 그것을 설명할 수 있는 용어조차 없다. 그 결과 우리가 평화의 황금기에 살고 있다는 것이 일반적인 통념이다.

이러한 새로운 종류의 공격이 전쟁에 대한 전통적인 정의와 맞지 않은 것은 사실이다. 하지만 매일 우리의 세계를 휩쓸고 지나가는 긴장과 폭력에 어떻게 눈을 감을 수 있단 말인가? 매년 수백만 명의 사상자를 헤아리기 시작하면, 우리 시대를 평화의 시대라고 부를 수는 없다.

사실, 전쟁 상태와 평화 상태 사이에 어딘가 걸려 있는 우리의 임계 상태를 포착하기 시작하는 단어가 하나 있다. 사이버를 연구하는 루카스 켈로와 같은 학자들은 매일 수백만 건의 공격이 확인되나 전통적인 전쟁에는 미치지 못하는 그들의 회색 지대 세계를 설명하는 용어를 찾던 중이었다. 그들은 인터넷상의 무질서를 설명하기 위해 아름다운 앵글로-색슨어 단어를 다시 불러냈다. 그것은 바로 비평화였다.[8] 그리고 폭력이 인터넷에서 무역, 금융, 이주 등으로 확산하면서, 그들의 이 단어는 우리의 상태를 완벽히 요약해서 보여주고 있다. 우리는 영구적인 경쟁과 경쟁하는 강대국들 사이의 끝없는 공격으로 불안정하고 위기에 취약한 세계에 익숙해져야 할 것이다. 비평화의 시대에 오신 것을 환영합니다.

## 거기서 다시 돌아와

나는 아마도 우리가 비평화의 시대에 살고 있다는 사실을 알아차릴 능력이 가장 부족한 사람 중 하나일 것이다. 내 가족의 역사와 정체성의 모든 측면은 전쟁의 흔적에 의해 형성되었지만, 내 삶은 전적으로 전쟁의 부재로 정의되었다.

내 아버지의 아버지는 빅토리아 시대 말기 영국의 소박한 가정에서 태어났다. 그는 제1차 세계 대전에 자원하여 참전했으며, 가스를 마시고 병원으로 이송되어 목숨을 구했다. 내 아버지는 8살 때 제2차 세계 대전에서 피난을 갔고, 그 경험으로 심한 트라우마를 겪어 1950년대에 군복무를 하는 대신 양심적 병역거부자가 되었다. 그의 경험은 정치에 관심을 가지게 한 동기가 되었고, 성인이 된 후에는 원내 대표의 지시를 거부하고 영국의 유럽공동체 가입을 위해 투표한 69명의 노동당 의원 중 한 명이 되었다.

내 어머니는 1944년 프랑스의 한 수녀원에서 태어났다. 그곳은 그녀의 독일계 유대인 부모님이 숨어 있던 곳이었다. 어머니는 몇 년 동안 프랑스(아버지가 남아 있던 곳)에서 살았고, 1950년에 독일로 돌아갔다. 어머니의 생존한 친척들은 세계 곳곳에 흩어져 있다. 그래서 이들을 한자리에 모을 때는 최소한 영어, 프랑스어, 독일어가 포함된 대화를 준비해야 한다.

유럽의 많은 사람과 마찬가지로 나는 가족 중에서 지난 150년 동안 전쟁이나 망명, 심지어 학살을 겪지 않은 첫 번째 세대에 속한다. 내 삶은 이전 세대가 상상할 수 없었던 기회로 가능했다. 1980년대 브뤼셀에서 영국인 아버지와 프랑스 태생의 독일계 유대인 어머니 사이에서 자란 나에게 유럽인이라는 정체성은 가족의 분열된 역사에 통합과 의미를 가져다주었다. 내 어린 시절에 가장 큰 영향을 준 사람 중 한 분은 10살에 고아가 된 홀로코스트 생존자인 외할머니 게르트루트 하이델베르거였다. 그녀는 7개의 유럽 언어를 독학으로 배웠고, 노년이 되어서도 단테,

하이네, 키츠, 워즈워스의 시를 암송할 수 있었다. 나는 각 나라의 시인들이 반영한 다양하고 종종 폭력적인 역사가 어떻게 미래에 대한 공통의 유럽 이야기로 통합될 수 있는지 배우며 자랐다. 나는 과거의 재앙을 피하기 위해서는 유럽의 문화와 운명에 대한 공유 의식이 가능할 뿐만 아니라 필수적이라고 믿었다. 내 작품에는 이러한 가족의 교훈이 반영되어 있다.

2005년에 나는 『유럽이 21세기를 지배하는 이유(Why Europe Will Run the 21st Century)』라는 책을 썼다. 이 책은 전쟁을 종식하고, 수많은 나라들을 독재에서 민주주의로 이끌었으며, 수억 명의 지평을 넓힌 프로젝트에 대한 연서(戀書)였다.[9] 나는 또한 낯선 것들을 더욱 친숙하게 만들기 위해 다른 세계의 문화를 이해하려고 노력했다. 나는 여러 해 동안 중국의 지적 해방을 연구하며 『중국은 무엇을 생각하는가?(What Does China Think?)』라는 책을 집필했다. 이 책에서 부상하는 초강대국에서의 자본주의, 정치, 글로벌화에 대한 주요 논쟁을 탐구했다.[10] 그리고 2007년에는 전장이 아닌 외교를 통해 갈등을 해결하는 것을 임무로 하는 유럽 싱크 탱크를 설립했다.[11] 나는 20여 개국에서 직원을 채용하고 7개국에 사무소를 설립했다. 그중에 가장 큰 사무소는 런던에 있었다. 나의 가정생활, 경력, 세계관은 모두 국제주의의 상승세에 힘입어 발전했다.

그러나 2016년 영국이 EU에서 떠나기로 투표하고 도널드 트럼프가 백악관에 입성하면서 이 흐름은 사라졌다. 나는 난파선에 갇힌 기분이었고, 많은 사람과 기업과 가족들의 발이 묶였다. 나에게, 민족주의에서 세계주의로 — 그리고 다시 민족주의로 돌아가는 — 가는 세계의 여정은 추상적인 문제가 아니었다. 왜 그렇게 많은 사람이 내 삶을 조상들보다 훨씬 더 안전하고 충만하게 만들어 준 힘들을 거부했을까? 어떻게 그들은 이러한 인간적 연결과 기술 발전의 혜택을 누리지 못한 이전 시대로 돌아가고 싶어 할 수 있을까? 기존의 20세기적 분석을 고집한다면, 과학적 지식, 연결성, 공동 운명에 대한 인식만으로는 긴급한 공통의 문제를 해결하기 위해 사람들을 모으는 것만으로는 충분치 않은 세상에 우리가 살고 있는 **이유**를 이해하기 어렵다. 그렇다면 지난 5년을 어떻게 설명할 것인가?

그것이 바로 내가 2016년부터 매일 스스로에게 던졌던 질문이다. 답을 찾기 위해 정치학, 역사학, 사회학, 경제학, 심리학을 참고하고, 여러 사람 가운데 네트워크 과학자, 예술가, 인류학자, 심지어 성직자와도 대화를 나눴다. 내 연구는 실리콘밸리의 페이스북 본사에서 중국의 안면 인식 연구소로, 호화로운 새 궁전의 튀르키예 대통령과의 회동에서 하와이의 군사 시설로 나를 인도했다. 나는 다보스의 억만장자들과 브렉시트 영국의 실직 노동자들과도 대화를 나눴다. 또한 나는 이란 혁명수비대와 사우디 왕자를 만났고, 조지 소로스, 피터 틸 등 가장 활발하게 활동하는 연결된 세계의 건설자 중 일부 인사와도 아이디어를 교환했다. 나는 열린 세계를 옹호하는 글을 쓸 것이라 기대하며 이 과정에 뛰어들었지만, 깊이 파고들수록 내 생각은 더 복잡해졌다. 나는 떠나지 않는 몇 가지 질문을 하기 시작했다. 우리를 하나로 모으는 그 과정이 실제로는 분열과 갈등을 유발하는 **원인**이라면 어찌할까? 글로벌화된 세계에서 점점 더 커지는 분열이 시스템의 결함이 아니라 시스템의 본질적인 특징 중 하나라면 어찌할까?

## 기회, 이유 그리고 무기

글로벌화 — 즉 사람, 시장, 기술 및 아이디어의 연결성 — 는 세계에 많은 것을 제공했다. 이 책은 글로벌화가 약속을 깨뜨렸을 때 무슨 일이 일어났고, 이 배신이 우리 모두에게 무엇을 의미하는지를 다루고 있다. 이 문제는 말하기에는 간단하지만, 받아들이기에는 매우 어렵게 생각되는 문제이다. 우리는 '하나의 세계'를 가질 수 없다. 왜냐하면 서로 더 연결된다는 것이 이해와 연대의 원천이기만 한 것이 아니기 때문이다. 그것은 훨씬 더 극심한 분열과 갈등의 원인이 되기도 한다.[12] 사람들은 연결성이 좋은 방향으로도 나쁜 방향으로도 사용될 수 있다고 한동안 주장해 왔다. 사람들은 상호의존성이 항상 전쟁을 멈추게 하는 것은 아니라고 주장했다. 그리고 어떤 이들은 그것이 어떻게 무기로 전환되었는지에 대해서 쓰기도 했다. 하지만 나는 훨씬 더 우려스러운 점을 발견했다. 즉 연결성 자체가 우리를 갈라놓는다는 점이다. 그것은 사람들에게 갈등의 **기회**를 제공하고, 서로 싸울 **이유**를 주며, 해를 끼칠 수 있는 많은 **무기**를 제공한다.

**기회**로부터 시작하자. 밀레니엄 전환기에 많은 사람과 마찬가지로 나도 인터넷과 글로벌화가 글로벌 정치의식을 위한 원동력이 될 것이라고 기대했었다. 연결성이 글로벌 이해를 확산시키고, 무역이 글로벌 공급망을 통해 우리 모두를 하나로 묶어 전쟁을 점점 더 비용이 많이 들고 심지어는 비이성적인 것으로 만들 것이라고 믿었다. 과학은 인류의 미래에 관한 결정의 근거로서 감정을 대체할 것이고, 그리고 법이 무역과 환경으로부터 데이터와 인권에 이르기까지 모든 것에 대한 분쟁의 해결 수단으로서 전쟁을 대체할 것으로 생각했다. 정부들은 장벽을 허물고, 국경을 없애며, 무역 협정을 체결하고, 도로, 철도, 파이프라인, 공항을 건설하기 시작했다. 그리고 전 지구를 하나로 묶는 월드와이드웹을 구축했다. 글로벌화는 말 그대로 우리를 하나로 묶었다. 6,400만 킬로미터의 고속도로, 200만 킬로미터의 파이프라인, 120만 킬로미터의 철도, 그리고 75만 킬로미터의 해저 인터넷 케이블에 의해서였다. 반면에 우리를 나누는 국가 간 경계는 고작 25만 킬로미터에 불과하다.[13] 20년 전만 해도 온라인에 접속하는 인구는 1,600만 명에 불과했지만, 지금은 인류의 절반에 달한다(2022년에는 연결되는 인구가 60억 명에 이를 것으로 예상된다).[14] 매일 거의 15억 명이 페이스북에 로그인하고, 트위터에는 5억 건의 트윗이 게시된다.[15]

연결된 세계에서는 사람들이 자신을 고립시킬 선택권이 없다. 즉, 모든 사람이 서로 얼굴을 마주하고 있다. 이는 국가와 사람들이 함께 일하고, 거래하며, 서로에게서 배우고, 우정의 유대감을 발전시킬 수 있게 한다. 그러나 연결성은 국가와 사람들 간의 경쟁이 더 커질 수 있는 기회도 만든다. 저명한 사회학자 앤서니 기든스가 지적했듯이, 소셜 미디어는 사람들이 개인적인 우정과 친밀한 관계를 형성하는 동시에 괴롭힘, 험담, 인신공격, 속임수, 폭력에도 맞서 싸워야 하는 '지구촌'의 현실을 만들었다.[16]

세계가 점점 더 혼잡해지고 디지털로 연결됨에 따라, 이러한 접촉 지점은 더 많은 잠재적 갈등의 원인을 만들고 서로의 일에 간섭할 수 있는 기회를 더 많이 제공한다. 연결된 네트워크는 전송 벨트로서, 사람들과 국가들이 우리의 개방된 사회로부터 등을 돌리게 할 수 있다. 또한 연결된 네트워크는 국가들이 서로를 비교하고 서로를 모방하며 그 과정에서 경쟁으로 치달을 수 있게도 한다. 많은 것들이 그렇듯이, 고대 그리스인들은 이러한 긴장을 가장 잘 이해했다. 그들은 환자를 중독시킬 수 있는 약을 일컫는 하나의 단어를 가지고 있었는데, 그것은 **파르마콘***이었다. 우리 세대의 비극은 인류를 하나로 묶어온 힘들이 우리를 또한 갈라놓으며 파괴하겠다고 위협하고 있는 점이다. 그러나 연결성이 갈등의 기회를 만든다고 해서 반드시 갈등이 일어나야 한다는 것을 의미하지는 않는다. 국가 간 긴장의 근본 원인은 두려움, 탐욕, 권력이나 지위에 대한

* '파르마콘(pharmakon)'은 고대 그리스어에서 유래한 개념으로 약물이나 치료제를 의미한다. 그러나 이 개념은 두 가지 상반된 의미를 내포하고 있다. 즉, 파르마콘은 치료의 수단이자 동시에 해독제의 의미도 가진다. 이 개념은 철학, 문학, 그리고 사회과학 분야에서 여러 방식으로 해석되고 논의되어 왔다. 예를 들어, 자크 데리다(Jacques Derrida)는 파르마콘을 통해 언어와 의미의 이중성을 탐구했으며, 어떤 것이 치료가 될 수 있는 동시에 해로울 수 있음을 강조했다. 결론적으로, 파르마콘은 맥락에 따라 긍정적이거나 부정적인 의미를 지닐 수 있는 복합적인 개념이다.

욕망이다. 그리고 연결성이 그것 모두를 강화할 수 있다.

이 책의 두 번째 주제는 연결성이 왜 우리에게 싸울 이유를 제공하는지에 관한 것이다. 우리는 오랫동안 연결성에는 협력과 마찬가지로 경쟁도 가능하게 하는 밝은 면과 어두운 면이 있다는 것을 알고 있었다. 나는 연결성이 사람들과 국가들이 자신의 정체성과 이익에 대해 생각하는 방식을 변화시킴으로써 경쟁에 유리하게 저울추를 기울어지게 한다는 결론에 도달했다. 이 책에서 나는 디지털 연결성이 인간 본성의 경쟁적인 면을 어떻게 드러내는지, 그리고 그것이 어떻게 훨씬 더 양극화된 사회를 초래하고, 질투의 전염병을 부채질하며, 통제력을 빼앗아 가는지 또한 탐구한다.

디지털 미디어는 현실을 너무 극적으로 분열시켰다. 그 결과 진리에 대한 합의가 이루어지지 않고 있다. 이는 사회가 단순히 다양한 의견으로 나뉘는 것만이 아니라 서로 다른 사실에 의해서도 나뉘어 있다는 것을 의미한다. 너무나 오랜 시간이 지나서야 비로소 나는 지난 수십 년을 나와 전혀 다른 방식으로 해석한 사람들이 너무 많다는 것을 이해했다. 내 삶에서, 여행과 무역의 자유화와 자유로운 이동에 관한 EU 규칙은 오로지 기회만을 가져다주었다. 나는 여러 나라에서 많은 경험을 쌓았고, 새로운 음식을 맛보았고, 더 뛰어나고 흥미로운 직원을 채용할 수 있었으며, 세계 최고의 일자리가 나에게 열어준 경력에 대해 생각할 수 있었다. 하지만 같은 시기에 많은 다른 사람들에게는, 국제적 연결이 그들의 일자리가 해외로 빠져나가는 문을 열어놓았다. 그러한 국제적 연결은 더 적은 돈으로 일하고 그들의 병원과 학교를 붐비게 하고 집값을 상승시키며 우리 번화가에 다양한 언어와 상점을 선보이는 데 적격인 이주민들을 국내로 초대했다. 국제적 연결은 금융 위기, 테러, 팬데믹이 우리 공동체에 유입되는 새로운 경로와 우리의 대응을 판단하기 위한 새로운 기준을 제공했다. 그리고 우리의 문화는 너무도 깊이 변화하여 일부 사람은 '자신의 땅에서 이방인이 되어가는 것'이 두렵다고 고백한다. 다시 말해, 내가 평화와 기회를 가져오는 것으로 여긴 많은 것들을 다른 사람들은 취약함과 가난을 가져오는 것으로 느끼고 있었다. 우리는 서로 다른 미디어를 소비하고 그 메시지를 다르게 해석했기 때문에 공유된 현실 개념에 의지하지 못했다. 나만의 거품 속에 행복하게 갇혀 있는 동안, 나는 유사한 거품 속에서 연결성이 불러일으키는 점점 커가는 불평등, 질투, 통제력의 상실감에 직면하지 않았다.

소셜 미디어는 모든 사람의 삶을 비교 대상으로 개방함으로써 산업의 기준에서 질투심을 또한 조장했다. 프리드리히 니체는 19세기에 여행, 무역, 통신의 확장이 '비교의 시대'를 만들었다고 최초로 주장했다. 그는 새로운 글로벌 의식이 사람들로 하여금 자국의 아이디어, 관습, 문화를 다른 나라의 그것과 비교하게 만들고, 부족함이 있으면 그들의 운명을 부정하게 만들 것이라고 보았다. 그러나 니체에게 이 개념은 추상적이었고 아이디어의 전투였지, 세상에서 가장 특권을 누리는 성공한 사람들과 비교하여 우리 삶의 한계를 가차 없이 드러내는 일상의 고된 일과(日課)는 아니었다. 경제학자들은 글로벌화가 불평등을 부추기고 체제

전복에 이해관계를 가진 패자를 양산함으로써 어떻게 긴장을 조성하는지를 보여주었다. 외교 정책 전문가들은 연결성이 세력 균형을 변화시킴으로써 어떻게 지정학적 긴장을 초래할 수 있는지를 우리에게 말해왔다. 무역을 동력으로 한 독일의 부상이 대영제국과의 긴장을 가져온 것처럼, 중국의 부상도 미국과 마찰을 만들고 있다. 그러나 가장 극적으로 바뀐 것은 개인 수준에서의 비교이다. 내가 어렸을 때, 우리는 이웃이나 부모의 삶과 우리의 경험을 비교하곤 했다. 하지만 요즘은 우리 존재의 모든 측면을 전 세계에서 가장 특권을 누리고 성공한 사람들에 대한 (때로는 허구적인) 묘사와 비교할 수 있다. 우리의 삶을 어떻게 그런 기준에 맞출 수 있을까? 그 결과는 영구적인 분노이다.

연결성은 점점 더 사람들이 세상이 자신들의 통제를 벗어나 있다고 느끼게 만든다. 상상할 수 있겠지만, 브렉시트 이후 나는 유럽에 관한 내 책 때문에 종종 조롱받곤 한다. 많은 사람이 『유럽이 21세기를 지배하는 이유』라는 제목을 오만한 행동으로 본다. 되돌아보면, 그 책 제목은 정말 터무니없는 것이었다. 내가 유럽의 이상에 아낌없이 찬사를 보낸 것은 후회하지 않지만, 어떤 단일 세력이 글로벌화로 정의된 세계를 지배할 수 있다는 암시는 잘못된 것이었다. 결국, 상호 연결된 우리 지구의 핵심 특징은 통제의 상실이다. 이동하는 자본을 묶어 두고, 디지털 거대 기업을 규제하며, 기후 변화를 제한하거나 대륙의 초강대국에 의해 착취당하지 않기 위해 고군분투하는 국가들이 이것을 민감하게 느끼고 있다. 그러나 책임감 없는 알고리즘, 경제 및 인구학적 변화, 또는 그들이 느끼기에 더 이상 그들을 대표하지 않는 정치 엘리트들에 직면한 개인들도 이를 느낀다.

나는 이런 힘들의 수렴이 어떻게 국가 **내부**에서 더 큰 갈등을 초래하고, 브렉시트 국민투표와 트럼프의 미국에서 반영된 새로운 정체성과 질투의 정치를 주도하고 있는지 보여주고자 한다. 나는 또한 이러한 추세가 어떻게 국가 **간**의 갈등을 더욱 부추기고 있는지도 보여주고자 한다. 새로운 부족주의와 피해 의식이 글로벌 네트워크 시대에 새로운 권력 지형과 함께 등장했다. 나는 이란, 사우디아라비아, 러시아, 튀르키예와 같은 다양한 국가들이 새로운 시대에 경쟁하기 위해 어떻게 자신들의 외교 정책을 재창조했는지를 살펴본다.

세 번째 큰 주제는 우리를 묶는 유대가 어떻게 **무기**로 변질되었는지를 탐구하는 것이다. 이 장의 시작 부분에 소개된 예시는 글로벌화된 우리 세계의 숨겨진 배선과 그것이 어떻게 사람들을 갈라놓는 데 사용되고 있는지를 보여준다. 우리는 오늘날 권력을 잡은 사람이 누구이든 — 바이든이든 트럼프이든, 중국의 독재자이든 프랑스의 민주주의자이든 — 글로벌화의 유대를 점점 더 조작하여 자신을 위한 권력을 추구하고 다른 이들에게 해를 끼칠 것이라는 점을 알 수 있다.

세계를 하나로 모으고자 했던 연결성의 힘이 글로벌 줄다리기의 전장으로 변질되었다. 천연자원과 에너지는 물론이고 무역 공급망, 통화, 금융시스템에 의해서도 정의되는 경제적 영역이 있다. 에너지와 데이터의 흐름과 연결된 글로벌 인프라를 놓고 경쟁이 벌어지고 있다. 지식 재산과 정보를 놓고 참가자들이 싸우게 되는 기술의 세계가 있다. 이주와 난민, 그리고 이들의 흐름을 규제하는 통과 협정에 대한 전투가 벌어질 것이다. 그리고 글로벌 기관들은 경쟁을 견제하기보다는 계속해서 전장이 될 것이다. 무역 전쟁, 제재, 사이버 공격, 가짜 뉴스, 난민 추방은 지도자들이 어떻게 이러한 국가 간 연계를 조작하여 다른 사람들에게 고통을 안기면서도 자신은 앞서 나갈 수 있는지 보여주었다. 사람들 간의 이러한 모든 접점은 국가와 국가가 대립하는 영구적인 갈등의 전장을 형성한다.

이 새로운 글로벌 경쟁에서 국가들은 가지고 있는 모든 수단을 동원하고 있다. 러시아는 이웃 국가들을 협박하기 위해 가스 공급을 이용하고 있으며, 선거에 개입하고 있다. 튀르키예는 국경을 개방하고 난민을 추방하겠다고 위협하고 있다. 사우디아라비아는 준군사조직을 지원하고 다른 나라의 와하비 모스크에 자금을 지원하고 있다. 인도는 '데이터 식민주의'에 불만을 품고 중국 인터넷 기업을 자국 시장에서 배제하고 있다. 하지만 가장 큰 3대 행위자는 미국, 중국, 유럽이다. 미국은 달러의 영향력에 의지해 글로벌 금융시스템에 대한 접근을 삼독하고, 인터넷을 통제하여 지구를 감시하고 있다.

중국은 도로, 철도, 케이블을 건설하고, 막대한 현금 보유량과 보호받는 자국 시장에서의 이익을 활용하여 자신에게 유리한 조건으로 전 세계의 다른 모든 국가와 연결하고 있다. EU는 자신의 시장 규모와 관료적 역량을 활용해 글로벌 연결성을 위한 규칙을 개발하고 있다. 우리가 완전한 연결성의 시대로 접어들면서, 이 3대 강대국은 무엇이 위기에 처해 있는지에 대해 서로 다른 견해를 가지고 있다. 각자는 서로 다른 무기, 철학, 그리고 세계관을 가지고 있다. 우리의 글로벌 질서의 형태는 연결성을 둘러싼 이 세 제국 간의 전투에 의해 정의될 것이다.

## 거대한 리셋

다수의 내 친구들은 우리가 개방된 세계 질서를 구하기 위한 삶을 건 싸움, 곧 투쟁에 직면해 있다고 생각한다. 그들에게 정치는 더 이상 '좌파'와 '우파'를 나누는 것이 아니라 '개방'과 '폐쇄'를 나누는 것이다.[17] 이제 중요한 질문은 이것이다. 즉, 이주민을 환영할 것인가, 아니면 벽을 쌓을 것인가? 자유 무역인가 아니면 보호주의인가? 현대적 가치인가, 아니면 전통으로 돌아갈 것인가? 정당 엘리트들 간의 사소한 갈등은 침실에서 이사회 회의실에 이르기까지 모든 분열을 설명하는 것처럼 보이는 새로운 분열로 넘어갔다.

'개방'과 '폐쇄' 사이의 구분이라는 개념은 냉전 종식 이후로 없었던 웅장함과 단순함을 정치에 부여한다. 포퓰리즘, 경제적 불안정, 그리고 소셜 미디어는 지난 세대의 합의를 뒤엎은 정치적 반혁명의 토대를 마련했다. 일부에게 있어 해결책은 반격하여 잃어버린 이익을 되찾는 것이다. 트럼프와 존슨을 물리치고, 긴축을 끝내고, 빅테크를 규제하는 것이다. 이 글을 쓰는 지금, 나는 옆에 『이코노미스트』지 한 권을 두고 있다. 표지에는 '글로벌리즘이여 안녕'이라고 적혀 있고, '코로나-19가 글로벌화를 죽였는가?'라고 묻고 있다. 이 잡지는 '세계 역사상 가장 위대한 시대'가 세 가지 치명타를 맞았다고 주장한다. 2008년 금융 위기, 미-중 무역 전쟁, 그리고 코로나-19이다. 하지만 이 기사는 이 세 가지 현상을 이코노미스트가 찬양하는 세계적 연결의 직접적인 결과가 아닌 우연한 사고로 취급한다. 구세계에 대한 이 애가(哀歌)는 연결성에서 수렴으로, 경쟁으로, 그리고 궁극적으로는 갈등으로 이어지는 명확한 경계선을 그어내지 못하고 있다.

내가 우리의 정치를 이해하려고 노력할수록, 우리가 '하나의 세계'를 향한 진전을 다시 이룰 수 있다는 생각에 나는 더욱 불안함을 느끼게 되었다. 국제주의자들은 그들이 설득해야 할 바로 그 사람들을 '폐쇄적인' 마음을 가졌다거나, 무지하고 편협하다고 암시함으로써 멀어지게 만드는 위험을 감수하고 있다. 하지만 더 걱정스러운 것은, '개방적' 사고방식과 '폐쇄적' 사고방식 사이의 구분이 우리 시대를 형성하는 거대한 역설을 포착하지 못한다는 점이다. 즉, **사람들과 국가들이 더 가까워질수록, 그들은 더욱 분리되기를 원한다.** 오늘날 세계의 핵심 조직 원리는 글로벌리스트와 민족주의자 간의 선문을 둘러싼 싸움이 아니라, 상호 연결된 적대자들 사이에서 벌어지는 일련의 '연결성 갈등'이다. 사람들을 연결하는 행위가 항상 갈등으로 이어지는 것은 아니지만, 그것은 갈등의 가능성을 높이는 반응을 유발할 수 있으며, 동시에 싸움의 수단을 제공하기도 한다.

아마도 모든 것이 변하고 있다는 느낌 때문에 사람들이 모든 것이

'정상'으로 돌아가기를, 즉 더 낙관적이었던 시절의 회복을 그토록 바라는 것일 수도 있다. 코로나와 트럼프와 브렉시트 이후로, 우리 다수가 삶이 더 지루하고 예측 가능하고 단조롭기를 바라는 것은 놀라운 일이 아니다. 하지만 우리 대부분은 '정상성'이 영원히 우리의 손이 닿지 않는 곳에 있는 그런 것임을 뼛속 깊이 느끼고 있다. 한 세기에 한 번 일어날 법한 극적인 사건들이 몇 분마다 우리를 괴롭히는 듯하다. 한 사건이 우리의 세상을 뒤집어 놓자마자, 또 다른 사건이 우리의 삶을 다시 한번 뒤흔들겠다고 위협한다.

나는 종종 역사가 궤도를 이탈하고 과거의 규칙을 따르기를 거부했던 세계적인 역사적 변화의 순간 — 예를 들어 1914년, 1929년, 1939년, 혹은 1945년과 같이 — 에 책을 쓴다면 어떨지 궁금해했다. 과연 나는 우리가 역사적 변화의 분기점에 서 있다는 것을 이해할 수 있었을까? 상실된 세계를 기록하고, 그 몰락을 진단하거나, 다른 미래를 위한 청사진을 그리는 것은 어떤 느낌이었을까? 우리 시대는 그 이전 변곡점들의 불확실성을 많이 공유하고 있지만, 한 가지 중요한 측면에서 차이가 있다. 그 시기들은 각각 사람들의 삶의 방식과 그들이 믿는 사상을 근본적으로 변화시킨 각성을 불러일으켰다. 제1차 세계대전은 제국들과 글로벌화를 묻어버렸다. 대공황은 경제적 자유주의에 같은 일을 했다. 제2차 세계대전은 지도자들이 총력전을 냉전으로 바꾸도록 설득했다. 하지만 오늘날 우리는 상호 연결된 세계에서 가장 큰 고통을 만들어내는 것들을 포기할 준비가 되어 있지 않은 것 같다.

나는, 우드로 윌슨, 존 메이너드 케인스, 딘 애치슨처럼, 우리도 새로운 세계 질서를 위한 새로운 건축물을 만들어낼 수 있기를 바란다. 하지만 이전 시대와 달리, 지금은 건축가와 건설의 거장을 위한 시대가 아니라고 생각한다. 결국 누구도 연결성을 잃고 싶어 하지 않는다. 그리고 여러 면에서, 글로벌화의 이전 건축가들이 세운 거창한 계획들이 오히려 우리를 괴롭히는 유령이 되어 돌아오고 있다.

우리에게 필요한 것은 건축가가 아니라, 우리가 누구인지를 받아들이고 우리의 악마를 다루는 방법을 가르쳐 줄 수 있는 치료사를 찾는 일이다. 우리는 신의 힘을 주는 기술들을 개발했다. 우리는 과거에 인류를 괴롭혔던 기아와 질병, 다른 문화에 대한 이해 부족 등 수많은 문제를 해결할 수 있는 능력을 지니고 있다.

그러나 이와 같은 기술들은 또한 우리 세계를 벼랑 끝으로 몰아갈 수도 있다. 여기 악몽 같은 시나리오가 있다. 전쟁에는 미치지 않는 연결성 공격이 겹쳐 일어나는 것이다. 요컨대 치명적인 사이버 공격, 글로벌 공급망을 붕괴시키는 무역 전쟁, 세계를 공황 상태로 빠뜨리는 금융 위기가 그것이다. 동시에 민족주의 정부들은 기후 변화를 조작하여 경쟁국들을 해치고, 고향을 떠나는 난민의 물결을 일으키며, 전 세계에 질병을 퍼뜨릴 수 있다. 과학기술의 모든 발전에도 불구하고, 우리가 이해하지 못한 한 가지는 연결된 세상이 어떻게 국가와 사람들에게 서로를 해칠 수 있는 무기를 제공하면서 질투를 부추기는지이다.

진로를 바꾸기에는 아직 늦지 않았다. 이는 자기 인식의 필요성을 주장하는 것이다. 우리의 갈등을 외부의 힘으로 치부하기보다는 우리의 생활방식과 선택들(중요한 결정뿐만 아니라 우리가 했다는 것조차 인식하지 못하는 작은 결정들까지도)에서 비롯된 갈등의 기원을 진정으로 이해할 필요가 있다. 우리 자신을 분석함으로써 우리는 문제에 대비하고 우리에게 남은 선택지가 무엇인지 결정할 수 있다.

우리의 목표는 연결성을 없애는 것이 아닌 그것을 무장 해제하는 것이어야 한다. 우리는 상호의존성에서 오는 독침을 없애거나, 최소한 우리가 공유하지 않는 가치들에 의해 움직이는 세력들과 공존하는 법을 배워야 한다. 이것이 실현될 수 있다고 믿을 만한 몇 가지 이유가 있다. 중국에서는 정부가 '쌍순환'* 개념을 받아들였는데, 이는 외부 세계로부터 덜 위협받는다고 느낄 수 있도록 세계와의 관계를 재조정하려는 시도이다. 워싱턴에서는 조 바이든이 연결된 세계에서 패자라고 느끼는 사람들에게 다가가고 있으며, 동시에 외부의 조작에 덜 노출되도록 미국의 무역, 기술, 외교 정책을 재고하고 있다. 그리고 유럽에서는 유럽의 주권과 자율성을 추구하는 움직임이 나타나고 있는데, 이는 장벽을 허

* 쌍순환(dual circulation)은 2020년 5월 14일, 중국공산당 중앙정치국회의에서 처음 언급된 전략 개념이다. 쌍순환은 국내 순환과 국제 순환 두 가지를 포괄하며, 코로나-19로 인한 글로벌 경제 침체의 장기화, 미국과의 무역분쟁 장기화 등 대외 불확실성이 증대되는 여건에 대응하여 내수 확대를 기반으로 지속 가능한 성장을 확보하기 위한 것이다. 구체적으로 국내 순환의 경우 수요 측면에서는 민간 소비 확대를, 공급 측면에서는 수입의존도를 낮출 수 있는 독자적인 국내 공급망 구축을 목표로 한다. 그리고 국제 순환에서는 향상된 기술력을 기반으로 한 첨단·고부가가치 상품의 수출 확대, 내수시장을 위한 수입 증대를 목표로 한다.

무는 것에서 상호의존성을 다시 안전하게 만드는 방향으로의 변화를 나타낸다.

현대 정치의 위기에 관해 쓴 글은 무수히 많다. 하지만 세계를 연결하는 바로 그 과정이 세계의 분열로 이어지고 있다는 사실을 직시한 논평가들은 많지 않다. 이 책은 우리 시대의 큰 딜레마, 즉 우리는 연결성 이전의 세계로 돌아갈 수 없지만, 우리의 사고방식을 바꾸지 않으면 인류가 살아남지 못할 수도 있다는 점을 조명하고자 한다. 나는 연결성이 어떻게 갈등의 기회와 동기, 그리고 수단을 만들어내는지를 보여주고자 한다. 그리고 우리가 함께 만들어갈 수 있는 미래(그리고 피해야 할 미래)는 어떤 것인지에 대한 질문으로 마무리한다.

냉전 시대의 가장 큰 도전은 핵무기가 인류의 존재를 종식시키기 전에 핵무기의 확산을 통제하는 것이었다. 우리 시대의 도전은 무기의 흐름을 통제하는 것이 아니라 연결성 자체를 무장 해제하는 것이다.

전례 없는 기회의 시대와 인류의 집단적 자살 사이의 차이는 앞으로 몇 년 동안 우리가 내리는 정치적 선택에 달려 있다. 미래는 우리가 만들어가는 것이다.

제1부

# 기회

# 01 _ 거대한 수렴

내가 처음 중국을 방문했을 때 모든 것이 당황스러웠다. 낯선 언어의 음조, 영원히 이어지는 교통 체증, 모호한 정치 시스템, 내 머리로는 이해하기 힘든 너무나 큰 숫자들까지. 나는 큰 의례용 의자에 앉아 관료들과 차를 마시고 형식적인 잡담을 나누면서 대화가 어디로 향하는지 전혀 모른 채 몇 시간을 보냈던 것을 기억한다. 하지만 가장 불안했던 것은 중국인 대화 상대가 자국의 미래를 보는 방식과 유럽과 미국에서 이해하는 방식 사이의 격차였다. 그 후 20년 동안 — 수십 번 더 방문하고 베이징에 있는 중국사회과학원에서 연구원으로 일하면서 — 이상하게 보였던 것이 익숙해지고 이해할 만한 것이 되었다. 나는 언어, 혼잡, 오염, 예절에 익숙해졌고 처음에는 딱딱한 형식으로 나를 맞이했던 많은 사람과 친구가 되었다. 그러나 내가 끝내 받아들이지 못했던 한 가지는 동서양의 인식 차이였다.

서방 외교관과 언론인들은 중국이 그들의 일하는 방식을 점차 수용하고 있다고 나에게 꾸준히 말했다. 중국이 글로벌 시스템에 통합되면서, 베이징은 한 세대 만에 수억 명의 사람들을 빈곤에서 벗어나게 해준 글로벌 질서의 수호자가 될 것이라고 했다. 중국의 중산층이 성장하면서, 그 구성원들은 더 깨끗한 공기와 덜 부패한 법원, 그리고 결국에는 자유 민주주의를 요구하게 될 것이라고 했다. 중국은 우리와 같아질 것이다 — 아니면 실패할 것이다. 하지만 실패는 선택지가 아니었기 때문에, 결국 중국은 우리와 같아질 것이라고 했다. 최종적인 결과는 글로벌 평화와 화합일 것이라고 했다. 하지만 이 시나리오에는 단 한 가지 문제가 있었다. 바로 중국인들이었다.

내가 대화를 나눈 지식인과 관료들은 상황을 다르게 보고 있었다. 그들은 호기심이 많았고, 까치처럼 자국의 번영에 도움이 될 만한 아이디어, 기술 또는 개념들을 낚아채려는 본능이 있었다. 하지만 대부분은 서구의 아이디어를 노예처럼 따르기보다는 자국을 서구로부터 해방시키고 싶어 했다. 나는 뛰어난 경제학자, 정치학자, 철학자, 군사 전략가, 기술자들을 만났다. 이들 모두는 자국의 미래에 대해 큰 그림을 그리고 있었다. 그들은 서구의 아이디어를 베이징의 사회주의 전통과 고대 중국의 지혜와 손쉽게 융합했다. 나는 깊이 매료되어 그들과 그들 작업으로 몇 년을 함께 보냈고, 서구에 도전할 수 있는 중국 모델의 개발에 대한 두 권의 책을 썼다. 하지만 첫 방문 때 나눈 모든 대화 중에서 정말 기억에 남는 대화가 하나 있었다. 바로 명문 칭화대학의 옌쉐퉁(Yan Xuetong) 교수와의 대화였다.

사각형 머리에 헤어드라이어로 세운 뾰족한 머리카락, 사각형 안경을 쓴 작은 체구의 사내인 옌쉐퉁은 아마도 군중 속에 있으면 눈에 띄지 않았을 것이다. 하지만 신중한 중국 학계에서 그는 대세에 맞서는 것을 두려워하지 않았다. 중국이 낮은 자세를 고수하며 미국과 우호적인 관계를 유지하려 할 때, 그는 베이징이 더 단호해져야 하고 미국과 그 동맹국인 대만 및 일본에 대한 외교를 강화해야 한다고 촉구했다. 중국 지도자들이 자국의 비동맹 정책을 북대서양조약기구(NATO)와 같은 미국의 '냉전' 기구와 대비시킬 때, 그는 국제적 고립을 줄이기 위해 경쟁적인 동맹관계를 발전시켜야 한다고 베이징에 호소했다. 대다수 학자가 서구 문헌을 번역하고 '중국 모델'의 존재를 부정하던 시기에, 그는 국제 관계에서 '중국 학파'를 발전시키기 위한 탐구를 시작했다. 그리고 중국이 자국의 경제적 중요성을 강조하고 정치적 및 군사적 역할을 축소하려 할 때, 그는 국제 안보에서 중국의 역할에 대한 대규모 국제회의를 개최했고, 당시 부주석이었던 시진핑(Xi Jinping)을 설득해 그곳에서 첫 대외정책 연설을 하도록 했다.[1] 그가 정치권력에 관한 회의를 '세계 평화 포럼'이라고 불렀을 때, 나는 '평화'라는 단어가 그렇게 공격적으로 사용된 것을 들어본 적이 없었다고 생각한 기억이 난다! 지난 2002년 내가 처음 그를 만났을 때, 옌쉐퉁은 특유의 단호함을 보였다. 나는 유럽 외교관 및 중국 관료들과 며칠 동안 중국이 유럽에게서 원하는 바에 대해 이야기를 나누었다. 모두가 평범하게 '윈-윈'이 되는 경제 발전과 글로벌 문제에 대한 협력을 말했다면, 옌 교수는 더 구체적인 요구사항을 가지고 있었다. '언젠가 중국이 미국과 전쟁하게 될 때' 그는 담담한 목소리로 말했다. '우리는 유럽이 최소한 중립을 지켜주기를 바랍니다.'

나는 그가 '만약'이 아니라 '언젠가' 우리가 전쟁하게 될 때라고 말한 그 단어들을 들었을 때의 충격을 아직도 기억한다. 옌이 말한 단어들은 차분한 목소리로 전달되었지만 전기 충격처럼 나를 관통했다. 워싱턴과 브뤼셀의 내 친구들은 급성장하는 무역과 공급망을 통해 중국을 글로벌 시스템에 묶어두는 것이 전쟁을 비합리적인 것으로 만들 것이라고 희망했다. 그들은 세계무역기구(WTO)와 같은 기관들을 중국에 개방하면 중국의 이해관계가 기존 질서 안에 있다고 중국을 설득하는 것이 가능할 것으로 생각했다. 그리고 그들은 인터넷이 남아있는 정치적 차이를 잠식할 것이라고 기대했다. 2000년 3월의 한 행사에서 미국 대통령 빌 클린턴은 당시의 지배적인 사고를 이렇게 요약했다. 그는 말하길, '베이징 정권이 인터넷을 단속하려 하고 있습니다', '행운을 빕니다! 그건 마치 벽에다 못으로 젤리를 고정하려고 하듯이 실현 불가능한 일을 하려고 하는 셈이지요.'

하지만 옌쉐퉁은 전쟁에 관해 이야기하고 있었다. 그리고 더 중요한 것은 — 내가 이야기를 나눈 다른 많은 사상가처럼 — 그는 벽에다 젤리를 고정하려는 생각을 포기하지 않았다는 것이다. 옌 교수는 복잡한 아이디어를 이해하기 쉬운 용어로 표현하는 것을 좋아한다. 그는 글에서 중국 어린이라면 누구나 초등학교에서 배우는 유명한 동화를 활용해 중국이 서구를 모방하려 할 때 겪게 될 문제를 설명했다. '동시 샤오핀(dong shi xiao pin)'으로 알려진 이 이야기는 드물게 미인인 서시(Xishi)(서쪽을 뜻하는 이름)와 비정상적으로 못생긴 동시(Dongshi)(동쪽을 뜻하는 이름)라는 두 여인에 관한 이야기이다. 고대 중국의 '4대 미녀' 중 한 명인 서시는 선천적으로 심장 질환을 앓고 있어 고통에 시달렸다. 그녀가 이마에 주름을 잡으면 평소보다 훨씬 더 아름다워졌다. 동시는 그녀를 따라 비슷한 방식으로 이마에 주름을 잡았다. 하지만 서시를 흉내 낼수록, 동시는 점점 더 추해졌다. 이 이야기의 교훈은 다른 사람을 맹목적으로 모방하지 말라는 것이다. 그들에게 효과가 있는 것이 여러분에게는 효과가 없을 수도 있다. 그리고 옌의 동화는 내가 중국의 싱크 탱크, 대학, 당 기관의 경제학자, 정치학자, 철학자, 기타 허가받은 자유 사상가에게서 들은 이야기와 매우 일치했다.

우리의 첫 만남으로부터 20년이 지난 지금, 옌쉐퉁의 호전적인 단어들은 더 이상 터무니없게 들리지 않는다. 중국과 미국 간의 긴장이 고조되면서, 글로벌 평화에 관한 이야기보다는 갈등의 언어가 더 흔해졌다. 그리고 많은 유럽의 국가들이 직면한 가장 큰 질문은 바로 옌쉐퉁이 처음에 제기했던 바로 그것이다. 즉, 미국에 동조할 것인가, 아니면 중립을 지킬 것인가 하는 점이다. 많은 사람은 21세기 밀레니엄 세대의 디지털 조화에 대한 비전보다 20세기의 분열을 더욱 연상시키는 갈등으로 세계가 다시 한번 붕괴할 수 있다고 우려하고 있다.

어떤 사람들은 중국의 도전을 1914년이나 1939년의 독일에 비유했지만, 가장 흔한 비유는 냉전 시기 소련과의 대결이다. 그렇지만 우리는 냉전 2.0 시대에 있지 않다. 중국과 미국을 가르는 철의 장막은 없으며, 양측 간의 긴장은 분리가 아닌 연결의 산물이다. 사실, 지난 30년의 대부분의 시기에 베이징과 워싱턴 DC 사이에는 거의 완벽한 공생 관계가 있었다. 중국의 저축은 미국의 소비를 지원했다. 중국의 제조업 공장은 미국의 후기 산업 경제가 설계하고 서비스하는 제품들을 만들어냈다. 중국의 내향적 외교 정책은 워싱턴의 글로벌 리더십을 근본적으로 훼손하지 않았다. 미국은 선진국 세계의 리더였고 중국은 가장 큰 개발도상국이었다. 실제로 중국과 미국은 너무나 긴밀하게 연결되어 있어서 일부 분석가들은 이 현상을 설명하기 위해 '차이메리카'라는 합성어를 만들어 냈다.[2] 이는 단순히 중국이 미국에 막대한 양을 수출하거나, 애플 스마트폰에서 대두에 이르기까지 미국 경제의 핵심 부문들이 중국 시장에 크게 의존하고 있다는 것만이 아니다.[3] 2019년 기준으로 양국의 금융 관계는 5조 달러 이상의 가치를 지녔는데, 여기에는 미국 증권거래소에 상장된 중국 기업의 약 2조 달러와 중국이 보유한 미국 국채 1조 3,000억 달러가 포함된다.[4] 차이메리카는 태평양을 사이에 둔 양국의 통치 철학이 서로를 너무나 완벽하게 반영했기에 가능했다. 그런 만큼 그들은 서로에게 의존하게 되었다.

물론 이 기간에 중국과 미국 사이에는 협력뿐만 아니라 경쟁도 있었다. 하지만 두 나라가 매우 다른 출발점에서 시작했기 때문에, 두 시스템 간의 모순들은 관리 가능한 수준이었다. 아시아에서 미국은 군사적 우위와 동맹국들과의 양자 관계에 집중하면서, 미국이 주도하지 않는 경제적 구상들에는 저항했다. 반면 중국은 다자간 지역 통합을 지지하고 무역 협정을 통해 중국의 부상에 대한 경제적 지분을 제공함으로써 이웃 국가들을 안심시키고자 했다. 미국이 선진 민주주의 국가들과 중동의 에너지 부국들과의 관계에 집중하는 동안, 중국은 외교 활동의 대부분을 인접 국가들에 쏟았으며 아프리카와 라틴아메리카의 소외된 지역들에서 자국의 존재감을 높여갔다.

하지만 2008년 금융 위기 이후로 미국과 중국 모두에서 냉전 이후의 합의에 점점 의문이 제기되었다. 워싱턴과 베이징 간의 조화로운 관계에 대한 전망도 마찬가지였다. 긴장을 야기하는 가장 큰 요인은 두 국가 간 힘의 균형에서의 변화이다. 2001년 중국이 세계무역기구에 가입했을 당시(미국의 도움으로), 중국의 경제 규모는 미국의 1/10을 조금 넘는 수준이었다. 2019년까지 중국 경제는 미국 경제 규모의 2/3 이상으로 성장했다.[5] 이러한 경제적 변화는 두 나라와 다른 국가들과의 관계도 변화시켰다. 2001년에는 80% 이상의 국가들이 중국보다 미국과 더 많은 교역을 했다. 2018년까지 그 비율은 30%로 떨어졌고, 190개국 중 128개국이 미국보다 중국과 더 많은 교역을 하게 되었다.[6]

펠로폰네소스 전쟁 이후로 전략가들은 부상하는 강대국과 쇠퇴하는 강대국 간의 긴장에 주목해 왔다. 하지만 이러한 긴장은 미국과 중국이 치열한 경쟁의 일환으로 서로를 닮아가면서 더욱 심화된 것으로 보인다. 두 나라가 더욱 비슷해지는 — 따라서 더욱 경쟁적이 되어가는 — 모습을 가장 잘 볼 수 있는 곳은 새로운 경쟁의 가장 치열한 전장인 기술 분야이다. 대만이나 남중국해의 환초를 둘러싼 전쟁 가능성이 두렵기는 하지만, 우리의 '비평화 시대'의 주요 갈등은 세기 전환기에 옌쉐퉁이 상상했던 것과는 다르다. 전선은 육지나 공중, 해상만큼이나 우리의 연결된 세계의 인프라 속에 존재한다.

클린턴이 화합의 열쇠로 여겼던 디지털 연결의 급증은 중국과 미국 사이에 가장 큰 긴장을 조성한 것으로 보인다. 연결성이 지정학적 경쟁을 비합리적으로 만들기보다는 오히려 그것을 거의 불가피하게 만들고 있는 것 같다. 평화를 약속했던 기술이 사실상 갈등의 기회를 증가시키고 있다. 그러한 기술들이 새로운 전장을 열고 분노와 두려움에 대한 이유를 더 많이 제공하고 있다. 그 이유를 알아보려면, 내가 중국을 처음 방문했을 때 옌쉐퉁을 만난 사무실에서 몇 블록만 가면 된다.

## 센스타임과 페이스북

베이징 대학가에 있는 칭화대학교의 광활한 캠퍼스 외곽에는 반짝이는 '사이언스 파크 타워'가 있다. 이 네 개의 남근 모양의 돌출부는 100m 이상 공중으로 솟아 있으며, 중앙에 두 마리 황소의 거대한 청동 조각상이 있는 보행자 광장을 둘러싸고 있다. 이노베이션 플라자는 이름 그대로 중국 젊은이들이 어울리고, 커피를 마시며, 사교를 나누는 공간으로 자리 잡았다. 내가 마지막으로 거기에 갔을 때, 한 무리의 10대 소녀들이 건물 그늘에서 댄스 연습을 하고 있었다.

센스타임의 베이징 사무실은 타워 B에 있다. 접수 창구에 들어서자,

회사의 세계 최고 안면 인식 소프트웨어가 작동하는 견본들이 나를 맞이했다. 한 화면에는 내 얼굴이 캡처되어 성별, 나이, 옷차림, 내가 얼마나 매력적이고 행복한지, 그리고 어떤 마케팅 정보에 민감할 수 있는지에 대한 설명이 나와 있었다. 나의 사례에서, 나는 서른네 살(실제 나이는 마흔네 살)이고 매력 포인트가 93점이며 91%의 행복감을 느낀다는 말을 듣고 기분이 좋았다. 기계는 내가 이 건물에서 두 번째로 매력적인 사람이라고 말했고(가장 매력적인 사람이 누구인지는 알 수 없었다), 크리스토퍼 놀런 감독에게 특별한 애정을 가지고 있다고도 했다. 결과가 모든 면에서 정확하지는 않았지만, 그렇게 확신을 가지고 결과를 내놓았다는 사실이 인상적이었다(이렇게 부정확한 도구가 사람을 판단하는 데 사용된다고 생각하면 불안하긴 하지만). 이는 서구에서와 마찬가지로 중국에서도 알고리즘과 빅데이터가 모범적인 소비자와 시민을 만드는 데 활용될 수 있음을 보여주는 하나의 상징이었다.

칭화의 사이언스 파크는 팔로알토나 심지어는 선전(深圳)과도 다소 다르다. 화장실은 파손된 상태에 있고, 직원들은 꽉 들어찬 개방형 사무실이나 창문 없는 작은 칸막이에서 빽을 맞대고 앉아 있다. 하지만 실리콘밸리와 마찬가지로 공기는 아이디어와 야망으로 가득하다. 나를 안내해 준 여성은 준 진(June Jin)이라는 분이었다. 많은 중국인 임원과 마찬가지로, 그녀는 마이크로소프트에서 스카우트되었다. 센스타임의 창업자가 학술 프로젝트에서 사업체로 조직을 전환하면서 그녀를 최고 마케팅 책임자로 임명했다. 그녀의 임무는 소규모 스타트업에서 글로벌 대기업으로 성장하는 센스타임을 어떻게 포지셔닝할지 생각하는 것이었다. 그녀가 합류한 후 1년 만에 직원 수는 700명에서 1,700명으로 늘어났다. 창업자들은 세 차례의 투자를 통해 20억 달러 이상의 자금을 조달했고, 기업 가치는 거의 80억 달러로 증가했으며, 세계에서 가장 가치 있는 인공 지능 회사가 되었다. 후원자 명단에 중국의 알리바바, 싱가포르의 테마섹, 영국의 피델리티 인터내셔널, 미국의 칩 제조업체인 퀄컴이 이름을 올렸다.[7] 준은 직원들이 MD와 엔지니어링 책임자 등 '전 마이크로소프트 출신'으로 구성되어 있으며, 자신도 마이크로소프트 출신이라고 설명한다. 마이크로소프트와 마찬가지로 센스타임도 기업 문화와 학계 문화를 융합하는 방식을 취하고 있다. 창업자 대부분이 박사 학위를 가지고 있다. 그녀가 내게 말하길, '내가 센스타임에 합류했을 때', '내 친구나 가족 중 누구도 우리가 하는 일을 제대로 이해하지 못했다. 하지만 두 가지 큰일이 일어났다. 먼저 딥마인드의 알파고가 바둑에서 세계 챔피언을 이겼다. 그리고 시진핑 주석이 "차세대 AI" 전략을 발표하며 이를 국가적 우선순위로 삼겠다고 선언했다. 이 덕분에 우리는 자금 조달을 받아 사업을 시작할 수 있었었다'라고 한다.

2016년 알파고 컴퓨터가 바둑(체스의 중국식 전신)에서 세계 챔피언인 이세돌을 이겼을 때 서양에서는 이를 알아차린 사람이 많지 않았다. 하지만 중국인들은 알아차렸다. 3억 명에 가까운 중국인들이 5번의 대국을 시청하며 인공 지능이 인간의 두뇌 능력을 추월하는 순간을 목격했다. 이세돌은 테니스의 로저 페더러나 축구의 리오넬 메시처럼 자신의 종목에서 독보적인 존재였다. 하지만 5번의 대국을 치르는 동안 이세돌은 기동력도, 생각도, 결국 알고리즘에 밀리는 모습을 보였다. 그리고 중국의 관점에서 굴욕감을 더한 것은 2,500년 전 고대 중국에서 발명된 이 게임을 마스터한 컴퓨터가 영국에서 만들어졌다는 것이다. 몇 년 전 구글이 인수한 AI 스타트업 딥마인드가 개발한 알고리즘인 알파고는 자연의 질서를 뒤집고 있었다.

아시아 투자자 카이푸 리(Kai-Fu Lee)는 1957년 10월 소련이 최초로 인간이 만든 인공위성을 궤도에 쏘아올렸을 때 미국이 느꼈던 깊은 불안감을 떠올리며 이를 중국의 '스푸트니크의 순간'*이라고 불렀다. 미국인들은 이 사건에 큰 충격을 받아 수학과 과학 교육 및 연구에 수십억 달러를 투자했고, 인간을 달에 보내고, 초음속 로켓에서 미사일 방어막에 이르기까지 일련의 기술을 개발할 때까지 쉬지 않았다. 이러한 혁신의 향연이 가져온 부산물 중 하나는 국방부의 자금 지원을 받은 잘 알려지지 않은 연구 기관인 미국의 국방고등연구계획국(Defense Advanced Research Projects Agency, DARPA)이 인터넷을 만든 것이었다. 달리 말해, 스푸트니크는 단순히 우주 경쟁을 시작한 것이 아니라 수십 년에 걸친 혁

* 스푸트니크의 순간(Sputnik moment)은 특정 사건이나 기술의 발전이 사회 전반에 걸쳐 큰 변화를 촉발하는 시점을 의미한다. 이 용어는 1957년 소련이 첫 인공위성인 스푸트니크 1호를 발사했을 때의 충격에서 유래되었다. 이 사건으로 미국을 비롯한 서방 국가들은 우주 경쟁과 기술 혁신을 가속화하게 되었고, 오늘날에도 인공 지능, 생명 공학 등 다양한 분야에서 새로운 혁신이 일어날 때마다 이 개념이 사용된다.

신에 박차를 가한 것이었다. 역설적이게도 이 과정의 궁극적인 수혜자는 우주 경쟁을 시작한 소련이 아니라 결국 우주 경쟁에서 승리한 미국이었다.

카이푸 리는 인공 지능 개발 경쟁이 비슷한 궤적을 따를 수 있다고 예측한다. 바둑에서 세계 챔피언을 처음으로 이긴 것은 서양의 알고리즘이었지만, 결국 이 경쟁에서 이길 수 있는 것은 중국일 수 있다. 중국이 스푸트니크 순간을 맞았을 때 별을 노렸다는 것은 분명한 사실이다. 시진핑 주석이 2017년에 준 진이 언급한 백서를 발표했을 때, 그는 중국이 2020년까지 AI 강국의 첫 번째 단계에 진입하고 2030년까지 세계를 선도해야 한다고 촉구했다. 중국에서 황제 — 또는 공산당 서기장 — 가 이와 같은 국가적 목표를 발표하면, 그것은 시스템 전체에 반향을 일으키고 모든 성, 지방 자치 단체, 도시, 읍, 면은 물론 모든 주요 기업과 은행의 당 위원회에 반영된다. 시진핑 주석이 연방 예산에서 약속한 수십억 달러 외에도, 그의 국가 계획은 모든 수준의 정부와 민간 부문에서도 자원이 시스템을 통해 쏟아질 수 있는 길을 열어 놓았다. 그리고 그의 디지털 실크로드는 중국 AI가 글로벌 제품 시장을 개척하는 데 도움을 주겠다고 약속했다. 이 국가 계획은 또한 중국의 연구자와 기업이 중국의 감시 국가가 풍부하게 보유하고 있는 데이터를 이용할 수 있도록 한다. 서방 기업들의 대부분이 고작 1,300만 명의 얼굴 데이터베이스로 작업하고 있다면, 센스타임은 20억 명 이상의 얼굴에 접근하여 알고리즘을 훈련할 수 있다고 주장한다.[8]

시진핑 정부는 조국으로 돌아오는 중국 연구자들을 위한 세금 감면 및 기타 인센티브를 도입하여 인재를 유치하기 위해 나섰다. 2014년 칭화대학교는 권위 있는 인공 지능 학회에서 연구자들이 논문을 발표한 상위 15개 대학 중 유일한 중국의 대학교였다. 가장 영향력 있는 연구자 수에서 중국은 여전히 미국에 뒤졌지만, 2018년에는 상위 15위 안에 중국 기관이 4개나 포함되었고 칭화대학교는 실리콘밸리의 스탠퍼드 대학교를 제치며 세계 2위의 자리를 유지했다.[9] 아마도 AI 성공의 핵심 동인은 기업 생태계일 것이다. 그리고 2020년에는 고객 기반과 매출 면에서 미국 거대 기업에 버금가는 민간 기술 거대 기업들 — 알리바바, 텐센트, 바이두, 화웨이, 샤오미 — 이 활발하게 등장했다. 여기에 국가뿐만 아니라 민간 부문의 내규모 투자자와 벤처 캐피털리스트가 합류했다. 아마도 가장 놀라운 것은 세계 최고 수준의 기술로 글로벌 시장을 개척하고 있는 스타트업일 것이다. 그리고 그러한 새로운 유형의 기업을 보여주는 가장 좋은 예 중 하나가 바로 센스타임이다.

'더 나은 내일을 위한 AI'라는 슬로건을 내건 센스타임은 '우리가 알고 있는 인간의 삶을 재정의'하겠다고 약속한다.[10] 이 모든 것은 2014년 훨씬 더 소박한 방식으로 홍콩대학교 미디어 연구실의 학술 프로젝트로 시작되었다. 이 프로젝트에서 탕 샤오우(Tang Xiao'ou) 교수는 학생 11명과 함께 98.52%의 정확도로 얼굴을 식별하는 알고리즘을 개발했다. 이들의 결과는 전 세계의 다른 어떤 알고리즘보다 우수했다. 실제로 그들의 알고리즘은 인간의 눈보다 훨씬 더 신뢰할 수 있는 최초의 것이었다. 탕 교수는 이 성과에 대해 여전히 자부심을 드러내고 있다. 그의 연구팀은 역사를 만들었을 뿐 아니라, 더 중요한 것은 미국보다 먼저 그 일을 해냈다는 것이다. 그는 박사 학위를 받은 매사추세츠 공과대학에서 행한 연설에서 '우리가 페이스북을 이겼다'라고 말했다.[11] 1년 후 그 팀은 센스타임을 기업으로 분사했고, 학생 중 한 명인 쉬 리(Xu Li)가 CEO로 임명되었다.

센스타임은 아직 널리 알려진 이름은 아니지만, 중국의 많은 소비자들은 매일 여러 차례 이를 접하게 될 것이다. 코로나-19가 유행하는 동안 센스타임은 지하철역과 공공장소에서 사람들을 선별하는 시스템을 개발했다. 이는 승객들을 원거리에서 스캔하여 발열 증상이 있는 사람을 식별하고 그들의 얼굴을 신분증 데이터베이스와 대조할 수 있다.[12] 이 기술을 통해 사람들은 안면 인식으로 휴대폰 잠금을 해제하고, 지하철 티켓을 구매하며, 은행 계좌를 열고, 신용 조회를 하는 등 다양한 작업을 수행할 수 있다. 센스타임은 메이투, 웨이보와 같은 앱과 샤오미, 오포 같은 휴대폰 제조사에 사진 정리나 이미지 편집을 개선하는 소프트웨어를 제공한다.[13] 센스타임은 P2P 대출 기업들과 협력하여 온라인에서 잠재 고객을 식별하고, 대학들이 학생들의 출석을 확인하는 것을 돕는다. 가장 흥미로운 점은 베이징의 천단 공원에서 화장지 사용을 제한한다는 것이다(사람들의 얼굴을 스캔하여 9분마다 한 사람당 60cm의 화장지만 사용할 수 있도록 제한한다). 센스타임은 중국의 127개 도시와 계약을 맺어 교통 관리부터 군중 통제에 이르기까지 모든 것을 지원했다.[14]

센스타임은 중국인의 생활방식만을 바꾸는 것에 그치지 않는다. 이 기업은 글로벌 야망을 품고 있다. 아부다비에 R&D 허브를 설립할 계획을 발표했고, 미국에서는 AI를 활용해 암을 진단하는 '스마트 헬스' 연구소를 출범시켰다. 혼다 자동차와 함께 일본에 자율주행 테스트 센터를 설립했으며, 말레이시아에서는 이미지, 음성, 다국어를 처리할 수 있는 로봇 개발을 위해 10억 달러 규모의 'AI 파크' 건설을 지원하고 있다. 더욱이 바이두, 알리바바, 텐센트와 같은 중국의 인터넷 거물들과 함께 'AI 국가대표팀'으로 선정되면서 정부의 승인도 받았다.[15] 2015년 이후 센스타임의 연구팀은 구글이나 페이스북보다 더 많은 새로운 연구를 세계 주요 AI 학회에서 발표했다.[16] 이 기업의 중국어 이름은 상탕으로, 중국 최초의 왕조인 상나라(기원전 18세기-11세기)와 그 첫 번째 황제 탕의 이름을 따왔다. 창업자 탕 샤오우는 이렇게 설명했다. '그 시대는 중국이 세계를 이끌었던 때였고, 기술 혁신을 통해 다시 한번 그렇게 될 것이다.'[17] 많은 서양인들은 그의 말이 맞을까 봐 두려워한다. 구글의 전 회장 에릭 슈미트는 중국은 '2025년까지 우리를 따라잡을 것이며, 2030년까지는 이 산업을 지배하게 될 것'이라고 경고했다.[18] 정확히 그 궤도를 따라가고 있다.

어떤 면에서 센스타임은 세기 전환기에 빌 클린턴과 같은 자유주의 글로벌리스트들의 꿈을 상징하는 전형적인 예이다. 즉, 중국이 새로운 기술을 수용하고, 자본주의적 중산층을 성장시키며, 세계와 연결된 국가가 될 것이라는 꿈이었다. 오늘날 중국의 인터넷 사용자 수는 미국보다 많고, 중산층 규모는 미국 전체 인구보다 더 크다. 중국은 서구를 제치고 최초의 현금 없는 사회가 되었다. 그리고 위챗과 웨이보와 같은 플랫폼을 통해 인터넷은 중국 시민들에게 모여서 토론할 수 있는 떠들썩한 공론장(정부가 민감하다고 여기는 주제에 대한 검열이 있긴 하지만)을 제공했다. 더욱이 이 중산층은 점점 더 세계와 연결되고 있다. 2017년에 중국인 해외 관광객은 약 1억 3,100만 회의 여행을 했으며, 이 수치는 코로나-19 발생 전까지 계속 증가했다. 2018년에는 65만 명이 넘는 중국 학생들이 해외에서 공부했다.[19]

그러나 이러한 발전에도 불구하고, 중국은 기술 유토피아주의자들이 써놓은 각본을 따르지 않았다. 그들은 중국 공산당이 인터넷에 의해 휩쓸려 사라질 것이라 기대했다. 대신에 공산당은 웹을 자신들의 통제력을 강화하는 데 이용했고 이제는 이를 변화시키려 한다. 검열은 빌 클린턴이 아직 미국 대통령이었던 1990년대에 시험적으로 시작되었다. 하지만 중국 정부가 '만리방화벽'으로 알려진 것을 통해 외국 기업들의 접근을 제한하기 시작하면서 검열이 이번 세기 초에 가속화되었다. 수백만 명의 중국인들이 힐튼과 하얏트 호텔에 묵을 수 있고, 스타벅스로 아침을 시작하며, 켄터키프라이드치킨이나 맥도날드를 실컷 즐길 수 있고, 나이키 운동화를 신고 코카콜라를 마실 수 있지만, 구글, 아마존, 페이스북이나 트위터는 사용할 수 없다.

19세기 이후로 중국은 서구 기술에 대해 이중적인 태도를 보여왔다. 발전을 위해서는 서구 기술이 필요하다는 것을 인식하면서도, 중국의 본질이 변화되는 것을 두려워하고 과거 영국과 프랑스로부터 받은 굴욕과 강압이 반복되는 것을 피하려 했다. 인터넷 초기에 중국 정부는 마이크로소프트나 구글과 같은 기업들의 중국 진출을 허용하되, 현지 검열법을 준수하고 사용자 정보에 대한 접근을 제공하도록 요구하면서 타협점을 찾으려 했다. 하지만 긴 줄다리기 끝에 중국 정부는 실리콘밸리의 기술 플랫폼들을 중국의 온라인 생활에서 사실상 차단해 버렸다. 이를 통해 기업가들이 미국의 플랫폼을 대체할 중국형 플랫폼을 개발할 수 있는 공간이 열렸고, 이러한 플랫폼은 공산당의 더 큰 통제를 받게 되었다. 중국 정부는 모든 서버가 베이징에 있어야 한다고 주장할 수 있었고, 경영진이 공산당의 제한을 준수하게 할 수 있었다. 그 결과 검색엔진 바이두는 구글을 모방했고, 전자상거래 기업 알리바바는 이베이와 아마존을 대체했으며, 위챗은 왓츠앱을, 웨이보는 트위터를, 디디추싱은 우버를 대체했다. 이들은 단순한 복제품이 아니라 중국의 통제된 정치·경제 시스템 내에서 소비자를 위한 새로운 서비스 방식을 개발하고 있다.

웨이보와 위챗 같은 플랫폼들에서 활발한 토론과 책임성이 나타나면서 반(半) 통제된 공론장이 등장했다. 베이징 당국은 정치적 문제를 일으킬 만한 내용을 삭제할 수 있는 수만 명의 검열관을 운용할 수 있었기에 위협을 느끼지 않았다. 베이징 당국은 소셜 미디어에서 얻은 정보를 통해 불만의 원인을 파악하고 해결할 수 있었다. 심지어 지방 당 관료들의 부패가 폭로되는 것도 유용하게 여겨졌다. 이는 중앙 당국이 시스템 전체를 문제 삼기보다는 '악당들'에게로 불만을 돌릴 수 있게 했기 때문이다. 궁극적으로 서버가 베이징에 있었기에, 당국은 언제든 인터넷상의 '문제아'를 추적해 체포하거나 투옥할 수 있었다.

그러던 중 2011년에 튀니지의 한 지방 도시에서 한 시위자가 분신을 시도했고, 이는 트위터와 페이스북을 통해 중동 전역으로 퍼진 시위의 불씨가 되었다. 중국 공산당은 곧 소셜 미디어에 대해 더욱 불안감을 갖게 되었다. 2012년 시진핑이 주석이 된 후 그는 일당 통치를 위해 온라인 중국을 안전하게 만드는 임무를 맡은 새로운 인터넷 차르를 임명했다. 카리스마 넘치는 중앙 사이버 공간 업무 책임자인 루웨이(Lu Wei)는 중국 당국이 혁명의 확산에 기여한 것으로 여긴 인터넷의 세 가지 특징, 즉 익명성, 바이러스성, 면책성을 해체하기 시작했다.[20] 먼저 그는 중국 네티즌이 실명과 전화번호를 의무적으로 등록하도록 하는 규칙을 도입하여 당국이 개별 게시물의 작성자를 훨씬 쉽게 찾을 수 있게 만들었다. 다음으로 그는 검열을 확대하고 아웃소싱하여 정치적으로 민감한 자료가 퍼질 기회를 차단하기 시작했다. 국가가 대규모 관료 조직을 구성하는 대신 모든 주요 민간 인터넷 플랫폼에 정부의 가이드라인에 따라 자체 사이트를 검열하도록 맡겼다. 그 결과 중국의 거대 인터넷 기업들은 각각 수만 명의 검열관을 채용하여 자사 웹사이트를 감시했다. 그 무렵 검색엔진 바이두에서 일하던 친구가 어떻게 회사가 소비자 경험을 향상시키기 위해 사람들이 가장 좋아하는 검열 방식을 시장 조사하고 있는지를 나에게 설명해 준 기억이 난다. 그는 처음부터 게시물을 올리지 못하도록 막는 것보다 — 즉시 삭제되더라도 — 게시물을 올릴 수 있도록 허용하는 것이 사용자를 더 행복하게 만든다고 말했다. 마지막으로, 루웨이는 잠재적 문제 유발자에 대한 제재 수위를 높이려 했다. 2013년 중국 당국은 '온라인 루머'에 대한 캠페인을 시작했고, 수많은 유명 블로거들이 체포되고 전국 방송에서 망신을 당했다. 2015년까지 중국 경찰은 공산당이 유익하지 않다고 간주하는 모든 콘텐츠를 포함한 이른바 '인터넷 범죄'로 15,000여 명을 체포했다.

중국 인터넷의 첫 물결이 주로 보호된 자국 시장에서 서구 기업들의 성공을 모방하는 것이었다면, 중국 기술의 다음 물결은 모방보다는 혁신에 더 중점을 두었다. 현재 중국의 많은 기업이 글로벌 발전의 속도를 주도하고 있으며, 이는 자유와 개방성에서 멀어지는 방향으로 나아가고 있다.

센스타임 본사는 이러한 현상을 직접 목격할 수 있는 완벽한 장소이다. 가상현실 게임과 셀카 보정 앱 시연과 함께, 센스타임은 베이징의 신생 감시 국가 기술을 선보인다. 한 모듈은 CCTV 카메라가 도로의 차량과 거리의 사람들을 포착하는 것을 보여준다. 알고리즘은 개인과 집단의 행동을 분석하여 수상한 행동을 감지한다. 이 기술은 매혹적이면서도 동시에 불안감을 주고 있다. 경쟁사는 훨씬 더 극적인 시연을 했다. 이들은 2013년 보스턴 마라톤 폭발 사건의 영상을 재생하면서, 만약 미국 당국이 자사의 기술을 사용했더라면 테러리스트들이 살인 계획을 실행하기 전에 충분히 빨리 발견하여 체포할 수 있었을 것이라는 점을 보여주고자 했다. 이는 '사전 범죄 예방'이 더 이상 스필버그 영화 속 판타지가 아니라 중국에서는 일상생활의 일부가 되었음을 보여준다.

중국에는 약 6억 대의 감시 카메라가 설치되어 있을 것으로 추정되며, 코로나 위기 동안 많은 공공기관이 추가로 카메라를 설치했다. 센스타임은 이러한 카메라 영상을 모니터링하기 위해 개발한 '바이퍼' 시스템을 운영할 5대의 슈퍼컴퓨터를 제작하고 있다(이들의 목표는 한 번에 최대 10만 대의 카메라 피드를 자동으로 분석할 수 있도록 하는 것이다).[21]

센스타임과 같은 스타트업이 개척한 감시 기술은 베이징 당국이 이슬람 극단주의와 분리주의의 온상이 될 수 있다고 우려하는 무슬림 다수 지역인 신장에서 시험되었다. 광범위한 카메라가 주민들을 스캔하고, 알고리즘을 훈련시켜 1,100만 무슬림과 비무슬림 인구의 차이를 찾아내게 하고 있다. 『뉴욕타임스』 보도에 따르면, 센스타임의 기술은 인공 지능을 활용해 이러한 인종 프로파일링을 용이하게 하는 거대한 감시망을 구축하는 데 사용되었다.[22] 이 기술은 주민들의 DNA, 차량번호판, 소셜 미디어 활동, 종교 활동, 교우관계 및 이동에 관한 정보를 저장하고 분석하는 데 사용되었다.[23] 최근에 유출된 자료에 따르면, 경찰은 해외에 친척이 있거나, 전통적인 이슬람 복장을 착용하거나, 정부에 청원을 제출한 적이 있는 등과 같은 기준에 따라 '신뢰할 수 없는' 사람들의 명단을 작성했다.[24] 이후 이러한 명단은 해당 지역의 도시와 도로에 있는 수많은 경찰 검문소에서 검문 및 수색하거나 혹은 심문할 대상을 선별하는 데 사용되고 있다.

중국 정부는 일련의 '강경 대응 캠페인'과 같은 잔혹한 탄압에서 100

만 명이 넘는 시민들을 체포해 수용소에 구금했으며, 그곳에서 그들은 세뇌 교육, 강제노동, 심지어 불임수술까지 당하고 있다.[25] 국제적 비판에 직면한 베이징은 이 수용소들을 '직업훈련소'로 포장하려 했지만, 이는 자의적인 대규모 구금 관행을 규탄해 온 휴먼라이츠워치와 같은 NGO나 유엔 인권이사회를 설득하지는 못했다. 이러한 감시 카메라 기술은 새롭게 중국의 직접 통치하에 들어간 홍콩에서도 사용되었고, 이것이 시위대가 안면 인식을 피하기 위해 검은 마스크를 쓰기 시작한 이유이다.

감시 기술에 대한 또 다른 실험이 산둥성의 룽청(榮成)시에서 진행되고 있는데, 이곳에서 2015년에 소위 '사회 신용' 제도 중 하나가 처음 시작되었다.[26] '사회 신용'은 중국 주민들에 대해 가능한 모든 데이터를 수집하여 그들이 좋은 시민인지 나쁜 시민인지를 보여주는 단일 점수를 부여하려는 시도이다. 이 제도에 따라 모든 시민은 최대 900점까지 점수를 받는다. 만약 신호등이 빨간불일 때 길을 건너면 20점을 잃고 그들의 얼굴이 대형 화면에 표시된다. 다른 비행들 — 예컨대 노동자 보호 단체에서 활동하거나, 단체 교섭을 요구하거나, 알려진 '문제아'들과 친구 관계인 것 등 — 도 감점 대상이 될 수 있다. 이 새로운 기술의 궁극적인 목표는 인공 지능과 빅 데이터를 사용하여 반정부 활동, 소요 사태, 범죄가 발생하기 **전**에 이를 포착하는 것이다.

중국과 미국의 연결은 중국 측에 큰 두려움과 불확실성을 가져왔다. 즉 그 연결이 도전이나 협박에 시스템을 노출시킬 수 있다는 공포심을 갖게 했다. 그 때문에, 그들은 중국 경제와 미국 경제의 '탈동조화(decoupling)' 가능성에 관해 이야기한다. 하지만 인터넷에서는 이미 탈동조화가 진행 중이다. 이는 중국이 평행한 온라인 공간을 구축하기 위해 서구 플랫폼들을 효과적으로 차단하면서 시작되었다. 그 결과 전 세계를 하나로 연결하려던 인터넷은 실제로 분열되고 있다. 전 구글 회장 에릭 슈미트와 같은 선도적인 기술 전문가들은 중국의 권위주의적 기술 추진이 '스플린터넷'* 시대를 초래했다고 주장한다. 그는 냉전 시대에 아날로그 세계가 나뉘었던 것처럼 디지털 세계도 둘로 나뉘고 있다고 말한다. 자유세계와 소련 대신, 이제 우리에게는 중국 인터넷과 개방된 인터넷이 있다고 그들은 주장한다. 센스타임에게 이는 2019년 10월 미국 상무부가 신장 위구르족과 다른 무슬림 소수민족에 대한 인권침해와 관련하여 이 회사를 블랙리스트에 추가하면서 현실화되었다.[27] 센스타임은 글로벌 확장을 계획했을 수 있지만, 이제는 (창업자가 박사 학위를 받은) 매사추세츠 공과대학과 같은 기관과 (많은 대표적인 인재들이 경력을 시작했던) 마이크로소프트와 같은 기업들과의 협력이 금지되었다. 장기적으로 이러한 탈동조화가 양국 간의 긴장을 완화할 수 있지만, 현재 추진되는 방식은 오히려 상호 불안을 가중시키고 새로운 냉전에 관한 이야기를

* 스플린터넷(splinternet)은 splinter(분열)와 internet의 합성어로 전 세계를 하나로 통합해 주던 온라인 세계가 여러 조각으로 쪼개지는 현상을 말한다. 중국 정부가 사회주의 체제를 위협하는 정보를 통제하는 목적으로 만리방화벽을 세워 온라인상 감시와 검열을 시행하면서 이 개념이 제안되었다.

부추기고 있다.

중국의 인터넷에 대한 가장 웅변적인 비난 중 하나는 2019년 조지타운 대학교에서 페이스북 CEO 마크 저커버그가 전한 연설이었다. 그는 트레이드마크인 검은색 스웨터의 격식 없는 차림으로 오크 패널로 된 강당의 웅장한 나무 연단으로 걸어 올라갔다. 그는 세계를 연결하고 사람들이 목소리를 내게 하는 것, 이 두 가지가 페이스북의 주요 야망이라고 말하여 연설을 시작했다. 그는 중국이 이 두 가지 모두에 가장 큰 위협이라고 주장했다. '중국은 매우 다른 가치에 초점을 맞춘 자국만의 인터넷을 구축하고 있으며, 이제 인터넷에 대한 그들의 비전을 다른 국가들에 수출하고 있다'라고 그는 외쳤다. 10년 전만 해도 주요 인터넷 플랫폼들은 거의 모두 미국 것이었다고 그는 설명했다. 하지만 오늘날에는 상위 10개 중 6개가 중국 플랫폼이라며 그는 한탄했다. '그것이 우리가 원하는 인터넷인가?'라고 그는 물었다.

저커버그의 연설이 특히 인상적이었던 이유는 그가 다른 어떤 미국 기술 리더보다 중국 정치 지도부의 환심을 사기 위해 열심히 노력해 왔기 때문이다. 2014년 마크 저커버그는 중국 검열의 얼굴이었던 루웨이를 위해 — 중국어로 — 페이스북 본사를 직접 둘러볼 수 있는 기회를 마련했다. 그는 루웨이에게 자신의 책상에 앉을 수 있도록 허락하기도 했는데, 그 책상은 시진핑 중국 국가주석의 연설문을 모은 제본판으로 장식되어 있었다. 저커버그는 '동료들을 위해 이 책을 구입했다'며 '그들이 중국 특유의 사회주의를 이해하길 바랐다'라고 말했다. 2015년 저커버그는 백악관에서 시진핑 주석을 만났을 때 다시 한번 중국어 실력을 뽐냈다. 그는 중국 공산당 지도자에게 자신의 태어날 아기에게 명예 중국 이름을 지어달라고 요청했다(시진핑은 너무 큰 책임이라는 이유로 거절했다). 그해 말, 저커버그는 환심을 사려고 또 한 번 시도했다. 그는 옌쉐퉁의 모교인 칭화대학교를 방문하여 20분간 중국어로 연설했다.

저커버그가 마음을 바꾼 이유는 무엇일까? 중국 시장에 진출하려는 그의 캠페인이 결코 성공하지 못할 것으로 인식해서일까? 중국에 대해 냉소적인 미국 정치권의 호감을 사기 위해서였을까? 아니면 페이스북의 비윤리적인 감시 및 데이터 사용에 대한 비판을 회피하기 위해 중국을 우리의 자유에 대한 더 큰 위협으로 제시하려는 시도였을까? 어쨌든 흥미로운 점은 그가 중국 인터넷의 도덕적 가치에 대한 공적인 태도를 바꾸는 동안에도 많은 동료들이 사적으로는 위챗과 틱톡과 같은 중국의 거대 인터넷 기업의 비즈니스 모델을 모방하려고 노력하고 있었다는 것이다.[28] 여러 면에서 서구는 점점 더 중국화되고 있다(나중에 살펴보겠지만). 개인적으로, 나는 팔로알토에 있는 페이스북 본사를 방문했을 때 데이터를 사용하는 추출 방식에서 중국과 미국이 수렴하고 있다는 것을 처음 알게 되었다. 나는 사람들이 중국의 '감시 국가'에 대해 가지는 두려움이 미국의 '감시 자본주의'에 대해 표현된 두려움과 거울처럼 닮아 있는 이유를 깨달았다. 이것은 이상한 순환이었다. 처음에 우리는 인터넷이 우리를 하나로 묶어줄 것으로 생각했다. 중국은 인터넷이 그들을 변화시킬 것을 걱정하며 분리를 위해 노력했다. 하지만 이제 중국 기업들이 성공을 거두자, 사업을 모방하는 것은 서구이며, 이러한 수렴이 새로운 갈등의 기회를 만들어내고 있다.

내가 처음으로 페이스북 캠퍼스를 방문한 것은 2017년이었다. 당시 직원들은 여전히 자신이 속한 유토피아적 공동체에 대한 자부심으로 빛나고 있었다. 그들은 나를 레스토랑, 주스 바, 자전거 가게, 목판화 및 포스터 가게, 애플 제품을 판매하는 기계, 세탁소, 요가 스튜디오로 안내했다. 그곳은 소비자의 천국이었지만, 모든 매장에는 반전이 있었다. 즉, 모든 매장이 페이스북 직원에게서 돈을 받지 않았다. 모든 것이 무료였다! 나는 이곳에서 각자의 능력과 필요에 따라 상품이 흘러간다는 생각을 하지 않을 수 없었다.

가이드가 나를 한 사무실 건물 꼭대기에 있는 옥상 정원으로 안내했다. 그곳에는 벌새들이 새로 심은 나무와 풀, 꽃 주변을 날아다녔다. 여름에는 유명 밴드의 무료 콘서트가 열렸고, 매주 금요일에는 페이스북 경영진과 함께하는 타운홀 미팅이 있었다. 다음으로 가이드는 프랭크 게리가 설계한 세계 최대 규모의 개방형 사무실을 나에게 보여주었다. 이는 투명성에 대한 페이스북의 약속을 구현하고 '뉴스피드'* 벽까지 갖춘 것이었다. 그는 모든 직원을 대상으로 하는 '페이시버서리즈'**와 신

* 뉴스피드(newsfeed)는 페이스북 용어로 '친구 소식, 내가 좋아한 페이지, 그룹, 광고 등'에 대한 모든 것을 볼 수 있는 곳을 말한다.

** 페이시버서리즈(faciversaries)는 페이스북(Facebook)과 기념일(Anniversary)의 합성어이다. 이는 페이스북 계정을 만든 날짜의 기념일, 페이스북 친구가 된 날의 기념일 등을

입 사원이 업무를 시작할 때 받는 부트 캠프*와 입문 과정에 대해 말해 주었다. '엉뚱한 짓을 하지 마라'가 가장 중요한 교훈인 듯했다. 나는 호사스러움과 평등주의 정신 모두에 의해 압도당했다. 그곳에 더 오래 머무르면서 그것이 내게 무엇을 떠오르게 하는지 생각해 보려고 노력했다. 결국 나는 놀라운 결론에 도달했다. 멘로파크에 있는 페이스북 본사의 문화는 무엇보다도 내가 읽었던 마오 시대 중국 공산당이 공언한 목표에 대한 역사를 떠올리게 했다. 벽에 붙은 구호들, 일과 놀이를 결합하려는 결심, 숭고한 이상주의, 젊은이들에게 호소하는 모습, 사람들을 자신보다 더 큰 무언가로 사회화하려는 시도 등 페이스북 본사의 문화는 당 창건자들의 많은 이상을 반영하고 있었다. 참으로 이상하게도 베이징에서 내가 만난 중국의 새로운 기업가들은 페이스북 본사의 유토피아적 사회주의자보다는 훨씬 더 냉혹한 자본주의자처럼 보였다.

코로나-19가 발발하기 몇 달 전인 2019년 말 내가 페이스북에 다시 돌아왔을 때, 분위기는 다소 더 침체되어 있었다. 페이스북 직원들은 자신들의 행동에 대해 다른 사람에게 강의하기보다는 자신들의 관행에 대해 공격받고 있었다. 케임브리지 애널리티카와 가짜 뉴스부터 로힝야족

의미하는데, 페이스북은 이러한 기념일이 되면 자동으로 알림을 보내고, 사용자들이 이를 기념할 수 있도록 한다. 이를 통해 페이스북은 사용자들의 소셜 미디어 활동 이력을 기념하고 공유할 수 있게 해준다.

* 부트 캠프(boot camp)는 페이스북에 입사한 사람들이 최대한 빨리 페이스북의 직장문화에 적응할 수 있게 도와주고 본인이 가장 일하기 적합한 팀을 선택할 수 있게 하는 신입 사원 연수를 뜻한다.

학살을 조장했다는 의혹과 자살을 미화했다는 비난에 이르기까지 페이스북은 매일 뉴스 위기에 휘말렸다. 독점적 관행, 정보를 선별하고 정렬하는 알고리즘을 통한 현실 조작, 프라이버시 무시, 감정적·인종적·성격적 프로파일링, 선거 개입 및 탈세 등 수많은 비난이 잇따라 쏟아졌다. 이 모든 것의 근저에는 회사가 이윤을 추구한다는 비난이 있었다. 회사는 전 세계를 연결한다는 사명을 가진 소셜 네트워킹 사이트에서 사용자들의 관심을 팔아 가능한 한 많은 돈을 뽑아내는 거대한 광고 괴물로 변모해 있었다.

쇼샤나 주보프(Shoshana Zuboff)의 '감시 자본주의'에 대한 획기적인 연구는 인터넷이 자유를 확산시키고, 그녀가 말하듯 '연결되는 것'이 '어떠하든 본질적으로 친사회적이고, 선천적으로 포용적이며, 자연스럽게 지식의 민주화를 향하는 경향이 있다'는 환상을 벗겨낸다.[29] 대신에 그녀는 노동을 먹고 사는 흡혈귀로서의 자본주의에 대한 마르크스의 관념을 되살린다. 다만 인터넷 시대에 자본주의는 노동이 아니라 인간의 경험을 먹고 살아간다. 구글이나 페이스북과 같은 기업들은 우리의 검색 기록, '좋아요'와 '싫어요', 메시지, 심지어 움직임까지 이용해 우리의 관심을 끌 수 있는 방법을 찾아냈고, 고객들에게 수수료를 받고 우리의 행동을 유도하고 조작할 수 있는 기회를 제공하고 있다.

관심을 유도하는 페이스북의 강력한 알고리즘은 현실을 재정의하고 시민들이 진정한 정보에 입각한 선택을 할 기회를 박탈함으로써 그야말로 자유 의지를 파괴한다는 비난을 받았다. 이 모든 비판의 결과로, 페이스북은 접근 방식의 대대적 재설정을 발표했다. 저커버그는 입법자들에게 증거를 제시하기로 동의하고, 의회와 유럽 의회의 질문에 인내심을 갖고 응했다(영국에서는 출석을 거부했지만). 페이스북은 영국의 전 부총리 닉 클레그를 새로운 공공 정책 책임자로 영입했다. 페이스북은 규제에 반대하는 것에서 벗어나 입법자들에게 기술 플랫폼이 따라야 할 표준을 설정해달라고 요청하는 것으로 전환했다. 그리고 기이한 반전으로 페이스북은 중국 기업들이 35,000명의 '보안 직원'을 모집하여 웹을 감시함으로써 당국을 안심시키는 데 사용한 것과 동일한 기법을 사용하고 있다. 그들은 가짜 계정을 삭제하고 불쾌감을 주는 게시물을 내리기 시작했다. 이에 드는 연간 비용은 2012년 페이스북이 증권거래소에 상장될 당시의 전체 매출액에 거의 맞먹었다.[30]

게다가 내 중국인 친구들은 중국이 신장 지역에서 감시 기술을 개발하기 훨씬 전부터 서방 정보기관들이 그들만의 '글로벌 테러와의 전쟁'을 위해 빅 데이터를 수집하고 있었다는 점을 지적하곤 한다. 내부 고발자 에드워드 스노든의 폭로는 거의 10년 전에 감시 국가와 감시 자본주의가 어떻게 개인의 자유를 잠식하기 위해 협력할 수 있는지 보여주었다.[31] 2013년 그가 유출한 문서에서 미국 국가안보국(National Security Agency, NSA)이 운영하는 글로벌 감시 기구의 존재가 드러났다. 이 기구는 야후와 구글 데이터 센터에 몰래 접속하여 전 세계 수억 명의 계정 소유자로부터 정보를 수집하고 있었다.[32] 스노든은 NSA에서 일할 때 '나는 책상에 앉아서 당신이나 당신의 회계사부터 연방 판사, 심지어는 대통령에까지 개인 이메일만 있다면 누구든지 도청할 수 있다'는 유명한 주장을 했다.[33] 그가 유출한 슬라이드 중 하나는 NSA의 명시된 목표가 '모두 수집', '모두 처리', '모두 활용', '모두와 제휴', '모두 감지', '모두 알기'라는 것을 보여주었다.[34] 더 최근에 미국시민자유연합(American Civil Liberties Union)은 기업과 정부 기관이 새로운 개인정보 침해 기술이 존재한다는 사실을 대상자가 인지하기도 전에, 그리고 확실히 우리의 민주적 정치 시스템을 통해 그 사용에 우리가 동의하기도 전에 그 기술들을 배포하는 '랜드 러시'*에 대해 경고한 바 있다.[35]

그럼에도 미국의 감시 자본주의와 중국의 감시 국가를 동일시하는 것은 터무니없는 과장일 것이다. (스노든 이후 정부의 제품 접근을 상당히 어렵게 만든) 민간 기업의 규제되지 않은 데이터 사용과 권위주의 국가의 무제한적인 감시는 유사한 기술 도구를 사용하더라도 별개의 문제이다. 가까운 미래에도 미국의 활기찬 민주주의와 중화인민공화국의 디지털 독재 사이에는 대륙 규모의 차이가 계속 존재할 것이다.

이렇게 서로 다른 두 정치 시스템이 단일 경제로 긴밀하게 결합하는 것은 의심할 여지 없이 많은 긴장을 불러일으켰다. 하지만 더 놀라운 것

* 랜드 러시(land rush)는 특정 토지나 부동산을 선착순으로 선점하려는 현상을 의미한다. 역사적으로는 1889년 미국 오클라호마 개척 시대에 시작된 용어로, 정부가 특정 시각에 토지를 무상으로 개방하면서 많은 사람이 한꺼번에 몰려들어 땅을 차지하려 했던 현상을 가리킨다. 현대에는 신도시 분양, 인기 있는 상업지구 점포 임대, 온라인 도메인 이름 선점 등의 상황에서 비슷한 현상이 발생할 때 이 용어를 사용한다.

은 가장 큰 갈등 중 일부가 정반대의 역학으로 인해 발생했다는 점이다. 즉 중국과 미국이 점점 더 닮아가고 있다는 점이다.

## 모방과 경쟁

글로벌화의 위험을 가장 잘 알고 있는 사람 중 한 명이 우리의 초연결된 세계의 설계자 중 한 명인 피터 틸이라는 사실은 우연이 아닐 것이다. 틸은 글로벌 결제 시스템인 페이팔을 개발하고, 팔란티어를 통해 빅데이터를 개척하고, 현재도 이사로 재직 중인 링크드인과 페이스북과 같은 기업들을 지원하여 사람들의 사회생활을 변화시키는 데 참여했다. 나는 2017년 영국에서 그를 처음 만났는데, 당시 나는 '서구의 미래'를 주제로 그가 주재하는 정치 및 기술 리더들의 수련회에 초대받았다. 그 후 그의 고향인 캘리포니아를 방문했을 때 우리는 글로벌화에 대한 대화를 계속 이어갔다.

틸은 2016년 대선에서 도널드 트럼프를 지지하여 많은 동료를 놀라게 한 지적으로 불안한 반항아이다. 그의 가장 큰 관심사는 **모방**에 내재한 위험에 관한 것이다. 그는 스탠퍼드 대학의 학부 시절 프랑스 철학자 르네 지라르(René Girard)의 수업을 들으면서 이에 관심을 가지게 되었다.

지라르는 모방에 관한 연구를 예술의 한 형태로 발전시켰다. '질투의 예언자'로 알려진 그는 인간이 서로를 모방하는 능력이 우리를 다른 동물들과 가장 크게 구별 짓는 특징이라고 생각했다. 그의 논리에 따르면, 모방은 우리가 학습하고, 언어와 종교를 발전시키며, 정체성과 문화를 형성할 수 있게 해준다. 하지만 지라르에게 더욱 중요한 것은 모방이 우리의 **욕망**을 설명한다는 점이다. 그는 우리의 욕망이 영혼 깊은 곳에서 솟아나며 '내면의' 주관적 선호의 산물이라는 낭만주의적 생각을 거부했다. 그 대신, 그는 우리의 욕망이 '모방적'이라고 주장했는데, 이는 우리의 욕망이 의식적이든 무의식적이든 타인의 욕망을 복사한다는 의미이다. 지라르에 따르면, 우리는 타인의 욕망을 너무나 많이 모방하기 때문에 욕망의 **대상**은 그것을 둘러싼 경쟁에 비해 종종 부차적이거나, 때로는 불필요한 것이 되기도 한다.

지라르는 경쟁자들이 **그 어떤** 원하는 대상을 두고 경쟁하든, 각자는 상대방에게 점점 더 집착하게 된다는 것을 보여주었다. 그들은 자신들이 추구하는 대상을 얻기 위해 서로를 모방한다. 아이러니한 점은 경쟁이 치열해질수록, 이 모방 과정이 이전에 서로를 구별 짓던 모든 특성을 결국 잠식하게 된다는 것이다. 결과적으로, 적대자들은 서로의 '분신'이 되어버린다.

지라르의 위대한 통찰은 인간관계에서의 경쟁 — 사람들 사이에서, 심지어 국가 간에도 — 이 종종 **차이**(difference)가 아닌 **동일성**(sameness)에 뿌리를 두고 있다는 것이다. 그는 모방이 결국 인간들 간의 차이를 지워버려, 비슷한 사람들이 같은 것을 욕망하게 만든다고 주장한다. 따라서 이웃과 국가 간의 갈등은 흔히 서로를 구별 짓는 것이 아닌, 각자가 가진 공통점에 관한 것이다. 그들은 위협이 될 만큼 비슷해진 적과 자신이 다르다는 것을 증명하기 위해 전쟁에 나선다.[36]

2018년 피터 틸은 모교인 스탠퍼드 대학교에서 '주권과 글로벌화 및 기술의 한계'라는 강좌를 공동으로 강의하기로 했다.[37] 매주 화요일 오후 3시부터 5시 50분까지 틸은 공동 교수인 러셀 버먼과 함께 엄선된 학생들을 가르칠 예정이었다. 그들은 첨부된 강의 계획서에 '현재의 역사적 순간은 글로벌화에 대한 반대로 특징지어지는 것으로 보인다'라고 적었다. '이 새로운 분위기는 국제기구와 세계 시민권이라는 이전 패러다임과의 단절로 여겨진다.' 강의 계획서는 창세기와 **햄릿**부터 신보수주의 영웅 레오 스트라우스, 그리고 미국을 대체할 '중국몽'을 주장한 전 인민해방군 장교 류밍푸(Liu Mingfu)에 이르기까지 매혹적이고 다양한 텍스트들을 담고 있다. 이는 점차 이 강좌의 백미인 틸의 지적 영웅 르네 지라르로 이어진다. 수업에서 지라르의 작품을 논의할 때, 틸은 중국과 미국이 점점 서로를 '모방하는 분신'이 되어가고 있다고 주장했다. 세계 최강국이 되기 위해 더욱 치열하게 경쟁하고 그 목표를 달성하기 위해 서로의 강점을 모방하다 보면, 그들은 필연적으로 더욱 비슷해질 것이며 — 동시에 서로에 대한 반감도 커질 것이다.[38]

지그문트 프로이트는 더욱 비슷해지는 과정이 오히려 차이점을 찾으려는 심리적 욕구를 만들어낸다고 주장했다. 그는 이를 널리 알려진 '작은 차이의 나르시시즘'이라고 명명했다.[39] 물론 국가는 개인 심리를 가진 사람이 아니지만, 통치자들에 의해 지배되고 이러한 심리적 특성을 가진 시민들을 두고 있다. 그리고 대외정책과 국내 정치의 구분이 희미해지면서, 이러한 심리적 요인들이 더욱 중요해지고 있다. 접촉이 적을 때는 흥미롭게 보였을 문화적 특성들이 서로 밀접하게 묶여있을 때는 실존적 위협으로 보일 수 있다. 개인적인 수준으로 내려가 보면, 친구 사이가 매우 좋다가도 룸메이트가 되면서 관계가 나빠지는 예들이 많다. 삶을 함께 묶는 과정에서 서로 다른 선호와 생활방식, 우선순위들이 드러난다. 서방의 통합 정책은 중국을 소위 보편적 규범으로 전환하기는커녕 일부 영역에서는 차이를 악화시켰고, 다른 영역에서는 중국과 미국을 수렴하게 만들었다.

## 연결성과 안보 딜레마

두 초강대국 간의 모방과 경쟁 과정은 치명적인 양상을 띨 수 있다. 안보 정책 전문가들은 불안정한 국가들이 경쟁국으로부터 자국을 방어하기 위해 힘을 키우는 '안보 딜레마'에 대해 이야기한다. 이는 다시 다른 국가들이 자국의 방어력을 증강하도록 이끌고, 이 때문에 경쟁국들의 불안감이 더욱 커지면서 불안과 군비 증강의 악순환을 초래하게 된다. 위에서 설명한 미러링(mirroring) 과정은 오늘날 안보 딜레마가 무기만큼이나 기술에도 적용된다는 것을 보여준다.[40]

미국은 중국의 '경제적 침략'을 우려하고 있다. 미국 관리들은 산업스파이 또는 강요된 기술 이전을 통해 기술을 잃을까 두려워한다. 그들은 미국 기업들이 국가 보조금을 받는 중국 기업들에 맞서 경쟁력을 잃을까 걱정한다. 그들은 차별적인 규제로 인해 중국 시장에서 퇴출당하는 것을 우려한다. 그리고 그들은 자신들의 개방된 사회가 사이버 공격,

가짜 뉴스, 스파이 활동 및 정치적 간섭에 취약해지는 것을 우려한다.

미국의 방어책 — 관세 부과, 국내 투자 제한, 특정 중국 기업에 대한 기술 판매 금지, 중국 시민과 기업을 스파이 혐의로 기소 — 은 연이어 중국의 가장 깊은 취약점을 자극하고 있다. 많은 중국 관리와 논평가들은 이러한 조치를 방어적인 것으로 보지 않는다. 대신에 그들은 중국의 경제 및 기술 발전을 막기 위해 고안된 봉쇄 전략의 일환이라고 생각한다. 이에 따라 중국은 핵심 기술 개발을 위한 산업 정책, 연구에 대한 대규모 국가 보조금, 해외에서 신기술을 조달하려는 시도, 국가와 중국 기술 챔피언 간의 더욱 긴밀한 연계 등을 통해 자립도를 높이는 방향으로 대응하고 있다.

기술이 중국과 미국 간에 갈등의 중심이 된 이유는 무엇일까?

군사 기획가들은 갈등이 우리 사회를 반영한다고 가르쳤다. 우리 경제가 산업화 시대에서 정보화 시대로 이동하면서 군사 전략도 변화했다. 21세기와 20세기의 가장 커다란 차이점 가운데 하나는 기술의 흐름이다. 지난 세기에는 인터넷 자체를 비롯한 많은 첨단 기술이 군대에서 민간 영역으로 이동했다. 하지만 인공 지능의 시대에는 킬러 로봇부터 사이버 공격에 이르기까지 가장 치명적인 기술들이 민간 부문에서 개발되는 노하우에 의존하고 있다. 상업적 용도로 사용되는 많은 도구가 무기로 재배치될 수 있다. 따라서 미국은 중국에 대한 군사적 우위를 유지하기 위해 기술의 흐름을 통제해야 한다.

정치 경제학자들은 한 걸음 더 나아가 군사력과 정치력이 경제적 기반에 달려 있다고 주장한다. '승자 독식'의 디지털 경제에서는 일등이 되는 것이 — 그리고 일등을 유지하는 것이 — 필수적이다. 표준과 규범을 정의하기 위한 전 세계적인 경쟁이 벌어지고 있으며, 정상에 오른 기업이 경쟁자를 쓸어버리기 위해 초토화 정책을 펼칠 것이라는 두려움이 있다. 이것이 바로 지난 20년 동안 마이크로소프트, 구글, 페이스북과 같은 미국의 거대 기업들이 비난을 받아온 이유이다. 그들은 이제 독점 자본주의의 다음 물결이 중국의 얼굴을 갖게 되는 것에 두려움을 느끼고 있다. 그리고 경쟁을 덜 공정하게 만들기 위해 이들 중국 기업은 국가 보조금, 거대하고 보호받는 국내 시장, 베이징 정부의 정치적 지원으로부터 혜택을 볼 것이다. 미국 정부는 과거에는 중국의 IP 도용과 불법 사이버 공격만을 걱정했는데, 이는 아이러니하게도 미국의 입지가 그만큼 강하다는 것을 보여주었다. 이제 가장 큰 두려움은 중국이 5G, 인공 지능, 양자 컴퓨팅, 블록체인과 같은 신기술 분야에서 (비록 국가 지원 때문에 '불공정'하긴 하지만) 글로벌 리더가 되기 위해 미국과 동등한 위치에서 경쟁하고 있다는 것이다.

그러나 가장 근본적인 이유는 기술이 인간 상호 작용의 본질을 변화시키고, 이를 통해 경제, 사회, 정치를 변화시키는 방식에 있다. 빌 클린턴과 같은 글로벌리스트 지도자들이 인터넷의 확산을 그토록 열렬히 지지했던 것도 바로 이러한 점을 이해했기 때문이다. 그들은 1990년대의 기술인 모뎀과 휴대폰이 자유와 개인주의를 가져올 것으로 기대했다. 이는 또한 중국 정부가 서양의 자동차 회사, 할리우드 영화, 심지어 서양의 식품 브랜드까지 수용하면서도 미국 기술 플랫폼을 자국에서 그토록 열렬히 차단하려 했던 이유이기도 하다.

중국은 수년 동안 외국 기업을 자국의 인터넷 플랫폼에서 배제하려고 노력해 왔으며, 이제는 서방 하드웨어를 토착 기술로 대체하려 하고 있다. 서방 기업이 중국 정치에 개입하거나 정부에 데이터를 넘기는 것을 거부하거나 중국을 협박하는 데 이용되거나 자국 기업들의 부상을 방해할 수도 있다고 두려워했기 때문이다.[41] 하지만 한때 중국이 미국의 가치를 채택할 것이라고 기대했던 많은 미국인은 이제 자국이 중국 공산당에 의해, 혹은 오히려 중국을 물리치거나 최소한 저지하는 데 필요하다고 미국이 생각하는 조치에 의해 변화되는 것을 두려워하고 있다.

2020년 8월, 미국 정부는 중국의 움직임에 대한 대응책으로 '클린 네트워크' 프로그램을 시작했다. 이 프로그램의 목표는, 모든 미국 통신망, 앱, 앱 스토어, 클라우드 시스템 및 해저 케이블이 미국 네트워크에 연결되거나 미국 데이터를 전송하는 경우 중국의 개입에서 '클린' 상태를 보장하는 것이다. 미국 정부는 '클린 네트워크' 프로그램이 중국 공산당이 미국 시민의 데이터를 수집하여 스파이 활동, 조작, 심지어는 정치적 간섭을 하는 것을 막는 동시에 기업 비밀을 보호하는 데 도움이 될 것이라고 말했다.[42] 한 의회 관계자의 설명을 인용하자면 다음과 같다. '우리는 마침내 20년 전 중국이 했던 논쟁을 하고 있다. 당시 중국은 외국 기술이 자국의 정치 시스템에 위협이 된다는 것을 발견했다. 지금에야 미국은 우리의 개방형 시스템에 직접적으로 위협이 되는 외국 기술을 따라잡고 있다.[43] 미국 네트워크와 중국 네트워크를 분리하려는 이러한 노력으로 규제 당국은 중국 투자에 대한 보안 영향을 면밀히 조사하고 있다. 가장 주목할 만한 사례 중 하나는 게임 회사인 베이징 쿤룬 테크가 인수한 게이 데이팅 앱인 그라인더였다. 그러나 2020년 3월 그들은 미국 규제 당국이 국가 안보에 대한 우려를 제기하자 어쩔 수 없이 미국 기업에 그라인더를 매각할 수밖에 없었다고 발표했다.[44] 이제 (연이어 미국을 거울로 삼은) '중국을 거울 삼는 움직임'이 산업 정책, 관세, 수출입 통제 및 보조금을 통해 진정으로 추진되고 있다. 점차로 이는 미국 경제의 관리를 위해 미국 정부의 직접적인 개입을 더욱 요구한다. 이는 미국 정부가 국가 안보를 이유로 중국 기업 바이트댄스에 동영상 공유 플랫폼 틱톡을 매각하도록 압력을 가한 극적인 사건을 통해 알 수 있다.[45]

자유와 독재에 관한 모든 논의에도 불구하고, 정치에 미치는 기술의 영향은 이분화되지 않았다. 어떤 면에서 국가 간의 연결은 정치적 차이를 두드러지게 하고 긴장을 유발하기도 한다. 하지만 국가들이 경쟁하기 위해 서로를 거울처럼 반영하는 방식 때문에, 네트워크화된 기술은 개방사회와 폐쇄사회, 계획경제와 자유경제 간의 편안한 구분을 모호하게 하고 있으며, 궁극적으로 어느 쪽도 순수한 형태로는 불가능하게 만들고 있다. 중국의 관점에서 볼 때, 디지털 시대는 자유주의 세계와 권위주의 세계 간의 전투가 아니라 두 세계의 장기적인 수렴을 예고한다. 그리고 많은 미국인이 같은 것을 두려워하기 시작했다. 옌쉐퉁의 동화는 이제 베이징뿐만 아니라 워싱턴에서도 반향을 일으키고 있다. 미국 정부가 산업계획과 수출통제에서 투자 및 데이터 공유 금지에 이르기까지 중국식 전술을 채택하면서, 미국인들은 '우리가 이제 미인을 흉내 내는 못생긴 소녀가 된 것인가?'라는 질문을 스스로에게 던지기 시작했다. 워싱턴과 베이징이 서로 닮아갈수록, 기술 및 경제 분야뿐만 아니라 군사 및 정치 분야에서도 갈등이 심화하고 있다. 코로나바이러스와 기후 위기처럼 두 초강대국 모두에게 동등하게 위협이 되는 것처럼 보이는 글로벌 과제들에 대해서조차, 두 거인은 협력하기보다는 싸우는 쪽을 선택해 왔다.

무역과 기술에서부터 이주와 인터넷에 이르기까지, 글로벌화 자체가 이제 무기화되고 있다. 5세기에는 중국 함대가 서구와 갈등을 빚지 않고도 인도양을 건너 인도와 아라비아반도, 아프리카까지 항해할 수 있었다. 하지만 우리의 상호 연결된 세계에서는 중국이나 미국 중 어느 한 국가가 재채기를 하면 다른 국가들이 감기에 걸리지 않을 수 없게 되었다. 글로벌화는 양측 모두에게 서로 경쟁할 수 있는 많은 기회를 제공한다. 이 책의 다음 장에서는 이러한 경쟁의 기회들이 왜 그토록 자주 받아들여지는지에 대한 이유와, 그리고 이 기회들이 경쟁국가 내부와 그들 사이에 일으킬 수 있는 갈등에 대해 더 깊이 살펴볼 것이다.

위험한 점은 연결성이 비교로 이어지고, 이것이 다시 경쟁과 갈등을 증가시키는 치명적인 여정에 중국과 미국이 들어섰다는 것이다. 양국 관계가 경쟁적일수록, 서로를 모방하려는 유혹이 커지고, 이는 다시 악순환적인 경쟁의 소용돌이를 만들어낸다.

제2부

# 이유

# 02 _ 연결된 사람

## 어떻게 사회가 질투에 의해 분열되었는가

사랑과 전쟁 사이에는 미묘한 경계선이 존재한다. 어떤 관계 상담사든 이를 증명할 수 있을 것이다. 그래서 세계 최대 게이 데이팅 앱인 그라인더가 중국과 미국 간의 갈등의 최전선에 서게 되었을 때, 이는 아마도 놀라운 일이 아니었을 것이다.

모든 꽃피는 관계가 그렇듯, 이 이야기는 2016년 중국 게임 대기업 베이징 쿤룬(Beijing Kunlun)이 할리우드에 본사를 둔 회사의 지분 60%를 인수했을 때 높은 기대와 과장된 약속, 그리고 원대한 계획으로 시작되었다. 2년 후, 쿤룬은 약 3천만 명에 달하는 네트워크 사용자들을 대상으로 한 글로벌 확장 계획의 일환으로 나머지 40% 지분도 매입했다. 하지만 시간이 흐르면서 이 관계는 서서히 악화되기 시작했고, 양측 모두에게 의심이 스며들기 시작했다. 그리고 2019년, 외국 기업의 인수를 조사하기 위해 설립된 미국 외국인투자위원회(CFIUS)는 이 매입의 국가 안보 영향에 대한 조사에 착수했고, 결국 양측에게 결별을 명령했다.

당신은 물을 수 있다. 만남주선 앱(hook-up app)이 국가 안보와 무슨 관련이 있는가? 이 연결된 비평화의 시대에는 많은 관련이 있는 것 같다. 미국 정부는 중국 기업이 수백만 미국인의 위치 정보, 성적 취향, 에이즈 바이러스(HIV) 상태와 같은 민감한 정보를 베이징 당국과 공유할 수 있다는 점을 우려했다. 특히 미국 정부는 군인이나 정보기관 요원들이 협박의 대상이 될 수 있다는 점을 걱정했다. 그래서 베이징 쿤룬은 2020년 6월에 매각을 강요받았다. 하지만 그라인더는 중국과 미국 사이의 확대되는 긴장 지대를 보여주는 것에 그치지 않는다. 이는 또한 디지털 혁명이 우리 세계를 어떻게 변화시키고 있는지, 그리고 그 과정에서 사람들에게 서로 싸울 이유를 제공하는 방식을 들여다볼 수 있는 창을 제공한다. 이는 연결성이 주는 도취적인 매력과 그것의 더 어두운 함의 모두를 설명한다. 서로 다른 장소에 있는 두 사용자를 살펴보자.

오마르 압둘가니(Omar Abdulghani)는 그라인더의 가장 열렬한 팬 중 한 명이다. 그는 단순히 인터넷을 사랑하는 것이 아니라 인터넷이 자신을 구했다고 생각한다. 다마스쿠스(Damascus) 외곽에서 태어난 오마르는 2015년 살인적인 혼돈에 빠진 나라를 떠난 1,100만 시리아인 중 한 명이다. 터키, 그리스, 발칸을 거쳐 결국 암스테르담까지 이어진 무서운 여정을 설명하며 20세의 오마르는 '내 휴대폰이 모든 면에서 도움이 되었다'라고 말했다.[1] 이전 세대의 이주민들이 의존했던 다루기 힘든 지도나 우연한 친절 대신, 오마르의 여정은 온라인으로 세밀하게 계획되고 스마트폰을 통해 실행되었다. 시리아 탈출뿐만이 아니었다. 그의 삶의 모든 측면이 디지털 기술에 의해 형성되고 개선되었다. 동성애가 여전히 불법인 나라에서 자란 게이 남성으로서, 디지털 기술은 그가 정체성을 탐구하고 친구들과 연인들을 만날 수 있게 해주었다. 오마르는 게이 데이팅 앱 그라인더를 통해 비밀리에 첫 남자 친구를 찾았다. 내전이 나라를 분열시키려 할 때, 오마르가 위안을 찾은 곳은 인터넷이었다. 그는 온라인에서 만난 친구들과 커져가는 두려움과 불안을 공유했다. 결국 한 친구가 생일 선물로 이스탄불행 비행기 표를 보내주었다. 튀르키예에 도착한 후 그는 소셜 네트워크와 그라인더를 이용해 '카우치-서핑'*을 하며 현재 살고 있는 네덜란드까지 갈 수 있었다. 그의 여정에서 가장 위험했던 부분은 허술한 배를 타고 에게해를 건너 그리스로 가는 것이었다. 그는 소중한 물건 몇 개만 허용받았는데, 작은 가방, 칫솔, 족집게, 그리고 가장 중요한 휴대폰이었다. '그때는 공포 영화 같았다'라고 그는 말했다. '해변에 도착했을 때 사람들은 내려서 땅에 입을 맞추기 시작했다. 나는 울고 있었다. 나는 죽음을 피했다. [...] 다른 대부분의 휴대폰은 물이 들어가서 작동하지 않았다. 하지만 내 휴대폰은 비닐로 몇 번이고 반복해서 감싸놨었다.' 오마르가 바다를 건너면서 가장 잘 보살폈던 물건이 휴대폰이었던 것은 우연이 아니다. 그에게 휴대폰은 사치품이 아닌 필수품이었다. 그것은 그의 사회생활이 이루어지는 곳이고, 위험으로부터 사랑과 위안

* 카우치-서핑(Couch-surf)은 여행자가 현지인의 집에서 무료로 숙박하며 문화 교류를 할 수 있는 플랫폼이다. 신뢰와 호의에 기반하여 여행 비용을 절감하고 현지 경험을 제공한다.

을 찾는 곳이며, 낯선 도시를 돌아다닐 수 있게 해주는 것이었다. 그의 세대의 많은 이들처럼, 휴대폰은 거의 그의 존재의 물리적 연장선이나 다름없었다. 그의 기기가 가능하게 하는 연결은 그의 정체성의 중심이며, 그 본질 자체가 초연결성에 의해 변화되었다. 여러 면에서 오마르는 초연결성에 의해 형성된 새로운 인간의 상징이다.

같은 세대의 또 다른 그라인더 사용자는 마티유 샤트레르(Matthieu Chartraire)이다.[2] 22세의 나이에 그는 프랑스의 대표적인 게이 잡지인 테투(Têtu)의 연례 미남대회 우승자로 발표되었다. 그는 완벽한 핀업 모델*이었다. 물결치는 식스팩, 멋진 머리, 아름다운 눈, 암시적인 미소, 그리고 사색적인 표정. 하지만 그의 우승이 발표되었을 때 가장 많은 관심을 끈 것은 마티유의 또 다른 면모였다. 바로 극우 정당 국민전선(National Front)에 대한 그의 지지였다. 그리고 전국 언론의 초기 충격이 가라앉은 후에야 마티유가 혼자가 아니라는 사실이 드러났다. 2016년 프랑스 여론 조사 연구소**의 여론 조사에 따르면, 파리의 게이 인구 1/4 이상이 국민전선을 지지하는 것으로 나타났다. 네덜란드의 헤이르트 빌더스(Geert Wilders)와 같은 다른 극우 지도자들처럼, 현재 국민연합

* 핀업 모델(pin-up)은 1940~50년대 인기를 끌었던 매력적이고 대중적인 이미지를 가진 모델로 주로 포스터, 달력, 잡지 등에 등장하며 대중문화 아이콘으로 자리 잡았다.

** 프랑스 여론 조사 연구소(Institut Fran ais d'Opinion Publique, IFOP)는 프랑스 여론 조사 및 시장 조사 기관으로 1938년에 설립되어 정치, 사회, 경제, 소비자 행동 등 다양한 분야에서 여론 조사와 연구를 수행하고 있다. 프랑스에서 가장 오래된 여론 조사 기관 중 하나로 신뢰받는 데이터를 제공한다.

(Rassemblement National)으로 개명한 국민전선은 이슬람주의와 이슬람주의의 동성애 혐오 지지자들에 대한 반감을 LGBTQ 커뮤니티의 모집 전략으로 활용하고 있다. 학계에서는 이러한 유권자들을 '성적으로 현대적인 토착주의자들(sexually modern nativists)'이라는 명칭으로 부르기 시작했다.[3] 그들은 극우가 더는 분노한 노인들의 집단이 아니라, 공동의 적에 대항하여 단결하는 새로운 정체성 집단이라고 주장한다.

그래서 오마르와 마티유가 가장 좋아하는 앱인 그라인더는 연결된 세계의 가장 좋은 측면과 가장 나쁜 측면 모두를 구현한다. 즉 이는 우리가 세계를 축소시키는 세 가지 생명을 구하는 힘 — 글로벌 네트워크, 감정적 유대, 그리고 수월한 접촉 — 이 왜 인간을 갈등에 취약하게 만드는 디지털 복제품도 갖게 되는지를 이해하게 해준다. 이 장에서 우리는 연결성이 인간의 본성을 어떻게 변화시키고 있는지, 그리고 오마르를 세상과 연결시켜 준 현상들이 어떻게 사회의 양극화로 이어지고 있는지 살펴볼 것이다. 우리는 낯선 사람들이 그에게 공감할 수 있게 해준 감정적 연결이 어떻게 질투의 전염병으로 이어지는지 살펴볼 것이다. 그리고 우리는 그의 사회생활과 여행을 그토록 수월하게 만든 기술이 어떻게 많은 사람들로 하여금 세상이 통제 불능이라고 느끼게 만드는지 보게 될 것이다.

이 모든 영역에서 감시 자본주의에 의해 끊임없이 이용되는 디지털 네트워크 기술은 사회를 분열시키고 사람들에게 서로 싸울 이유를 제공하고 있다. 다음 두 장에서 볼 수 있듯이, 연결된 인간은 점점 더 포퓰리즘 정치에 취약해지고 있으며, 이는 다시 글로벌 무질서를 촉진한다. 세계가 어떻게 변화하고 있는지 이해하기 위해서는 먼저 연결성이 인간의 본성을 어떻게 형성하고 있는지부터 시작해야 한다. 우리는 연결성이 가진 가장 놀라운 세 가지 특징의 어두운 면을 살펴봐야 한다.

## 통합과 분리

이전 세대의 게이들은 종종 자신의 성 정체성을 억압하거나, 게이 바를 자주 방문하거나 낯선 사람들에게 접근할 때 정체가 드러날 위험을 감수해야 하는 선택에 직면했다. 하지만 오마르와 마티유는 데이팅 앱을 통해 다른 게이 남성들을 찾고 공공장소가 아닌 사적인 공간에서 만날 수 있는 세상에서 태어났다(심지어 억압적인 국가에서도). 사회학자들은 만남주선 앱을 일종의 'X선 투시(X-ray vision)'라고 설명했는데, 이는 사람들이 주변의 모든 사람들을 살펴보고, 아무도 눈치채지 못하는 사이에 세상을 게이와 이성애자로 구분할 수 있게 해준다.[4]

이는 2009년에 출시되어 192개국에 걸쳐 수천만 명의 커뮤니티를 만들어낸 그라인더의 기적 중 일부일 뿐이다. 그라인더는 온라인 데이팅과 위치 기반 서비스를 결합한 최초의 앱이었다. 오른쪽으로 스와이프해서 파트너를 선택할 수 있는 옵션을 제공함으로써 구애의 본질을 혁신했다. 이전에는 소외되고 비정상적이라고 느꼈던 사람들이 커뮤니티의 일부가 될 수 있게 해주었고, 민족과 지리적 경계를 넘어 사람들을 연결할 수 있는 잠재력을 가지고 있다. 대륙을 가로질러 사람들을 연결함으로써, 오마르가 행복하게 발견했듯이, 런던이나 암스테르담의 게이들이 시리아의 동료들에게 공감할 수 있도록 그들의 공감적 지평을 넓혀 준다. 그라인더는 동성애가 불법인 국가에 살고 있는 앱 사용자의 35%와 여전히 동성애를 눈살 찌푸리며 바라보는 공동체에 사는 수백만 명의 사람들에게 생명선을 제공한다.[5]

그라인더가 게이들만 연결시켜 준다는 사실에 대해서는 아무도 불평하지 않을 것이다. 결국 데이팅 앱에서 게이와 이성애자를 섞는 게 무슨 의미가 있겠는가? 하지만 사람들은 점점 더 원자화되고 있다. 한 사람이라는 개념 자체도 구성 요소들로 분해되고 있다.[6] 그라인더에서는 키, 피부색, 체형에 따라 잠재적 파트너들을 분류할 수 있다. 인간은 전체로서 대우받지 못하고 특정 특징들로 잘게 나뉘어진다.[7] 사람들은 마치 전시장에서 자동차를 고르거나 슈퍼마켓에서 요구르트를 고르듯이 파트너를 골라낼 수 있다고 생각하게 되었다. 사회학자들은 이를 '소비주의적 환상(consumerist illusion)'이라고 설명한다. 왜냐하면 사랑의 신비로운 방식은 다른 종류의 소비와 다르기 때문이다.[8] 한 남자가 특정 브랜드의 요구르트를 사는 것은 그의 삶의 다른 어떤 것도 바꾸지 않는다. 하지만 인생 파트너를 선택하는 것의 영향을 제한하기는 훨씬 더 어렵다.

하지만 몇 년이 지난 후, 그라인더 임원들은 사람들이 더 정확하게 잠재적 파트너를 찾을 수 있게 해준다면 더 많은 수익을 창출할 수 있다는 것을 깨달았다. 2013년 9월, 플랫폼의 5주년을 기념하여 그들은 2.0 버전을 출시했는데, 여기에는 사용자들이 자신이 선호하는 '그라인더 부족(Grindr Tribes)'을 찾는 데 도움이 되도록 검색 범위를 좁힐 수 있는 새로운 필터가 포함되었다. 베어(덩치 크고 털이 많음 — 더 젊은 사람들은 컵이라고 불림), 대디(40세 이상으로 더 젊은 남성을 찾는 사람), 디스크릿(사진 공유를 꺼림/커밍아웃하지 않은 상태), 긱(안경); 조크(근육질), 레더(S&M), 오터(털이 많고 날씬함), 포즈(HIV 양성), 러기드(매우 남성적임), 트랜스(트랜스젠더)와 트윙크(면도하거나 왁싱한, 젊고 독특한 스타일).[9]

표면적으로 이것 또한 훌륭한 혁신으로 보인다. 결국, 만남주선 앱의 목적은 사람들이 자신의 '타입(Type)'을 찾도록 돕는 것 아닌가? 그리고 인터넷의 아름다움은 모든 사람이 다른 모든 사람과 연결될 수 있다는 것이다. 그리고 이는 사용자들이 가능한 접촉 범위를 대폭 늘릴 수 있게 해준다. 이렇게 더 큰 우주 안에서는 모든 사람이 자신의 틈새 관심사에 맞는 누군가를 찾을 가능성이 훨씬 더 높다. 그리고 그라인더가 이를 입증했다.

그라인더 앱은 게이들 사이에서 너무나 인기가 있어서 곧 커뮤니티 내에서 널리 복제되었고, 그라인더 출시 몇 년 후에는 틴더(Tinder)와 범블(Bumble)과 같은 이성애자 스타트업들도 이를 따라 했다. 이들은 집단적으로 관계의 양상을 변화시켜 왔다. 스탠퍼드 대학교의 연구에 따르면, 온라인 만남은 미국에서 커플이 형성되는 가장 일반적인 방법이 되었다. 이는 친구, 가족, 대학 또는 교회를 통한 만남을 앞질렀다. 이러한 변화가 일어난 속도는 인상적이다. 즉, 1990년 2%에서 2017년 40%로 증가했다.[10] 우리가 그라인더를 통해 배운 것은 선택할 수 있는 능력이 데이트하고 싶은 상대에 대해 더욱 정밀한 기준으로 이어진다는 점이다. 일단 분리의 역학에 들어서면 충분히 멀리 갈 수 없게 된다 — 데이팅에서 게이 데이팅으로, 부족으로, 부족 안의 부족으로. 이제는 정치, 종교, 소득이나 성장 배경을 기준으로 사람들을 배제하는 수많은 데이팅 앱들이 있다. 현재 시장에 있는 앱들은 패트리오(Patrio, 애국적 보수 싱글들을 위한 앱으로 그들의 슬로건은 '올바르게 데이트하라'이다), 크리스천 밍글(Christian Mingle, 1,500만 '신앙 중심 싱글들'의 커뮤니티), 글루텐프리싱글스(GlutenfreeSingles)와 파머스온리데이팅(FarmersOnlyDating)과 같은 훨씬 더 전문화된 플랫폼들을 포함한다.[11]

이 온라인 이동의 장기적인 결과를 확실하게 예측하기에는 아직 이르지만, 우리는 이것이 더 큰 양극화로 이어질 것이라고 짐작할 수 있다. 우리는 오프라인 행동을 통해 사람들이 기회가 주어지면 자신과 똑같은 사람들을 찾는 경향이 있다는 것을 알고 있다. '같은 깃털을 가진 새들이 함께 모인다'라고들 한다. 물론 '비슷하다'는 것의 의미는 시간이 지나면서 변할 수 있다. 미국에서는 인종이 여전히 중요한 분계선이 되고 있다. 2010년 인구조사에 따르면, 기혼 백인 여성의 98%가 백인 남편을 두었고, 기혼 흑인 남성의 96%가 흑인 아내를 두었다.[12] 우리는 '선별적 짝짓기', 즉 비슷한 교육 수준과 소득을 가진 사람들이 짝을 이루는 과정이 이미 소득 불평등에 일부 원인이 된다고 들어왔다. 온라인 데이팅은 이 효과를 더욱 두드러지게 만들 수 있다. 즉, 교육 수준은 오프라인에서는 결코 그렇게 드러나지 않을 방식으로 데이팅 프로필에 눈에 띄게 표시된다.

점점 더 많은 사람들이 자신과 정치적 견해를 공유하는 파트너를 찾고 있다. 예일 대학교와 스탠퍼드 대학교 교수들의 연구에 따르면, 미국인들에게 잠재적 데이트 상대의 정치 성향은 교육 수준만큼이나 중요하지만, 여전히 인종보다는 덜 중요하다.[13] 여론 조사도 이러한 추세를 뒷받침한다. 1960년에는 공화당원과 민주당원의 5%가 '자신의 아들이나 딸이 다른 정당의 사람과 결혼하는 것에 "불쾌함"을 느낄 것'이라고 답했다. 2010년까지, 거의 50%의 공화당원과 30% 이상의 민주당원이 정당 간 결혼 전망에 대해 '다소' 또는 '매우' 불행하게 느낀다고 답했다.[14] 그리고 그 이후로 사회가 더욱 양극화되었다고 말하는 것이 타당할 것이다.

확실한 것은 로맨스 세계에서 보이는 대중 사회에서 미세 커뮤니티로의 이동이 삶의 다른 측면에서도 일어나고 있다는 것이다. 이는 사람들의 관심사를 파악하고 그것을 더 많이 제공하는 데 점점 더 과학적이 되어가는 감시 자본주의의 논리에 의해 촉진되고 있다. 인터넷은 지구상의 거의 모든 사람이, 삶에 의미를 주는 관심사나 집착을 공유하는 실행 가능한 공동체를 찾을 수 있게 해 주었다. 그 결과 모든 사람이 자신의 관심사를 공유하는 다른 사람들과 연관되기 때문에 '상상된 다수'의 일부가 될 수 있다.[15] 디지털 시대의 새로운 점은 분리와 자기분리가 일어날 수 있는 용이성과 정확성이다. 그렇다면 사람들이 이렇게 쉽게 비슷한 생각을 가진 그룹으로 분류되도록 허용하는 것의 사회적 결과는 무엇일까?

2016년 이후 '필터 버블'*에 관한 기사를 위해 엄청난 양의 숲이 벌채되었다. 토론에서 자주 사용되던 정치적 문구 중 하나는 '당신은 자신만의 의견을 가질 수 있지만, 자신만의 사실은 가질 수 없다'였다. 하지만 — 가짜 뉴스와 소셜 미디어의 시대에 — 현실은 모든 자기 정체성 그룹이 이제 각자의 사실을 가질 수 있게 되었다. 디지털과 소셜 미디어의 성장이 우리의 뉴스 소비를 어떻게 변화시켰는지에 대해 많은 글이 쓰여졌다. 우리는 점점 더 우리가 듣고 싶어 하는 것을 제공하는 뉴스 제공자를 선택하고 있다. 심리학자들은 우리가 기존의 믿음에 맞지 않는 사실들을 무시하도록 타고났다고 말한다. 그리고 이제 우리는 그런 사실들을 아예 볼 필요조차 없게 되었다.

또 다른 효과는 우리 문화의 분위기에 관한 것이다. 『문명 속의 불만(Civilization and Its Discontents)』에서, 프로이드는 어느 정도의 억압, 즉 사람들이 자기 자신을 검열하고 가장 어두운 생각들을 익세한다는 사실이 문명의 핵심이라고 설명한다. 하지만 사람들이 비슷한 생각을 가진 온라인 커뮤니티에 있다고 느끼면, 그들은 종종 모든 것을 느러낸다.[16] 그라인더는 최근 사용자들이 자신의 프로필에 '아시아인 안 됨',

* 2016년 필터 버블(Filter Bubbles)은 사용자가 인터넷 플랫폼이나 소셜 미디어에서 자신의 취향, 관심사, 정치적 성향에 맞춘 콘텐츠만 제공받아 정보의 다양성이 제한되는 현상을 말한다. 이는 알고리즘이 사용자의 과거 활동 데이터를 기반으로 선호하는 정보만 걸러 보여주는 방식에서 발생하며, 엘리 패리저(Eli Pariser)가 2011년 책 『필터 버블(*The Filter Bubble*)』에서 개념을 대중화했다. 2016년에는 특히 미국 대선 등에서 이 현상이 여론 형성에 미친 부정적 영향이 주목받았다.

'흑인 안 됨', '뚱뚱이 안 됨', '여성스러운 남성 안 됨', '트랜스 안 됨' 및 'masc4masc'(남성적인 사람이 남성적인 사람을 찾음)와 같은 경멸적인 선언을 포함하도록 허용한 것으로 뉴스에 나왔다.[17] 『GQ』와 같은 고급 패션 잡지들은 이제 '왓츠앱 함정'에 대한 특집 기사에서 소셜 미디어 그룹이 어떻게 남성들이 공개적으로는 절대 용납될 수 없다고 생각할 방식으로 행동하며, 인종차별적이고 여성혐오적이며 심지어 범죄적인 발언을 터뜨리는 '미시문화'*를 만들어냈는지 보여준다.[18] 『GQ』 기사에 나온 사례들에는 '여자를 강간하자. 여성 모두를 경멸해라'라는 페이스북 그룹에 있는 학생들의 강간 환상, 왓츠앱에서의 럭비 선수들의 학대적인 성적 게임들, '수상한 녀석들 모임(Exeter Five)'이라는 왓츠앱 그룹에서 이녹 파월(Enoch Powell)의 '피의 강' 연설을 찬양하는 '엑서터 5인방(Dodgy Blokes Soc)' 법대생들이 포함된다. 이러한 사례들과 수많은 다른 예시들은 디지털 플랫폼의 친밀성과 분리가 어떻게 진정한 '억압된 것의 귀환'을 초래하는지 보여준다. 이는 사회가 용납할 수 없게 만들었던(그리고 불법인) 행동 방식으로의 퇴행에 해당한다.

인터넷이 사람들이 스스로를 분리하도록 돕는 방식은 다음 장에서 더 깊이 살펴볼 정치적 동원의 본질을 변화시킨다. 19세기와 20세기

* 여기서 미시문화(micro-cultures)는 특정 집단이나 소규모 커뮤니티 안에서 형성된 독특한 규범, 가치관, 행동 방식을 뜻한다. 소셜 미디어 그룹 내에서 형성되는 이런 미시문화는 외부 사회에서 용납되지 않을 발언이나 행동이 내부적으로는 정상화되거나 심지어 장려되는 현상을 설명하는 데 사용된다.

에는 사람들이 넓은 계급과 공동체로 모여 종종 사회의 큰 집단을 위한 진보를 추진했다. 국민건강서비스, 모두를 위한 국가 교육, 사회 안전망 또는 보편적 연금 등이 이에 해당된다. 하지만 디지털 시대의 다중 정체성은 점점 더 많은 분열로 이어지는 경향이 있다. #MeToo와 #BlackLivesMatter 같은 부문별 정체성을 대표하는 운동은 매우 빠르게 형성될 수 있었고 사회 정의를 옹호하는 데 있어 영감을 주었다. 그러나 특정 집단에 대한 부당함을 해결하기보다는 보편적 가치에 의해 동기부여된 집단은 어떠한가? 사회학자들은 우리의 원자화된 시대에 이것이 훨씬 더 어렵다고 우려한다. 즉, 디지털 혁명이 인간이라는 개념 자체를 구성 요소들로 분해하고 있는 방식 때문만은 아니다. 4-5년마다 두 정당이 교내하는 전통적인 대의 민주주의는 이러한 정치를 감당하기 어렵다.

감시 자본주의와 글로벌화의 논리는 우리의 삶 깊숙이 파고들어 이를 더욱 분해하고 있다. 아이폰의 공급망이 6개 대륙 43개국에 걸친 200개의 개별 공급업체에서 만든 부품들을 포함하는 것처럼, 개인들은 자신들의 사생활을 점점 더 많이 우리보다 비교우위를 가진 전문가들에게 '아웃소싱'하고 있다. 즉, 육아와 영양에서부터 데이팅 코치와 개인 트레이너에 이르기까지 말이다.[19] 국가는 점점 더 우리를 온전한 사람으로 보기보다는 납세자, 운전자, 보행자, 학생, 환자, 또는 생산자로 바라본다. 그리고 정당들은 우리를 서로 다른 역할과 욕망 사이에서 교차 압박을 받는 복잡한 존재로 보기보다는 서로 다른 정체성 집단의 구성원으로서 다가갈 것이다.[20] 사람들을 특성이나 기술의 집합으로 분해하는 것은 그들의 인간성을 박탈하는 것이다. 사회학자 지그문트 바우만(Zygmunt Bauman)이 주장하듯이, '특성들의 집합체는 그 대우가 도덕적 판단의 대상이 되는 도덕적 객체가 되기 힘들다 ... 정보라는 개념 자체가 데이트든 살인이든 그 목적에 상관없이 분류된 사람들의 인간성을 축소시킨다.'[21] 이는 완전히 새로운 현상은 아니다. 노예 시장은 인간을 상품으로 보았고, 많은 사회는 여전히 여성을 자율적인 주체가 아닌 출산력, 지참금, 미모, 또는 가족 관계의 담지자로 취급한다. 하지만 우리의 기술적 진보는 이러한 구획화를 가속화하고 심화시켰다. 그리고 일단 우리가 구획화되면, 우리는 연결된 인간의 두 번째 어두운 특징인 질투에 더욱 취약해진다.

## 공감과 질투

평균적인 그라인더 사용자는 하루에 90분을 프로필을 스크롤하고, 사람들을 다양한 그룹으로 분류하고, 메시지를 보내는 데 사용한다. 인류를 몇 가지 데이터 포인트 — 사진, 크기, 교육, 부족 — 로 축소함으로써, 마침내 비교할 수 없는 것을 비교하는 것이 가능해진 것처럼 느껴진다. 우리의 본질 — 또는 적어도 우리가 세상에 보여주고 싶은 우리의 벌거벗은 자아의 버전 — 로 벗겨내면, 인류의 본질적 통일성을 볼 수 있다. 이것이 디지털로 연결되어 있다는 것이 사람들의 공감 지평을 넓힌 이유 중 하나일 것이다. 이를 통해 우리는 멀리 있거나 한 번도 만난 적

없는 사람들과 감정적으로 교류할 수 있게 된다. 오마르의 이야기는 억압받는 사람들을 돕기 위해 스스로를 조직화한 글로벌 커뮤니티의 감동적인 이야기다. 전 세계적인 지지와 사랑의 표현 사례는 수없이 많다. 예를 들어, 프랑스에서는 2015년 바타클랑 공격(Bataclan attack) 이후의 페이스북 프로필 **삼색기***와 2019년 노트르담 화재 이후의 대규모 모금 운동을 들 수 있다. 1800년대의 대부분의 사람들은 먼 곳에서 일어난 학살이나 화재에 대해 알지 못했을 것이지만, 오늘날 우리의 공감은 진정으로 전 지구적일 수 있다.

하지만 늘어난 공감과 더불어, 연결성은 질투의 전염병도 만들어냈다. 연구자들은 소셜 네트워크가 신체 이미지 — 비현실적인 남성성과 여성성의 이미지가 어떻게 섭식 장애의 급증으로 이어졌는지 설명하면서 — 에 미치는 영향을 많이 밝혀냈다[22] 그리고 우리는 점점 더 우리의 비교 시대가 정신 건강에 미치는 영향만큼이나 정치적 영향이 클 수 있다는 것을 알아 가고 있다. 지난 장에서 우리는 우리의 많은 욕망이 우리 내면에서 나오는 것이 아니라 다른 사람들로부터 모방된다는 르네 지라르의 이론을 만났다. 우리는 '질투의 예언자'가 어떻게 피터 틸에게 영감을 주어 페이스북에 투자하게 했는지를 보았다. 이를 통해 그는 초기

* 2015년 IS의 파리 바타클랑 콘서트홀 테러로 90명이 사망하자, 페이스북은 삼색기(파랑, 흰색, 빨강) 프로필 사진 기능을 제공해 연대와 추모를 표현했다.

50만 달러의 투자를 10억 달러 이상의 지분으로 전환시켰다.*

지라르의 이론은 위대한 문학 연구를 통해 발전되었지만, 그것은 동시대 사회학자들의 연구와 유사점을 가지고 있다. 1954년, 사회학자 레온 페스팅거(Leon Festinger)가 처음으로 '사회 비교 이론'을 제안했다.[23] 그는 대부분의 사람들이 다른 사람들과 자신을 비교함으로써 자신의 정체성을 정의한다고 주장했다. 즉 자신이 동료들보다 우월하다고 생각할 때 자존감을 얻고, 반대의 경우에는 자존감을 잃는다는 것이다.

이러한 사회적으로 구성된 정체성이 어떻게 갈등으로 이어질 수 있는지 가장 잘 설명한 연구자는 헨리 타지펠(Henri Tajfel)이라는 사람이었다. 그에게 이 문제는 개인적인 것이었는데, 그의 전체 삶의 과정이 자신의 정체성을 설명하는 방법에 대한 단 하나의 결정에 의해 좌우되었기 때문이다. 1919년 폴란드의 유대인 부모 밑에서 태어난 타지펠은 파리의 소르본 대학에서 공부하기 위해 프랑스로 갔다. 그는 나치와 싸우기 위해 프랑스 군대에 입대했지만 결국 독일군의 포로가 되었다. 심문을 받을 때 그는 폴란드인이 아닌 프랑스인이라고 주장하는 운명적인 결정을 내렸고, 이로 인해 그는 죽음의 수용소가 아닌 전쟁 포로 수용소로 보내졌다. 집으로 돌아왔을 때 그는 대부분의 가족과 친구들이 사라졌다는 것을 알게 되었다. 타지펠은 영국으로 이주했고 자신의 운명이 어떻

* 피터 틸은 2004년 페이스북에 50만 달러를 초기 투자해 지분을 확보했다. 이는 페이스북이 인간의 욕망과 사회적 관계를 중심으로 성장할 것을 예상한 그의 통찰에 기반한 결정이었다. 이 투자는 실리콘밸리 투자 성공 사례로 자주 언급된다.

게 일어났는지 이해하는 데 남은 생의 대부분을 바쳤다.

페스팅거와 다른 이들의 연구를 바탕으로, 타지펠은 사람들이 얼마나 쉽게 사회적 정체성을 형성하는지 알아내려 했다.[24] 초기 실험에서 그는 자원자들을 그들이 좋아하는 그림에 따라 두 집단으로 나누었다. 한 그룹에게는 칸딘스키(Kandinsky)의 그림을, 다른 집단에게는 파울 클레(Paul Klee)의 그림을 주었고, 그들에게 자신들을 '내집단'과 '외집단'으로 생각하라고 말했다. 두 집단은 한 번도 만난 적이 없었지만 빠르게 자신들을 우월한 단위로 생각하기 시작했고 다른 집단에 부정적인 특성을 부여하기 시작했다. 적은 금액의 돈을 분배하라고 했을 때, 자원자들은 자신들의 집단이 더 많이 받도록 했을 뿐만 아니라(이것이 개인적으로 아무런 경제적 의미가 없었음에도), 심지어 자신들이 절대적인 금액을 덜 받더라도 집단 간의 소득 차이를 최대한 크게 만들려고 했다. 가장 놀라운 것은 새로운 집단 정체성 간의 경쟁이 참가자들에게 너무나 중요해져서, 다른 집단에 해를 끼칠 수만 있다면 자신들이 피해를 보는 것도 감수하려 했다는 사실이다.

일련의 유사한 실험들을 통해 타지펠은 '사회 정체성 이론'을 발전시켰는데, 이는 사람들이 집단 간 갈등을 생각하는 방식을 혁명적으로 바꾸었다. 타지펠의 연구 이전에는 대부분의 사람들이 집단 간 갈등을 경쟁적 이해관계에 대한 도구적 싸움으로 보았다. 하지만 타지펠은 더 원초적인 무언가가 작용하고 있음을 보여주었다. 집단의 구성원이 되는 것은 그 과정이 완전히 임의적이라 할지라도 우리 정체성의 핵심 부분이자 자부심의 원천이다. 우리는 자신을 더 좋게 느끼기 위해 우리의 내집단 정체성에는 긍정적인 특성을 부여하고, 그 집단의 일부가 아닌 사람들(외집단)을 차별하는 경향이 있다. 타지펠은 고정관념이 어떻게 사람들의 정체성을 정의하고 세상을 '우리'와 '그들'로 나누는 핵심 부분이 되는지를 보여주었다.

우리는 전후 실험들을 통해 정체성이 개인의 내적 특성만큼이나 비교로부터 온다는 것을 알게 되었고, 일단 정체성이 형성되면 그것이 종종 갈등으로 이어진다는 것도 알게 되었다. 하지만 현재와 디지털 이전 시대의 큰 차이는 우리가 **누구**와 자신을 비교하는가에서 온다. 이 새로운 '비교의 시대(age of comparison)'에서, 우리의 준거틀은 갑자기 글로벌로 확대되었다. 구글 같은 검색 엔진과 인스타그램 같은 소셜 네트워크는 우리가 세계에서 가장 성공한 사람들의 반허구적 정체성과 실시간으로 자신을 비교할 수 있게 함으로써 대륙 간 원한을 조장한다. 저스틴 비버의 화려한 자동차 컬렉션에서부터 킴 카다시안의 부자연스러운 모래시계 몸매, 유명인들의 뒷마당 수영장, 귀네스 팰트로 가정의 행복에 이르기까지, 우리는 다른 계층이 어떻게 사는지 볼 수 있다고 생각한다.[25] 인터넷의 가장 극적인 특징 중 하나는 사람들이 자신의 정체성을 꼼꼼하게 큐레이팅할 수 있게 해준다는 것이다. 이를 통해 사람들은 겉보기에 완벽한 삶을 만들어내고, 이에 비해 우리가 살아야 하는 실제 삶은 항상 부족해 보이게 된다.

몇 년마다 전 세계 수십 개 국가에서 사람들의 가치관과 웰빙에 대한 대규모 설문조사가 실시된다. 정치학자 이반 크라스테프는 '1980년에 세계 가치관 조사는 경제적 부가 사회의 행복 수준과 무관하다는 것을 발견했다'라고 주장한다. '당시에는 나이지리아인들이 서독인들만큼 행복했다. 최근 조사는 나이지리아인들이 자신들의 소득이 예측하는 만큼만 행복하다는 것을 보여준다.'[26] 차이는 그들이 더 이상 자신들을 다른 나이지리아인들과 비교하지 않고 세계에서 가장 부유한 사람들과 비교한다는 것이다. 우리는 다음 장에서 영국과 미국 같은 곳에서의 정치적 함의를 더 깊이 살펴볼 것이지만, 그전에 이 현상이 폴란드에서 어떻게 전개되는지 간단히 살펴보는 것이 가치 있을 것이다.

바르샤바의 많은 사람들이 레온 페스팅거(심지어 자국민인 헨리 타지펠)에 대해 들어본 적이 없지만, 지난 10년 동안 그들의 정치가 어떻게 발전해 왔는지 이해하고 싶다면 폴란드의 정치인들은 그를 연구하는 것이 좋을 것이다. 정치적 성공을 나타내는 전통적인 지표들만 살펴보면, 2015년 폴란드 선거는 결과가 뻔한 것으로 보였다. 국내총생산은 지난 10년 동안 물가상승률을 감안하고도 46% 성장했고, 평균 가계소득은 30% 증가했다.[27] 그 놀라운 상승은 EU에서 가장 가파른 것이었다. 하지만 선거일이 되자, 정부는 권력에서 밀려났다. 정부의 평판을 손상시킨 일련의 사소한 스캔들이 있었고, 전 총리 도날드 투스크(Donald Tusk)는 브뤼셀의 유럽이사회 의장직을 맡았다. 하지만 그것이 정부의 운명에 대한 가장 그럴듯한 설명은 아니었다. 스테판 바토리 싱크탱크(Stefan Batory Foundation)의 의장인 알렉산드르 스몰라르(Aleksander Smolar)는 '문제는 젊은 폴란드인들이 자신들의 현재 전망을 10년 전이나 심지어 부모 세대와 비교하지 않는다는 것이다. 그들은 자신들을 독일과 영국으로 간 학교 친구들과 비교한다'라고 말한다.[28] 이는 디지털 시대에 우리의 박탈감이 더 이상 우리를 직접 둘러싼 사람들과 연결되어 있지 않다는 것을 보여준다. 사회학자들은 우리가 더 이상 특정한 '비교 집단'에 고정되지 않은 영구적이고 '자유롭게 떠다니는' 불만 의식으로 이동했다고 주장한다.[29] 결과적으로 우리의 불만족감은 더 이상 '상대적'이 아니라 '보편적'이다. 특정 상황과 연결되어 있지 않기 때문에, 우리가 그것으로부터 벗어날 수 있는 곳은 없다.

## 자동화와 통제력 상실

데이팅 앱에서 서로 다른 프로필을 왼쪽과 오른쪽으로 스와이프하면서, 당신은 엄지손가락의 간단한 움직임으로 다른 사람들의 운명을 결정하는 우주의 주인이 된 것처럼 느낀다. 모든 것이 자동이다. 즉, 일련의 후보자들이 당신의 판단을 기다리며 줄 서 있다. 하지만 대부분의 사용자들은 진정한 힘이 처음에 어떤 이미지가 당신의 화면에 나타날지 결정하는 알고리즘에 있다는 것을 안다. 만약 컴퓨터가 당신이 특별히 매력적이지 않다고 결정했다면, 당신에게 슈퍼모델 같은 외모를 가진 잠재적 파트너는 제시되지 않을 것이다. '고객의 경험을 개선하기 위해' 당신을 대신해 내려진 이러한 모든 결정들은 당신의 시야에서 숨겨져 있다. 대부분의 시간 동안 당신은 이러한 상황을 참아내지만, 가끔 당신의 무력함이 분명해질 때 기계에 대해 분노를 터뜨린다.

이는 디지털 혁명의 세 번째 어두운 면을 보여준다. 일들이 자동으로 조직된다는 사실은 그것들을 수월하고 표면적으로는 힘을 실어주는 것처럼 만든다. 하지만 이러한 알고리즘들의 블랙박스는 또한 세상이 통제 불능이라는 감각으로 이어지고 있다. 이는 사람들에게, 그리고 그를 통해 국가적, 세계적 수준의 우리의 정치에 극적인 영향을 미친다. 알고리즘이 주도하는 플랫폼들은 매일 우리의 의사결정을 양도하도록 부추기고 있는데, 이는 데이팅 세계뿐만 아니라 어떤 책을 읽을지, 어떤 제품을 살지, 언제 운동할지까지 알려준다. 정부와 기업들은 점점 더 알고리즘과 빅데이터를 사용하여 우리 자녀들의 시험에서부터 우리가 대출을 받을 수 있는 능력, 면접 기회, 의료 서비스를 받을 수 있는 기회에 이르기까지 우리 삶의 모든 측면에 대한 결정을 내리고 있다.[30] 과거에는 광고주들이 자신들의 지출 절반이 완전한 낭비라고 농담했다. 다만 그들은 어느 절반인지 몰랐을 뿐이다. 하지만 구글의 감시 자본주의는 판매의 예술을 과학으로 바꾸었다. 그들은 특정 메시지를 특정 사람에게, 그 사람이 그것에 반응할 가능성이 가장 높은 순간에 전달하는 성배를 발견하는 데 성공했다.[31]

선택지들 사이의 합리적 선택 대신, 소비자들은 점점 더 자신들을 특정 대상을 겨냥한 제품을 구매하도록 유도되고 있으며, 또한 점점 더 개인화된 가격을 접하게 된다.[32] 예를 들어, 여행 웹사이트 오르비츠(Orbitz)는 동일한 제품에 대해 PC 사용자보다 맥 사용자에게 더 높은 가격을 청구했다는 비난을 받았는데, 이는 통계적으로 맥 사용자들이 아마도 더 부유할 것이라는 사실을 반영한 것이다.[33] 자동차 기업 우버는 배터리가 부족한 사람들에게 더 높은 승차 요금을 청구하는 아이디어를 연구하고 있다고 한다.[34] 그리고 문구 체인점 스테이플스(Staples)는 경쟁업체 근처에 사는 사람들에게 더 낮은 가격을 청구하고 있다고 한다.[35] 이러한 조작이 일반화된다면 더 이상 소비자 선택의 시장은 없어지고, 능동적 공급자로부터 수동적 소비자에게로 향하는 '거절할 수 없는' 개인화된 제안들의 일방향적 흐름만이 남게 될 것이다.[36] 우리가 80억 개의 '1인 시장'이라는 논리적 결론까지 이 과정을 따라갈 것 같지는 않지만, 알고리즘이 어떻게 소비자들에게 열려 있는 실제 경제적 선택을 제한할 수 있는지 알 수 있다.

물론 빅데이터와 인공 지능이 우리의 자유에 가하는 위협은 시장을 훨씬 넘어선다. 2020년대의 용감한 새로운 세계에서, 모든 인간은 '디지털 무의식(digital unconscious)' — 기업들이 우리를 어떤 면에서는 우리 자신보다 더 잘 이해할 수 있게 해주는 구글 검색, 문자 메시지, 이메일의 캐시 — 을 가지고 있다.[37] 우리가 하는 모든 구매, 모든 검색, 모든 이메일은 이제 우리가 인터넷에 남기는 디지털 흔적과 우리의 휴대폰에서 수집되는 메타데이터 덕분에 고백이 되어버렸다. 구글은 종종 여성의 검색 기록만으로도 그녀가 임신했다는 것을 본인이 깨닫기도 전에 알아차린다. 국가만큼 큰 경제력을 가진 기술 기업들은 시민사회를 성장시키려는 의도가 아닌 이윤 추구에 의해 움직이는 방식으로, 우리가 어떤

정보를 보고, 어떤 사람의 말을 듣고, 어떤 행동을 취할지를 형성하고 있다.[38]

이러한 모든 데이터를 분석하는 그들의 비밀 무기는 인공 지능이다. 지난 장에서 이세돌을 패배시킨 알파고가 사용한 그 기술이다. 그리고 이것의 영광과 도전을 가장 잘 이해하는 사람 중 한 명이 스튜어트 러셀(Stuart Russell)이라는 교수이다. 살짝 대머리이면서 반짝이는 눈과 열린 얼굴을 가진 러셀은 수십 년간 미국에서 살았음에도 영국 억양을 유지하고 있다. 1990년대에 표준 인공 지능 교과서 — 이제 5백만 부 이상 팔렸다 — 를 공동 집필한 컴퓨터 과학자로서 그의 이름은 많은 기술자들에게 친숙하다. 하지만 그가 현재 자신의 일에 관해 이야기할 때, 그는 자신의 연구 분야가 인류의 생존을 위험에 빠뜨릴 수 있다고 경고한다. 일론 머스크(Elon Musk), 스티븐 호킹(Stephen Hawking), 맥스 테그마크(Max Tegmark), 닉 보스트롬(Nick Bostrom) 등 많은 이들과 함께, 그는 결과적으로 — 의도치 않게 — 인류를 파괴할 수 있는 초인적 지능을 만드는 것의 위험성에 대해 경고해 왔다. 러셀은 온화하고 낙관적인 동료이지만 기술의 위험성에 대해 점점 더 걱정하고 있으며, 2019년에는 자신의 모든 두려움을 『인간 호환: AI와 통제의 문제(Human Compatible: AI and the Problem of Control)』라는 매혹적인 책으로 구체화했다. 그의 분야의 많은 뛰어난 인물들의 경우와 마찬가지로, 그의 가장 큰 두려움은 인공 지능이 인간의 주체성을 박탈하고 심지어 우리의 생존을 위험에 빠뜨릴 수 있다는 것이다.

그가 설명하듯이, 문제는 인공 지능 시스템이 우리가 설정한 모든 목표를 달성하는 데 있어 단일 목적적이라는 것이다. 즉, 체스 게임에서 승리하거나, 탄소 배출을 줄이거나, 인간처럼 말하는 것 등이 그것이다. 그들이 그 목표를 달성하기 위한 전략을 파악하면, 어떤 결과가 있더라도 그것을 고수할 것이다. 예를 들어, 만약 자율주행 자동차에게 A에서 B로 가라고 하면 보행자를 죽일 수 있다 하더라도 그곳으로 갈 것이다. 또는 탄소 배출을 줄이라고 하면, 가장 효율적인 방법이 인간을 제거하는 것이라고 판단할 수도 있다. 만약 잘못 정의된 목표를 입력하면, 시스템은 러셀이 '미다스(Midas) 왕의 문제'라고 설명하는 상황처럼 인간이 싫어하는 행동을 취할 수 있다. 그는 『복스』 매거진과의 인터뷰에서 '미다스 왕은 자신의 목표를 명시했죠'라고 말했다. '내가 만지는 모든 것이 금으로 변하기를 원한다.' 그는 자신이 요구한 것을 정확히 얻었다. 불행하게도, 그것은 그의 음식과 음료, 그리고 그의 가족 구성원들을 포함했고, 그는 비참함과 기아 속에서 죽었다. '지니는 당신에게 세 가지 소원을 들어준다'라고 러셀은 설명했다. '항상 세 번째 소원은 "내가 세상을 망쳐버렸으니 첫 번째와 두 번째 소원을 취소해 달라"는 것이다.[39]

러셀과 다른 AI 회의론자들이 제기하는 가장 극단적인 두려움은 킬러 로봇이 인간을 대체하고 세상을 장악하는 것이다. 하지만 이러한 악몽 같은 시나리오가 일어나지 않더라도, AI가 인간의 주체성을 파괴하는 방식은 많이 있다. 인공 지능은 아직 초기 단계에 있지만 이미 사람들을 화나게 하거나 원망하게 만드는 수천 가지의 미다스와 같은 문제들을 야기했다. 알고리즘이 편견과 선입견을 물려받고 강화하여 그 결과가 현저하게 인종차별적이거나 성차별적일 수 있다는 점에 대해 많은 글이 쓰여졌다. 대표적인 예시 중 하나는 미국의 디지털 거인 아마존이 채용 과정을 돕기 위해 만든 AI 봇이다. 회사는 몇 년 후 그것이 중대한 결함을 가지고 있다는 것을 발견했을 때 이를 폐기해야 했다. 즉, 그 AI 로봇이 여성을 좋아하지 않았던 것이다.

'모든 사람이 이 성배를 원했다'라고 아마존에서 이 앱을 사용하는데 관여했던 한 사람이 말했다. '그들은 문자 그대로 내가 100개의 이력서를 주면 상위 5개를 뽑아내고, 우리가 그들을 고용할 수 있는 엔진을 원했다.' 하지만 2015년에서야, 회사는 자사의 시스템이 체계적으로 여성 지원자들을 배제하고 있다는 것을 깨달았다. 문제는 그것이 회사 내 10년간의 채용 데이터에 접근할 수 있게 함으로써 훈련되었다는 점이었다. 남성이 지배하는 컴퓨터 프로그래밍 세계에서, 대부분의 강력한 지원서는 남성들로부터 왔기 때문에 알고리즘은 스스로 여성을 선택에서 배제하도록 학습했다. 아마존은 대규모 데이터 세트의 편향에 영향을 받는 유일한 회사가 아니다.[40]

알고리즘이 인간의 주체성을 대체하는 방식에 대해 가장 크게 불안해한 사람 중 한 명이 또한 권력에 가장 집착했던 사람 가운데 한 명인 헨리 키신저(Henry Kissinger)라는 것은 아마도 놀라운 일이 아닐 것이다. 90대 중반의 키신저는 틴더나 그라인더를 스크롤하다가 인공 지능의 위협에 대한 깨달음을 얻은 것이 아니라, 오히려 AI 전문가들이 알파고 컴퓨터를 만드는 과정을 설명하는 컨퍼런스에서 깨달음을 얻었다. 그는 세계 체스 챔피언 게리 카스파로프(Garry Kasparov)를 이긴 딥 블루 체스 컴퓨터와는 달리, 알파고 컴퓨터가 인간에 의해 프로그래밍되지 않았다는 사실을 발견하고 매혹되었다. 알파고는 스스로 훈련했다. 즉, 세계 최고의 바둑 기사를 이길 수 있을 때까지 자신과의 무수한 게임을 통해 게임 플레이를 연마했다. 그리고 승리보다 더 중요한 것은, 이 컴퓨터가 인간 플레이어들이 결코 시도하지 않았을 새로운 전략과 전술을 개발했다는 점이다. 그것은 우리의 이해를 넘어서는 새로운 종류의 지능을 사용한 것처럼 보였다.

키신저는 충격을 받았다. 그는 이러한 자가 학습 기계들이 지식을 가지고 무엇을 할 것인지, 서로 어떻게 의사소통할 것인지, 그리고 어떻게 선택을 내릴 것인지 자문했다. '인류의 역사가 스페인 문화 — 이해할 수 없고 심지어 경외감을 주었던 — 에 직면했던 잉카인의 전철을 밟게 되지 않을까?'라고 그는 생각에 잠겼다.[41] 키신저는 AI에 대해 많이 이해하지 못할 수도 있지만(일부 과학자들이 그의 비판이 발표되었을 때 지적했듯이), 그는 본능적인 수준에서 개인의 중심성과 계몽 프로젝트에 기반한 자신의 세계가 끝났다는 것을 감지하고 있었다. 그가 가장 우려하는 것은 지능과 도덕적 의식의 분리이다. 이 새로운 지능은 어떻게 사용될 것인가? 새로운 방식으로 작동하는 컴퓨터들이 어떻게 자신의 행동 결과를 성찰할 수 있을까?

예전의 생각은 자유주의가 국가를 운영하는 가장 효율적인 방법이라는 것이었다. 이는 사람들이 국가보다 자신을 더 잘 알기 때문이었다. 대부분의 국가들이 중앙계획을 포기한 이유는 이데올로기적 근거로 반대해서가 아니었다. 즉, 이는 단순히 소수의 사람들이 더 많은 사람들의 필요를 예측할 수 없었기 때문에 작동하지 않았던 것이다. 하지만 빅데이터로 인해, 정부와 기업들은 예전보다 개인들에 대해 훨씬 더 나은 통찰력을 가지게 되었다. 키신저는 의사결정 권력 — 심지어 주권이라는 개념 자체가 — 이 변화하고 있다는 것을 올바르게 직감했다. 전근대 시대에는 신이 궁극적인 권위의 원천으로 여겨졌다. 세속주의와 함께, 그것은 국가였다. 자유주의와 함께, 그것은 개인이었다. 하지만 미래에는 알고리즘이 주권자가 될 것이다. 인공 지능으로 구동되는 컴퓨터들은 곧 우리 삶의 모든 측면에 내해 급진적인 결정을 내리기 위해 수많은 데이터 포인트(data point)를 해석할 것이다. 이는 일부 영역에서 이미 사실이다. 하지만 이러한 자가 학습 기계들은 왜 그것이 작동하는지보다는 무엇이 작동하는지를 찾는 데 관심이 있다. 그들은 효율적으로 행동하기 위해 패턴 인식과 빅데이터를 사용하지만, 왜 이러한 행동들이 최적인지 인간에게 설명하는 것은 완전히 불가능하다.[42]

러셀과 같은 과학자들과 키신저 같은 정치가들은 인간의 역할이 AI 시스템이 하는 일의 의미를 해독하고 해석을 발전시키는 것으로 격하될 것을 우려한다. 계몽주의와 인간 이성의 중심성 대신, 우리는 '인간의 운명에 대한 암호 같은 메시지의 해석을 인간에게 맡겼던' 고전적인 델포이의 신탁*으로 돌아갈 것이다.[43] 데이터 기반 알고리즘들이 원한과 분노를 야기하는 더 근본적인 이유들이 있다. 첫째, 그것들은 사람들을 도덕적 행위자가 아닌 분해된 데이터 포인트의 집합으로 취급하며 패턴에 따라 분류하는 경향이 있다. 예를 들어, 영국에서 시험 결과를 예측하기 위해 알고리즘이 사용되었을 때, 기계에게 중요한 것은 개별 학생에 대한 공정성이 아니라 전체 국가의 학점 인플레이션을 피하는 것이었다. 둘째, 알고리즘들은 필연적으로 미래가 마치 과거와 같을 것이라고 가정하고 작동한다. 그것들은 미래를 예측하기 위해 역사적 데이터에서 패턴을 찾는다. 하지만 이러한 종류의 데이터 결정론은 인간 자유의 핵심 아이디어 중 하나인 개인이 변할 수 있다는 가능성을 허용하기 어렵게 만든다. 그러나 무엇보다도 전통적인 제도 내에서 내려진 결정들은 책임성이 내재되어 있는 반면, 이러한 많은 결정들은 알고리즘의 '블랙박스' 안에서 검토 없이 이루어지고 있으며, 이의제기권도 없다.

위에서 보았듯이, 연결성의 가장 긍정적인 특징들 거의 모두가 또한 어두운 면, 즉 사람들을 갈라놓는 디지털 이중성을 가지고 있다. 특정 공동체를 연결하려는 시도는 또한 서로 다른 정체성 집단으로의 분리로 이어진다. 공감을 퍼뜨리는 것과 동일한 네트워크 효과가 또한 질투의

* 델포이의 신탁(Oracle of Delphi)은 고대 그리스 델포이의 아폴론 신전에 있던 예언 제도를 의미한다. 신탁은 모호하고 암시적인 예언을 내놓아, 이를 해석하는 것은 인간의 몫이었다. 이 표현은 미래나 중요한 결정에 대한 불확실한 정보를 사람들이 해석해야 하는 상황을 비유적으로 설명할 때 사용된다.

전염병으로 이어졌다. 그리고 인공 지능을 통해 사람들에게 힘을 실어 주려는 시도는 그들의 주체성을 박탈했다. 이러한 모든 경향은 연결된 사람들을 갈등에 취약하게 만들고, 또한 그들이 국가 정치에 모였을 때 왜 호전적인 정책을 지지할 가능성이 있는지 설명한다. 그것이 바로 우리가 다음 장에서 탐구할 내용이다.

# 03 _ 비평화의 국가 문화
## 통제권 회복의 정치

사람들은 이것을 프라하 점령(Occupation of Prague)이라고 불렀다. 2016년 8월 21일, 이라크시리아이슬람국가(The Islamic State of Iraq and Syria, ISIS) 깃발을 단 지프차가 구시가 광장으로 진입했고, 수염을 기른 남성들이 총을 쏘며 '알라후 아크바르'*라고 외치고 있었다. 그들의 지도자는 공중을 향해 기관단총을 발사하며 '우리가 당신들에게 진정한 신앙의 빛을 가져왔다'라고 외쳤다. 공포에 질린 구경꾼들은 테이블과 의자를 쓰러뜨리며 도망쳤고, 부상자들을 뒤에 남겨두었다. 이 습격을 주도한 이슬람교단 지도자인 이맘(imam), 즉 마틴 콘비카(Martin Konvicka)가 ISIS 테러리스트가 아닌 반이민 운동가였음을 누군가가 깨닫는 데까지는 시간이 좀 걸렸다. 낙타와 염소, 탈부착이 가능한 수염과 가짜 총으로 무장한 콘비카와 그의 지지자들은 너무 많은 무슬림 난민들이 체

* 알라후 아크바르(Allahu Akbar) '알라는 위대하시다'라는 의미이다.

코 공화국에 들어오도록 허용되면 어떤 일이 벌어질지 보여주기 위해 이 행사를 계획했다.[1] 경찰이 공연이 절정에 달하기 전에 — 이교도의 목을 자르는 모의 처형 — 행사를 중단시켰지만, 콘비카는 페이스북을 통해 이 시위가 성공적이었다고 선언했다.[2] 그들이 선택한 날짜는 의도적으로 상징적이었다. 즉 그 날짜는 1968년 소련이 주도한 침공 기념일이었다.[3]

그의 전술이 최소한 기이하다고 할 수 있지만, 콘비카의 시위는 우리의 연결된 정치의 새로운 분위기를 자극하도록 완벽하게 설계되었다. 그것은 우리가 지난 장에서 탐구했던 모든 취약점들을 이용하도록 조정되었다. 정체성을 둘러싼 양극화, 질투, 그리고 자신들의 국가가 그들이 거의 통제할 수 없는 힘에 의해 변화되고 있다고 느끼는 토착 공동체들의 감정이 바로 그것이었다. 이것이 대표하는 새로운 민족주의는 연결성의 산물이다. 이는 지정학이 협력보다는 경쟁으로 향하는 이유 중 하나이다.

콘비카의 시위가 있기 몇 주 전에 런던에서 비슷한 주제로 더 전통적인 시위가 있었다는 것은 아이러니하다. 다만 이번에는 체코 공화국과 같은 동유럽 국가들로부터의 이민에 반대하는 것이었다. EU 회원국 자격에 대한 국민투표 운동의 최종 토론을 위해 웸블리 스타디움의 거대한 무대에 선 정치인 보리스 존슨(Boris Johnson)은 동료 시민들에게 그들의 국경, 재정, 그리고 삶에 대한 통제권을 되찾으라고 촉구했다. 그는 '만약 우리가 탈퇴에 투표한다면, 이번 목요일은 우리나라의 독립기념일이 될 수 있다'라고 포효했다.

콘비카와 존슨은 토마스 제퍼슨(Thomas Jefferson), 마하트마 간디(Mahatma Gandhi), 조모 케냐타(Jomo Kenyatta)의 자연스러운 계승자처럼 보이지 않을 수 있지만, 그들이 전달하는 예속과 배제의 주제는 이전 시대의 반식민지 운동들에서 즉각적으로 인식할 수 있는 것들이다. 프란츠 파농(Frantz Fanon)은 1960년대 탈식민지화의 성경이 된 그의 책 『대지의 저주받은 사람들(The Wretched of the Earth)』에서 '식민화된 세계는 둘로 나뉜 세계다 ... 서로 다른 종족이 살고 있는'이라고 주장했다. 그는 원주민 다수가 엘리트들과는 다른 지역, 문화, 경제적 조건에서 살고 있는 구획화된 세계에 대해 이야기했다. 그는 또한 존중받지 못하고, 소외되고, 편견과 비이성적이라고 비난받는다고 느끼는 원주민들의 정서적 부담에 대해서도 이야기했다.

자유의 종소리는 수십 년에 걸쳐 울려 퍼졌고, 민족해방 운동을 고무시켰으며, 자신들의 국가를 요구하는 새로운 국가들을 만들어내고, 세계의 지도를 점점 더 파편화시켰다.[4] 그리고 2016년 6월 21일, 알렉산더 보리스 드 페펠 존슨(Alexander Boris de Pfeffel Johnson)은 다섯 번째 탈식민지화의 물결을 일으키려 시도했다. 단 이번에는 달랐다. 즉, 내부적 탈식민지화의 과정이었다. 이는 '토착' 다수가 세계주의적 엘리트들과 그들이 들여온 이민자 집단의 인지된 통제로부터 자신들을 해방시키려는 시도였다. 그리고 이 분리 추구는 브렉시트가 만들어낸 새로운 독립 추구 엘리트들로부터 자신들을 해방시키고자 하는 친잔류 지역들에 의해 빠르게 반영되었다. 스코틀랜드 국민당(Scottish National Party)은 스코틀랜드 독립 문제를 다시 논의 테이블에 올렸고, 독립적인 런던을 위한 청원은 브렉시트 국민투표 이후 며칠 동안 175,000명이라는 믿기 힘든 서명을 모았다. 연결된 세계의 역설 중 하나는 거의 모든 사람이 실현 가능한 정치 공동체의 일부가 될 수 있을 만큼 충분히 같은 생각을 가진 사람들과 공동의 대의를 만들 수 있다는 것이다. 세계가 더 연결될수록, 더 파편화된다. 그리고 연결성은 이러한 각각의 구성원들에게 서로를 질투하고, 두려워하고, 갈등할 이유를 제공한다. 그런 의미에서 이는 **국가 내의** 증가하는 갈등으로 이어진다.

## 동원된 소수와 위협받는 다수

산업화 시대에 정치는 잘 정의된 계급들 간의 부의 분배를 둘러싼 투쟁이었다. 대중 노동운동은 공장에서 태어났고, 우파 정당들은 소부르주아와 자본가 계급을 통합한 교회들에서 생겨났다. 국가 대중 매체들이 성장하면서, 이것들은 이러한 포괄정당들이 권력 다툼을 벌이는 주요 전장이 되었다. 저명한 사회학자 마누엘 카스텔(Manuel Castells)은 인터넷이 새로운 집단들이 정체성과 가치를 중심으로 결정화되도록 함으로써 다른 종류의 정치를 만든다고 주장했다.[5] 이는 소수자와 다수자 모두가 새로운 방식으로 군집할 수 있게 함으로써 새로운 '탈식민지화' 물결을 촉발시키는 데 도움을 주었다.

2002년으로 거슬러 올라가, 존 B. 주디스(John B. Judis)와 루이 테세이라(Ruy Teixeira)의 『부상하는 민주당 다수(The Emerging Democratic

Majority)』라는 책은 미국에서 점차 줄어드는 백인 인구를 수적으로 앞지르고 있는 성장하는 아시아계, 히스패닉계, 아프리카계 미국인 소수 인구를 동원하는 비전으로 민주당 전략가들을 흥분시켰다.[6] 버락 오바마(Barack Obama)와 조 바이든(Joe Biden)이 다수를 얻을 수 있었던 것은 그들의 전략을 따랐기 때문이었다. 하지만 이 새로운 풍경에 자극받은 백인들의 반대 동원도 마찬가지로 중요했고, 이는 도널드 트럼프가 2016년 대통령직을 얻을 수 있게 했다. 이는 새로운 정치 현상의 강력한 사례였다. 요컨대 위협받는 다수의 동원 즉, 소수처럼 행동하는 다수의 동원이었다. 프랑스 극우 지식인 르노 카뮈(Renaud Camus)는 영향력 있는 저서 『대규모 대체(Le Grand Remplacement)』에서 이 현상을 설명했는데, 그는 이민과 차별적 출생률의 결과로 1~2세대 안에 프랑스의 유럽계 인구가 가시화된 소수로 대체될 것이라고 경고했다. 그의 우파적 메시지는 폴란드에서 미국에 이르기까지 전 세계에 울려 퍼졌고, 시민들은 자신들이 자국에서 '이방인'이 되어가고 있다고 불평한다. 2016년 11월 9일 승리 연설에서 트럼프 대통령이 '우리나라의 잊혀진 남녀들은 더 이상 잊혀지지 않을 것'이라고 약속했을 때, 그는 또한 자신을 새로운 '대지의 저주받은 자들', 즉 역으로 식민지화되었다고 느끼는 백인 인구의 대변인으로 만들고 있었다.[7] 유럽 제국들이 전 세계 수백만 명을 비인간화하고 참정권을 박탈하면서 글로벌 남반구의 많은 부분을 정복하고 착취했을지 모르지만, 이제 글로벌화는 이전의 식민지 중심부가 그들 자신의 참정권을 박탈당하고 있다고 느끼게 만들고 있다.

이 연결된 정체성 정치의 세계에서 목표는 더 이상 사람들의 마음을 바꾸도록 설득하는 것이 아니라, 이미 당신에게 동의하는 사람들을 찾아내고 당신이 다수를 확보할 수 있도록 논쟁을 구성하는 것이다. 마이크로 타겟팅과 빅데이터를 통해, 정당들은 대중 캠페인에 의존하는 대신 개인에 맞춰 그들의 메시지와 전달자를 조정할 수 있게 되었다. 하지만 케임브리지 애널리티카 스캔들*은 사람들의 견해만큼이나 그들의 심리에 호소하는 야망의 수준을 추가로 드러냈다. 그들의 목표는 사람들의 뇌를 해킹하는 것이었다. 이를 통해 그들의 의식적인 마음 뒤에 숨어서 그들의 행동을 조종하는 것이었다. 비록 케임브리지 애널리티카의 직원들이 나중에 사업을 따내기 위해 했던 주장들이 그들의 실제 능력을 크게 뛰어넘었다고 인정했지만, 그들의 야망은 정치가 발전하는 기술과 보조를 맞추어 어떻게 진화해 왔는지를 보여준다.

'가짜 뉴스', 소셜 미디어, 빅데이터, '가스라이팅'을 통해 정당들이 우리를 설득하려는 시도를 포기하고, 대신 우리를 조종하는 데 의존할 위험이 있다. 딥페이크 기술은 영상을 조작하는 것을 더 쉽게 만들고 있으며, AI는 인간의 도움 없이 설득력 있는 주장을 쓰는 능력을 빠르게 향상시키고 있다. 일론 머스크의 뉴럴링크(Neuralink)와 같이 우리의 뇌에

* 케임브리지 애널리티카 스캔들(Cambridge Analytica scandal)은 2018년 폭로된 데이터 남용 사건으로 페이스북 사용자 약 8,700만 명의 개인정보를 동의 없이 수집해 이를 정치적 마이크로 타겟팅에 활용한 사례다. 이는 데이터 분석을 통해 유권자의 심리와 행동을 조작하려 했다는 점에서 데이터 윤리와 민주주의에 대한 심각한 우려를 불러일으켰다.

직접 연결된 컴퓨터를 실험함에 따라, 프로그래머들이 우리 뇌의 의식적인 부분을 거치지 않고도 우리의 감정을 조작할 수 있는지에 대한 우려스러운 질문이 제기되고 있다.[8]

## 굴욕과 무력함

일부는 새로운 탈식민지화 운동이 글로벌화에 내재된 경제적 불평등에 대한 반응이라고 주장했다. 그들은 지식 경제, 로봇의 부상, 제조업의 붕괴, 무역과 이주의 급증이 — 긴축과 축소되는 안전망과 결합되어 — 많은 이들의 상황을 악화시켰다고 이야기한다. 또 다른 설명은 범세계주의와 문화적 변화에 대한 문화적 반발에 주목한다.[9] 우리의 연결된 세계에서 많은 경제적 불만들은 근본적으로 문화와 분리할 수 없다. 데이비드 에버네시(David Abernethy)의 식민지 경험에 대한 권위 있는 역사서는 유럽 제국들이 자본, 기술, 그리고 사람들을 국경을 넘어 이동시킴으로써 그들이 점령한 국가들의 경제, 정치 제도, 심지어 가치관까지 어떻게 재형성했는지 보여준다. 그에 따르면, '식민 통치의 유산은 외부에서 발생한 경제적, 기술적 변화에 대한 높은 수준의 취약성이다'라고 한다.[10] 다시 말해, 식민지 국가들은 멀리 떨어진 곳에서 내려진 결정들 때문에 그들의 경제가 뒤집히는 것을 보게 되었다. 이러한 변화의 변덕스러움을 보여주는 가장 강력한 지표 중 하나는 유럽 정착민들이 많은 식민지에 붙인 이름들이다. 그것들은 종종 현지 관습과는 거의 관계가 없고 유럽인들이 재배하거나 추출하고 싶어 했던 상품과 더 관련이 있었다. 즉, 케이프 코드(Cape Cod), 미나스 제라이스(Minas Gerais), 아르헨티나(Argentina), 리오 데 오로(Rio de Oro), 골드 코스트(Gold Coast), 코트디부아르(Côte d'Ivoire) 등이 그러하다.[11] 포퓰리스트들은 이러한 역학이 이제 역전되고 있으며, 지금은 서구의 토착 인구가 그들이 통제할 수 없는 경제적 힘의 영향을 받고 있다고 주장하고 있다.

보리스 존슨이 런던의 중심부에서 '독립운동'을 이끌겠다고 주장한 것은 특히 의미심장했다. 이곳은 가장 큰 제국을 만들어낸 도시이며(한 역사가에 따르면 단 22개국만이 영국의 침략을 받지 않았다),[12] 그 과정에서 연결성의 세계를 건설했다. 역사학자 에릭 홉스봄(Eric Hobsbawm)은 산업혁명과 제국의 결합이 어떻게 전체 세계 경제가 영국을 기반으로, 또는 영국을 중심으로 건설되도록 이끌었는지에 대해 설득력 있게 썼다.[13] 그 영국 제국은 오래전에 사라졌지만, 런던은 여전히 세계에서 가장 연결된 도시로 남아 있으며, 가장 높은 광대역 사용률[14], 가장 많은 국제선 항공편[15], 세계 최대의 외환 시장을 보유하고 있다.[16] EU 국민투표는 오늘날의 영국에서 다수가 자신들을 세계 경제의 식민지 지배자들의 후계자로 여기지 않는다는 것을 보여주었다. 오히려 그들은 자신들을 범세계적인 런던 엘리트의 자비에 맡겨진 '식민지화된 사람들'로 본다. 파농이 식민지 세계에 대해 말했듯이, '지배 종족은 무엇보다도 토착 인구와는 다른, 다른 곳에서 온 외부인이다.'

영국의 유럽 논쟁에서 이러한 비판은 주로 이주에 관한 것이었는데, 이는 새로운 엘리트들과 밀려난 다수의 시민들 간의 관점 차이를 보여주는 데 사용되었다. 기업 지도자들과 전문직 계층에게 이주는 오로지 이점으로 여겨졌다. 더 자격을 갖추고, 더 열심히 일하며, 더 저렴한 인력을 제공하며 이 섬들의 문화적 풍요로움을 증가시킨다는 점에서 그러했다. 하지만 영국 경제 전체가 혜택을 받았음에도 불구하고, 많은 시민들은 그 이득이 자신들과 공유되지 않았다고 느꼈다. 대규모 이주 흐름을 끌어들이는 지역의 개별 동네들은 주택, 학교 자리, 의사를 제공하기 위한 추가 자원을 받지 못했다. 그리고 일부 지역과 부문 — 건설업과 같은 — 에서 임금은 하향 압박을 받았다.

다른 국가들도 이중 경제와 사회에 대한 비슷한 이야기들을 가지고 있다. 도널드 트럼프는 중국과의 무역과 멕시코로부터의 이민을 해안가 엘리트들과 백인 나수 인구 간의 분열을 상징화하는 데 사용했다. 우리는 첫 장에서 중국 문제가 동원의 기제로서 얼마나 공감을 얻고 있는지를 보았다.

지리학자 크리스토프 길뤼(Christophe Guilluy)의 베스트셀러 에세이 『주변부 프랑스(La France Périphérique)』는 서로 경쟁하는 두 개의 프랑스를 설명한다. 한편으로는 관리직 계층과 열심히 일하는 이민자들로 가득 찬, 행복한 글로벌화의 빛나는 사례인 대도시의 나라가 있다. 다른 한편으로는, 글로벌화로부터 아무런 혜택도 얻지 못하는 작은 마을과 중간 규모 도시에 사는 국가의 대다수 — 인구의 60% — 가 있다.

유로존 내에서, 그리스와 스페인 같은 국가들이 은행과 국가 부채 위기를 겪었을 때, 그들의 정부는 자신들을 선출한 시민들의 욕구에 응답

하기보다는 국제 대출 기관들의 지시를 듣게 되었다.[17] 그리고 구제금융 설계에서 베를린이 한 역할 때문에, 유럽 채무국들의 좌파 정당 지도자들은 자국이 '독일의 식민지' 지위로 전락했다고 불평했다.

헝가리와 폴란드와 같은 동유럽 국가들은 유로존에 속하지 않을 수 있지만, 그들은 독일 공급망에 의해 주변부 국가로 전락하고 있다고 느낀다. 2017년 폴란드 총리 마테우시 모라비에츠키(Mateusz Morawiecki)는 국제 투자자들을 '식민지 개척자들'이라고 지칭하며, 폴란드가 가치 사슬에 합류함으로써 독일의 경제 식민지로 전락했다고 주장했다. 이 가치 사슬은 폴란드를 저숙련 경제에 가두는 한편, 이익은 기업 본사로 송환된다는 것이다.[18]

이 모든 '독립운동'의 통제권 추구는 돈에 관한 것이지만, 그것은 상처받은 자존심에 관한 것이기도 하다. 초비교의 세계에서 살면서, 좌절한 시민들은 자신들의 미래에 대한 통제력을 잃어가는 동시에 국경 너머의 다른 이들이 앞서 나가는 것을 보고 있다.

연결성의 옹호자들은 진보를 측정하는 방식을 변경했는데, 이는 연결된 세계에 대한 그들의 열망을 반영하는 동시에 그 세계의 패자들에 대한 영향을 거의 보이지 않게 만든다. 국제주의자들은 종종 지구와 국가를 전체로 다루는 데이터를 수집하려 했다. 이는 글로벌 GDP 성장이나 글로벌 탄소 배출과 같은 수치로 이어졌다. 총계 데이터를 보면 글로벌화가 세계와 그 안의 모든 국가에 좋았다고 말할 수 있다.[19] 하지만 총계 데이터는 그러한 혜택들이 불평등하게 분배된 방식을 숨긴다.

미국에서 상위 1%는 1979년에 시장 소득의 12%를 벌었고 2016년에는 거의 20%를 벌었다. 하위 50%의 인구에 대해서는 이 수치가 1979년에는 20%였고 2016년에는 13%였다.[20] 평균적으로 모든 사람이 더 부유해졌다는 말은 사실이다. 하지만 가난한 사람들이 더 가난해졌다고 말하는 것도 똑같이 사실이다. 같은 왜곡이 기후 변화에서도 나타나는데, 오염과 같은 부정적 영향이 불평등하게 퍼져있다.

연결된 세계를 위한 경제학의 발전과 공통 언어를 발전시키려는 이전 시대의 시도 사이에는 유사점이 있다. 에스페란토(Esperanto)의 창시자들은 세계에서 가장 인기 있는 언어들의 특징들을 통합하여 공통의 링구아 프랑카(lingua franca)를 발전시키려 했다. 하지만 그들의 동기는 훌륭했음에도 불구하고, 그들 노력의 결과는 그 구성 요소보다 표현력이 덜한, 뿌리 없는 혹은 근본 없는 언어를 발전시킨 것이었다. '에스페란토 경제학'의 창조도 마찬가지로 글로벌 진보에 대한 우리의 많은 데이터가 일반 시민들의 실제 경험과 동떨어져 있다는 것을 의미했다. 이는 승자들이 패자들의 곤경을 이해하는 것을 막는 동시에 후자의 인원을 증가시킨다. 당신의 생활 수준이 정체되는 것을 보는 것만으로도 충분히 나쁜데, 그것이 당신을 승자로 만든다는 말을 듣는 것은 더욱 나쁘다.

## 평화의 문화 대 비평화의 문화

보리스 존슨의 브렉시트 캠페인은 자신을 독립운동으로 자리매김했지만, 브렉시트는 분리 행위임과 동시에 공격 행위이기도 했다. 한 여론 조사원이 내게 탈퇴 지지자들과 진행한 그룹(focus groups)에 대해 이야기 해 주었다. '잉글랜드 은행과 IMF의 경제적 경고를 믿지 않느냐?'라고 그녀가 잉글랜드 북부의 한 유권자에게 물었다. '물론 믿는다. 하지만 그건 그들의 경제이지 내 경제가 아니다. 이제는 런던 사람들이 경제적 고통이 어떤 것인지 배울 때가 되었다'라는 대답이 돌아왔다. 일부에게 목표는 문자 그대로 연결성을 무기화하는 것이었다. 또는 더 정확히 말하면 연결성의 제거를 무기화하여 사회의 다른 집단들을 처벌하는 것이었다.

이는 정치의 규칙이 평화 시의 사고방식에서 비평화로 특징지어지는 것으로 변화하는 방식을 반영한다. 나는 내 싱크탱크가 유럽 전역의 60,000명의 유권자들을 대상으로 여론 조사를 의뢰했을 때 이에 대해 알게 되었다.[21] EU가 세계에서 가장 성공적인 평화 구축 프로젝트임에도 불구하고, 우리의 여론 조사는 EU 전역에서 거의 10명 중 3명의 유권자들(28%)이 EU 회원국들 간의 전쟁이 현실적으로 가능하다고 믿고 있음을 보여주었다. 더 놀라운 사실은 거의 모든 회원국에서 젊은 사람들 중 다수가 이 진술에 동의했다는 것이다.

유럽 프로젝트는 합의, 이성, 논리, 그리고 윈-윈 협력의 근거에 기초해 있다. 합의된 사실과 공통 지식은 이러한 합리적 의사결정의 핵심이다. 이 세계에서 데이터는 그 자체로 평화 구축 활동이다. 그 목적은 공통의 진실이 있다는 것을 보여주는 것이다.[22] 그러나 우리의 조사는 오늘날 유럽에서 이 공통의 이해가 침식되었음을 보여준다.

우리의 여론 조사에서 유럽 유권자 인구의 약 절반 1억 8천7백만 명은 여전히 유럽의 평화 프로젝트 속에 살고 있다. 그들은 EU 국가들 간의 전쟁이 불가능하다고 생각한다. 이러한 '평화주의자들'은 사실과 협력의 힘을 믿으며, 친유럽 정당들에 투표하고 있다. 다른 절반은 전사의 가치를 가진 유럽에서 살고 있다. 그들의 세계에서는 사실과 지식보다 감정, 에너지, 동원, 헌신이 더 중요하다.[23] 대안들에 대한 신중하고 시간이 걸리는 평가와 조심스럽게 구성된 대응보다 주도권의 속도와 신속한 대응이 우선순위를 가진다. 이는 두 군대가 서로 마주 보는 구식 의미의 '전쟁'이 아니라, 공격자와 민간인 사이의 경계가 흐려지고 영토보다는 '마음과 정신'을 위한 전투인 장기적이고 지속적인 갈등이다.

모든 선진국에서 정치의 형태, 내용, 음률에 대한 이러한 변화들은 이미 국제 관계를 변화시키고 있다. 독립, 분노, 통제를 중심으로 한 정치는 국경을 폐쇄하고, 자유 무역을 후퇴시키며, 국제기구로부터 권력을 되찾기 시작했다. 전염병과 기후 변화 같은 글로벌 문제를 해결하기 위한 자유 무역과 협력 대신, 개별 국가들이 앞서 나가고 줄어드는 글로벌 파이에서 가능한 한 많은 혜택을 추출하려는 투쟁이 있어 왔다. 이는 하나의 세계를 향해 진전하기보다는, 경쟁과 영원한 비평화의 시대를 위한 길을 열어준다.

# 04 _ 연결성의 지정학

## 왜 국가들이 협력하기보다 경쟁하는가

이란 학생들이 '미국에 죽음을!'이라고 외치며 테헤란의 미국 대사관을 점거한 지 40년이 지났다. 그들은 미국 건국 이래 미국 외교 정책에 있어 가장 굴욕적인 좌절 중 하나였던 인질 사태에서 수십 명의 미국인들을 444일 동안 붙잡아 두었다. 두 나라가 협상을 다결한 후 1981년 초에 인질들이 석방되었지만, 대사관은 다시 열리지 않았다.*

오늘날, 옛 대사관 단지는 이란 혁명수비대의 훈련 센터로 사용되고 있다. 아야톨라 호메이니(Ayatollah Khomeini)와 '혁명의 순교자들'을 위한 기념관 옆에는 미국의 배신을 기억하기 위한 '스파이의 소굴' 박물관이

* 1979년 이란 혁명 이후, 이란 학생들은 반미 정서를 표출하며 테헤란 주재 미국 대사관을 점거하고 52명의 미국인을 444일간 인질로 억류했다. 이는 이란 공화국 수립 이후 미국 외교 정책에 큰 타격을 준 사건으로 양국 관계의 단절을 상징한다. 1981년 협상을 통해 인질들이 석방되었으나, 대사관은 현재까지도 재개되지 않았다.

있다. 2014년의 따뜻한 오후, 한 젊은 혁명수비대원이 나를 박물관 주변으로 안내하면서 미국 문화의 사악함에 대해 이야기하는 동시에 대사관 포위 기간 동안을 배경으로 한 할리우드 영화 〈아르고(Argo)〉의 모든 오류를 상세히 지적해 주었다. 그들은 미국의 제국주의적 행태의 모든 유물들을 보존해 두었다. 고생하며 복원한 파쇄된 극비 문서들, 도청 장치와 녹음기들, 방 크기의 메인프레임 컴퓨터들, 그리고 인질 사태 중 실패한 구출 시도에서 추락한 미국 헬리콥터의 잔해들이 그것이다. 방문객들을 대사관으로 인도하는 웅장한 계단은 그래피티 예술가들에 의해 1988년 이란 항공 655편 격추, 2001년 세계무역센터 공격, 아프가니스탄과 이라크 침공, 관타나모만(灣)과 아부 그라이브의 군사 교도소를 포함한 미국 외교 정책이 그래픽으로 재구성되어 있었다.

전체 단지는 마치 타임캡슐과 같다. 즉, 이제는 쓸모없어진 기술들로 가득 찬 시대착오적인 미래의 모습이었다. 그것은 이란이 대중을 결집시키기 위해 외부의 적이 필요할 때마다 주기적으로 소금을 뿌리는 열린 상처로 보존되어 있다. 그러나 오늘날의 이란인들은 이러한 구식 미국 지배 표현보다 최근에 견뎌야 했던 첨단 기술 압력에 더 관심이 있다. 직불 카드나 신용 카드로 박물관 입장권을 구매할 수 없다는 사실 — 또는 실제로 이란 어디에서든 직불 카드나 신용 카드로 어떤 것도 구매할 수 없다는 사실 — 은 워싱턴이 달러에 대한 통제권을 이용해 8,300만 명의 인구를 가진 국가를 글로벌 금융 시장에서 외과적으로 배제한 방식 때문이다(다음 장에서 이에 대해 더 자세히 다룰 것이다). 그리고 나의 가이드와 같은 젊은 혁명가들은 이란이 미국인들과 이스라엘인들의 손에 의한 최초의 사이버전 표적이 되었다는 사실에 분개하는데, 이 타격은 오늘날까지도 계속해서 이 나라를 괴롭히고 있다.

앞서 언급했듯이, 칼 폰 클라우제비츠는 전쟁을 '다른 수단에 의한' 정치의 연속이라는 유명한 말을 했다. 하지만 오늘날 중동에서 사용되는 '다른 수단'은 연결성 그 자체이다. 이란은 젊은이들이 디지털 혁명을 받아들이고, 그 국민들이 혈연과 친족 관계, 시아파라는 공통된 종교적 정체성, 그리고 실크로드 시대로 거슬러 올라가는 2천 년의 무역 역사를 통해 세계의 먼 구석까지 연결되어 있는 나라다. 그리고 오늘날, 아마도 다른 어떤 나라만큼이나 이란은 새로운 비평화 시대의 중심에 서 있으며, 우리 세계를 갈라놓는 연결성 갈등의 피해자이자 가해자가 되었다. 이란의 상황은 연결성이 어떻게 글로벌 수준에서 갈등을 만들어내고 있는지에 대해 많은 것을 알려준다. 그것은 글로벌화와 디지털 혁명의 유대가 어떻게 테헤란과 그의 적들에게 갈등을 수용할 이유와 기회를 모두 제공했는지 보여준다. 이란의 곤경을 통해 우리는 연결성이 어떻게 갈등을 더 저렴하게 만들고, 불만을 조장하고 부추기는 데 일조했으며, 약자와 강자 모두에게 갈등의 수용을 매력적으로 만드는 세력 균형으로 이어졌는지 볼 수 있다.

## 상호의존성과 갈등

정치가들과 학자들은 수십 년 동안 상호의존성이 전쟁을 막을 수 있는지 아니면 실제로 전쟁을 만들어내는지에 대해 논쟁해 왔다.[1] 그리고 중동의 사람들은 이 실험을 위한 살아 있는 실험실을 제공해 왔다.

자유주의자들은 18세기 이마누엘 칸트의 탁월한 에세이 『영구평화론(Perpetual Peace)』에서 시작하여 경제적 상호의존이 평화를 촉진한다고 주장해 왔다. 개방된 시장은 전쟁의 가장 중요한 역사적 원인 중 하나인 원자재와 제품 소비자에 대한 접근 필요성을 제거해 준다. 어떤 국가든 무역을 통해 모든 것에 접근할 수 있다면, 왜 피를 흘리겠는가? 더욱이, 무역을 하는 과정 자체가 서로 다른 국가의 엘리트들 사이에 깊은 유대를 만들고 그들이  이질감을 덜 느끼게 만든다. 일단 이러한 유대가 자리 잡으면 국경 양쪽에 전쟁을 피하도록 정부에 로비할 수 있는 강력한 이해관계자들이 생긴다. 이른바 '델 평화론(Dell Theory of Peace)'은 델 컴퓨터 회사와 같은 공급망으로 연결된 국가들 사이에서는 전쟁이 불가능하다고 규정하는데, 이는 지나치게 비용이 많이 들고 파괴적일 것이기 때문이다.[2] 자유주의자들은 또한 자체적인 생명력을 발전시키고 공통 이해관계의 옹호자가 될 수 있는 국제기구의 힘을 믿는다. 이러한 사고방식이 이라크 전쟁의 혼란 이후 영국, 프랑스, 독일 정부들로 하여금 이란 핵 위기의 외교적 출구를 제안하도록 이끌었다. 2005년, 그들은 테헤란과 전쟁을 하기보다는 이란을 글로벌 경제에 통합시키고 핵무기를 원하는 이유를 없애고자 했다. 그들은 지역 군비 경쟁을 긴장 완화의 논리로 대체하기를 희망했다.

반면에, 이른바 '현실주의자들'은 국가들 간의 연결이 갈등을 더 가능하게 만드는 불안정을 만들 수 있다고 주장한다. 정치경제학자 알버트 허쉬만(Albert Hirschman)은 수십 년 전에 무역 관계가 양측에 동등하게 이익이 되는 경우가 거의 없으며, 이러한 비대칭성이 긴장을 초래할 수 있다고 지적했다.[3] 때로는 한쪽에 지나치게 유리하게 기울어진 관계가 형성되어 다른 쪽이 비교적 적은 비용으로 무역을 포기할 수 있게 된다. 그리고 일부 지도자들은 군비 확장을 통해 다른 국가에 대한 경제적 의존에서 벗어나려 했으며, 무기 거래를 통해 국내 수요를 자극했다.[4] 더욱이, 전쟁과 평화에 대한 결정은 경제 부처나 기업들의 영향을 거의 받지 않기 때문에, 이러한 집단들이 전쟁에 반대하더라도 그들의 목소리가 들리지 않을 수 있다.[5] 이는 확실히 이란의 경우에 해당하는데, 그곳에서는 서로 다른 권력 기관들이 서로 다른 논리에 따라 운영된다. 유럽인들과 핵 협상을 하는 데 시간을 보내는 외교관들은 지역 전체에서 준군사적 작전을 수행하는 혁명수비대를 통제하지 않는다. 그리고 나중에 이란을 협박할 수 있는 서방 경제와의 얽힘에 대한 두려움이 바로 이란 체제의 강경파들로 하여금 매번 핵 협상에 제동을 걸게 만든 이유이다.

최근의 경험적 연구는 전쟁, 평화, 그리고 연결성에 대한 이러한 논쟁들을 새로운 관점에서 조명한다. 즉, 양측 모두 옳다는 것을 증명하면서 말이다. 자유주의자들이 주장해 왔듯이, 상호의존성은 실제로 **전통적인 전쟁**의 가능성을 줄이는 것 같다. 하지만 나쁜 소식은 현실주의자들이 오랫동안 우려했듯이, 상호의존성이 또한 국가들 간의 갈등의 가능성을 높인다는 것이다. 미국의 정치학자 에릭 가르츠케(Eric Gartzke)는 수십 년에 걸쳐 150개국이 관련된 10만 건 이상의 정치적, 경제적, 군사적 갈등을 연구한 후 이러한 결론에 도달했다.[6]

가르츠케는 국가 간 갈등을 〈이유 없는 반항(Rebel Without a Cause)〉의 제임스 딘(James Dean)과 코리 앨런(Corey Allen)처럼 '치킨 게임'에 비유한다. 양측 모두 충돌하면 재앙이 될 것이라는 것을 알고 있지만, 상대방이 먼저 양보한다면 얻을 수 있는 이익이 있다. 그래서 그들은 자신들의 신뢰성을 높이고 상대방이 물러설 가능성을 높이기 위해 자신들이 물러서지 않을 것임을 증명할 방법을 찾는다. 핵 시대에는 군사적 대결에 엄청난 위험이 있으며, 심지어 전통적인 전쟁도 이제는 거의 어떤 국민도 편하게 감수하지 못할 희생을 요구한다. 전쟁이 너무 비용이 많이 들기 때문에, 어떤 국가도 사소한 실망으로 전쟁을 시작할 가능성은 낮다. 따라서 정말 위험한 것은 사소한 좌절들이 집단적으로 전쟁을 유발할 만큼 계속 쌓인다는 것이다. 여기서 상호의존성이 작용한다. 국가들이 서로 다양한 경제적, 인적 유대를 가지고 있다면, 전면전의 무거운 대가를 치르지 않고도 그들의 불만을 표시할 기회가 있다. 가르츠케에 따르면, 상호의존성을 조작하는 것은 대화와 전쟁 사이의 '중간 길'을 만들어내어 군사화된 갈등은 줄이지만 더 다양한 사소한 문제들에 대한 비군사화된 갈등은 증가시킨다. 전쟁이 너무 비용이 많이 든다는 바로 그 사실이 국가들로 하여금 서로 갈등할 더 저렴한 방법을 찾게 만들고, 국가들 간의 연결이 더 많을수록 갈등에 관여할 기회도 더 많아진다.

따라서 가르츠케의 데이터가 맞다면, 칸트의 '영구 평화'의 자연스러운 짝은 영구적인 갈등이다. 내가 그에게 이것이 사실인지 물었을 때, 가르츠케는 동의했다. 그는 증가하는 상호의존성을 추수감사절 가족 식사에 비유했다. 즉 일정 기간 사람들을 가까이 모이게 하는 것은 사랑을 촉진할 수 있지만, 종종 긴장 관계도 드러나게 한다. 국가들을 하나로 묶는 것은 단순히 조화만 만들어내는 것이 아니라, 갈등의 기회와 이유를 배가시킨다. 중동에서 추수감사절을 기념하는 사람들이 많지는 않을 것이지만, 이 지역 사람들은 점점 더 자신들이 긴밀히 연결되어 있음을 발견하고 있다. 이러한 연결은 때로는 비극적인 전쟁으로 폭발하는 긴장을 야기했다. 하지만 전쟁이 대부분의 헤드라인을 장식할지라도, 가장 큰 경쟁은 가르츠케가 말하는 전쟁과 평화 사이의 회색 지대에서 발생한다.

## 저비용 분쟁

1980년대에는 이란과 이웃 이라크의 유혈 전쟁에 대한 보도가 매일 있었다. 그 분쟁의 이미지는 제1차 세계대전을 연상시켰다. 참호전, 철조망, 총검 돌격, 유인 기관총 진지, 독가스 공격 등. 이라크와 이란의 50만 명의 군인 사망자라는 그 수치 또한 그 시대를 떠올리게 했다. 이는 냉전의 적대국인 미국과 소련을 단결시킨 드문 분쟁이었고, 결국 두 나라 모두 이란의 혁명 정권을 약화시키기 위해 이라크의 독재자 사담 후세인

(Saddam Hussein)에게 무기를 공급했다. 그 참혹한 전쟁의 상처로, 이란은 더 이상의 대규모 분쟁을 피하기로 맹세했다. 비록 미국의 개입으로 그들의 불구대천의 적 사담 후세인과 이웃 아프가니스탄의 적대적인 탈레반 정권이 제거되어 우연히 큰 수혜를 입기는 했지만 말이다.

냉전이 끝나면서 핵전쟁의 위험 없이 군사적 대립에 개입하는 것이 다시 가능해졌다. 소련 제국이 해체되면서 유고슬라비아와 구소련 지역에서 새로운 국가들의 국경과 구성을 둘러싼 수많은 분쟁이 발생했다. 서방 국가들은 점점 더 대량 학살을 막고, 대량 살상 무기의 확산을 저지하거나 테러리스트를 추적하기 위한 '소규모 전쟁'에 참여하게 되었다. 2003년 미국인들과 유럽인들이 사담 후세인을 축출할지 논의할 때, 호전적인 신보수주의자들 사이에서는 '이라크 침공은 겁쟁이들이나 하는 것이고, 진정한 남자는 이란으로 간다'라는 농담이 유행했다. 하지만 시간이 지나면서 아프가니스탄과 이라크에서의 1조 달러 전쟁 비용이 결코 적지 않다는 것이 분명해졌다. 그래서 국가들은 이란에 대한 권력 행사의 더 저렴한 방법을 찾기 시작했다.

워싱턴과 서방의 주요 정부에서는 지상군이 필요 없는 개입 방법을 찾기 시작했다. 한편 러시아는 공식적인 전쟁의 임계값 아래에서 개입을 선도하며, 그들의 모델로 중국과 많은 중동 국가들에게 영감을 주었다. 한때 핵무기, 예방 전쟁, 인도주의적 개입 연구로 이름을 날렸던 랜드(Land)와 전략국제문제연구소(Center for Strategic and International Studies, CSIS)와 같은 싱크탱크들은 이제 강대국들이 전쟁과 평화 사이의 회색 지대에서 권력을 두고 경쟁하는 방식을 도표화한 '하이브리드 전쟁'에 대한 보고서를 작성하고 있다.[7] 그들은 선거 개입, 허위 정보와 가짜 뉴스, 사이버 공격, 드론 공격, 금융 영향력 같은 전술을 나열한다.

이란은 첫 번째 사이버전의 표적이었고, 이는 오늘날까지도 이란을 괴롭히고 있다. 한때 이란은 충분한 물질과 노하우를 통해 핵무기를 향한 막을 수 없는 진전을 이루었고, 핵 프로그램에서의 빠른 진전으로 '돌파 능력'을 손에 넣을 것처럼 보였다. 하지만 2010년, 나탄즈(Natanz)의 핵시설에 재앙이 닥쳤다. 3개월 동안 거의 천 개의 원심분리기가 폭발하면서 프로그램은 수개월 후퇴했다. 심리적 영향은 더 컸다. 즉 배신한 과학자가 현장에 있을지도 모른다는 편집증이 퍼지고, 더 일반적으로는 이란인들이 자신들의 능력에 대한 믿음을 잃게 만들었다. 원인은 핵시설의 지멘스 운영체제의 취약점을 이용한 '스턱스넷(Stuxnet Worm)'* 컴퓨터 웜이었다. 2010년에 발견된 이 사이버 공격은 이스라엘과 미국이 수행했다고 알려져 있으며, 이란의 핵폭탄 프로그램을 최대 2년 지연시켰다. 이는 아마도 공습으로 인한 결과보다 더 길었을 것이다. 당시에는 너무

* 스턱스넷(Stuxnet)은 2010년 발견된 고도로 정교한 컴퓨터 웜(Computer Worm)으로 이란의 핵시설을 공격하기 위해 개발된 최초의 사이버 무기로 알려져 있다. 스턱스넷은 일반적인 컴퓨터가 아닌 지멘스사의 산업용 제어 시스템을 목표로 설계되었으며, 이란 나탄즈 핵시설의 원심분리기를 교묘하게 조작하여 손상시켰다. 이는 사이버 공격이 현실 세계에서 물리적 피해를 일으킬 수 있음을 입증한 최초의 사례이며, 현대 사이버 보안 역사에서 가장 중요한 사건 중 하나로 남아 있다. 이러한 의미에서 스턱스넷은 단순한 해킹이 아닌 디지털 시대의 군사 전략으로 평가된다.

새로워서 아직 군사적 공격 행위로 이해되지 않았다. 그것은 전쟁과 평화 사이의 중간 영역에 존재했으며, 정상적인 교류 행위도 아니고 전쟁 선언으로 간주될 만큼 공격적인 행위도 아니었다. 이는 그 이후 중동 지정학을 특징짓는 회색 지대의 상징이었다.

테헤란은 무슨 일이 일어났는지 발견했을 때 충격을 받았고, 당국은 자체적인 회색 지대 능력을 개발하기로 맹세했다. 그들의 출발점은 다른 이들이 이란의 시스템에 침투하는 것을 더 어렵게 만드는 것이었다. 중동 전역의 많은 국가들처럼, 그들은 중국의 방식을 본받아 인상적인 온라인 검열과 감시 인프라를 개발했다. 즉, 외세의 메시지를 차단하는 필터를 배치하고 이란인들의 집회 기회를 제한했다.[8] 스턱스넷 이후 이란이 자체 사이버 공격을 미국의 핵심 기반 시설에 대해 감행하기까지는 2년도 걸리지 않았다.[9] 이란은 주로 사우디아라비아와 이스라엘 같은 적대국을 표적으로 삼지만, 미국을 대상으로 한 임무에는 2012년 금융 부문과 뉴욕의 댐을 겨냥한 아바빌 작전(Operation Ababil)[일명 마흐디(Mahdi)], 4천만 달러의 피해를 입힌 라스베이거스 샌즈 카지노(Sands Casino) 공격, 그리고 현재 진행 중인 미국 전력망 탐사가 포함된다.[10]

이란인들은 자국의 윤곽이 페르시아 고양이를 닮았다고 농담하곤 하는데, 이는 많은 이란 최고 해킹 그룹들이 고양이 관련 이름을 채택한 이유 중 하나일 수 있다. 헬릭스 키튼(Helix Kitten)과 로켓 키튼(Rocket Kitten)과 같은 이름을 가진 단체들은 사우디아라비아, 이스라엘, 미국의 방위 기업, 금융 서비스, 에너지 그룹, 수도 및 전력망을 표적으로 삼았다는 혐의를 받고 있다. 한 그룹인 차밍 키튼(Charming Kitten)은 2017년 엔터테인먼트 기업 HBO를 해킹하여 회사가 몸값을 지불하기를 거부하자 방영되지 않은 '왕좌의 게임(Game of Thrones)' 에피소드를 유출했다. 2년 후 차밍 키튼은 도널드 트럼프의 2020년 대선 운동에 개입하려 했다고 마이크로소프트로부터 기소되었다.[11]

하지만 차밍 키튼의 활동보다 더 눈길을 끄는 것은 그 조직원 중 한 명의 신원이었다. 모니카 엘프리데 위트(Monica Elfriede Witt)는 테헤란의 미국 대사관이 포위된 1979년에 태어났지만, 이란 이슬람 혁명의 자녀는 아니다. 그녀는 텍사스 엘패소의 평범한 기독교 가정 출신이며, 1997년 공군에 입대하기 전까지는 중동에 대해 별로 생각해 본 적이 없었다. 복무 중에 그녀는 인어학사로 훈련받아 페르시아어를 전공했고, 최고 기밀 보안 허가를 받아 비밀 정보 임무에 파견되었다. 이라크 전쟁 이후 조지 W. 부시 대통령(George W. Bush)으로부터 공군 훈장을 받았고, 뛰어난 복무로 여러 개의 훈장을 추가로 받았다. 그녀는 2008년까지 사우디아라비아, 카타르, 이라크에서 군 복무를 했다. 하지만 2008년 공군을 떠나 석사 학위를 공부하고 이슬람교로 개종한 뒤, '드론 공격, 초법적 처형, 아동에 대한 잔혹 행위'라고 그녀가 묘사한 것을 포함해 군 복무 중 목격한 많은 것들을 비난하기 시작했다. 2013년 그녀는 모든 것을 털어놓겠다는 결심으로 카불의 이란 대사관에 나타났고, 그해 후반에 이란으로 망명했다. 그곳에서 그녀는 이란 혁명수비대를 위해 일하며 이전 동료들을 표적으로 삼기 시작했다. 가짜 '야후!' 이메일 주소와 페이스북

계정을 사용해 그들의 컴퓨터에 키보드로 입력한 모든 정보를 포착하고, 웹캠에 접근하며, 활동을 감시할 수 있는 악성 소프트웨어(Malware)를 심으려 했다. 그녀는 2019년 미국 법원에서 본인이 불출석한 가운데 두 건의 간첩 혐의로 기소되었다.[12]

그녀의 망명은 테헤란이 사이버전에서 피해자에서 가해자가 된 방식을 보여주는 가장 가시적인 상징 중 하나였다. 2005년 이후 34개국이 사이버 공격을 후원한 것으로 의심받고 있다. 미국 외교 협회(Council on Foreign Relations)는 중국, 러시아, 이란, 북한이 모든 의심되는 작전의 3/4를 후원했다고 주장한다.[13] 이란의 최근 투쟁은 이번 세기에 국제 관계가 얼마나 많이 변했는지를 보여준다. 달리 말해, 이란의 21세기 갈등은 이라크와의 전쟁과는 완전히 다른 성격을 가지고 있으며, 연결성을 중심으로 글로벌화의 인프라를 통해 수행되고 있다.

## 불만 공장

간첩의 소굴 박물관은 테헤란의 반미 선전의 유일한 중심지가 아니다. 1979년 이슬람 혁명 이후 반미는 이란 정체성의 일부였다. 하지만 여러 차례 이란을 방문하면서 젊은 경비원과 다른 이란인들과 나눈 대화에서, 나는 미국에 대한 수사가 거의 틀에 박힌 느낌이 든 것을 피할 수 없었다. 가장 쓰라린 분노는 그다지 멀지 않은 경쟁자인 사우디아라비아를 향하고 있다. 테헤란과 리야드를 나누는 페르시아만은 미국과 테헤란을 분리하는 대양보다 좁다. 그들은 외교 관계를 단절하고 무역을 제한했지만 이웃으로의 밀접한 접촉을 완전히 피할 수 없다. 두 나라는 무수한 방식으로 서로 마찰을 빚을 수밖에 없으며, 이 긴밀한 공존은 불만의 공장이 되었다.

중동의 지정학은 지난 두 장에서 살펴본 상황들로 인해 변화했다. 새로운 부족주의, 피해의식, 통제에 대한 욕구는 브렉시트와 트럼프의 부상에서만큼이나 여기서도 중요하다. 최근 몇 년 동안 정체성 정치는 범아랍주의와 민족주의 같은 보편적 정체성을 대체했다. 그리고 다시 부상한 모든 부족적 정체성 중에서 가장 중요한 것은 시아파와 수니파 사이의 분열이다. 냉전 시기 독재 지도자들에 의해 억압되었던 이 종파적 종교 정체성들은 아랍의 봄 이후 더욱 강렬하게 되돌아왔고 이란과 사우디 정권에 의해 이용되고 있다.

이를 직접 확인하기 위해, 나는 테헤란에서 남쪽으로 100마일 떨어진 곳에 있는 콤(Qom)으로 갔다. 세계 시아파의 영적 수도인 이곳은 페르시아인뿐만 아니라 더 먼 곳에서 온 시아파 아랍인들의 피난처가 되었다. 거리는 전 세계에서 온 수만 명의 학생들과 성직자들로 가득 차 있다. 흰 터번을 쓰고 검은 로브를 입은 전 세계에서 온 숭배자들은 종교 건물들의 돔과 첨탑 사이를 바쁘게 오가며 공부와 기도를 일상의 평범함과 결합한다. 아름다운 파티마 마수메(Fatima Masumeh) 성지와 유명한 신학교에서 아주 가까운 거리에는 아랍인 상점, 주택, 편의시설이 가득한 거리가 있다. 한 젊은 페르시아인 콤 주민이 내게 '마치 차이나타운 같아요. 다만 이곳은 아랍인들로 가득 차 있죠'라고 말했다. 현지에서

'아랍 거리'로 알려진 이곳은 아랍 세계의 다른 지역에서 박해를 피해 도망친 시아파들의 안식처이다. 이 도시는 그 학문성, 지역 전체에 걸친 자선 활동, 그리고 공공 커뮤니케이션을 통해 이란의 리더십 열망을 구현하고 있다. 이 열망은 테헤란이 나자프, 사마라, 카르발라, 다마스쿠스의 시아파 성지를 방어하게 된 것과 같은 야망이다.

이란이 글로벌 전역의 시아파의 수호자로 자신을 재창조함에 따라, 사우디아라비아는 수니파 민족의 최고 보호자라는 소명을 더욱 강조하고 있다. 내가 리야드를 방문할 때마다 — 사우디 왕자들, 내각 장관들, 석유부 관료들과 대화할 때 — 나는 이란의 사우디아라비아에 대한 집착이 상호적임을 발견한다. 그들은 모든 좌절 뒤에서 물라들(Mullahs)의 사악한 의도를 보고 페르시아 이웃들에게 농락당할 것을 영원히 두려워하면서 살고 있다.

테헤란은 경쟁자들과 전통적인 전쟁을 치르기를 원하지 않았기 때문에, 사이버 공격, 문화적 유대, 대리 민병대(proxy militias)을 이용해 지역 영향력을 확대했다. 사우디아라비아와의 투쟁에서 이란은 이라크, 레바논, 바레인, 예멘, 그리고 가장 가시적으로는 시리아의 친시아파 단체들에게 손을 내밀었다. 이란은 친이란 바샤르 알아사드(Bashar al-Assad) 정권을 지원하는 데 약 150억 달러를 지출했고 2011년부터 2014년 사이에 약 1만 명의 요원을 시리아에 파견했다. 이 숫자는 『월스트리트저널』이 2014년 13만 명으로 추산한 테헤란이 지원하는 비이란 군대는 제외한 것이다.[14] 가장 큰 투자는 하마스와 헤즈볼라 같은 단체들에 이루어졌다. 그리고 사이버 능력을 발전시키면서 반군 단체에 대한 지원에 온라인 차원을 포함시켰다. 이란은 영향력을 경쟁하고 있는 모든 국가에서 일련의 사이버 대리자들에 투자해 왔다. 예를 들어 사이버 헤즈볼라, 사이버 하마스, 시리아 전자군, 예멘 사이버군 등이다. 이들은 이스라엘 국방군과 같은 이란의 적들에 대한 사이버 공격을 수행하고 허위 정보 유포 작전에도 참여했다.

이란은 또한 경쟁자의 연결을 방해하기 위한 일련의 매우 가시적인 공격을 감행했다. 많은 분석가들은 테헤란이 2012년 세계에서 가장 가치 있는 석유회사인 사우디 아람코(Saudi Aramco)에 대한 샤문 사이버 공격(Shamoon cyber attack)의 배후라고 믿는다. 이 공격으로 약 3만 대의 컴퓨터가 파괴되고 회사의 석유와 가스 거래 능력이 방해받았다. 2019년에는 아람코의 석유 시설에 대한 이란의 드론 공격이 뒤따랐고, 이는 사우디아라비아 석유 수출의 절반에 영향을 미쳤다. 사이버 영역에서 다른 이들을 방해하기 위한 모든 조직적 활동의 기반에는 중국과 러시아 기술로 구동되는, 자국민의 인터넷 접근을 통제하기 위한 인상적인 인프라가 있다.

사우디아라비아도 이에 상응하는 대응을 했다. 시리아, 예멘, 바레인, 레바논 등지에서 이란의 대리자들과 싸우기 위해 무장 단체와 민병대를 지원했다. 소셜 미디어에서 자신들의 메시지를 증폭시키기 위한 일련의 트롤(troll) 공장을 설립했다(2019년 트위터는 사우디 선전을 퍼뜨리기 위해 설계된 막대한 9만 개의 가짜 계정을 정지시켰다).[15] 또한 이란의 숙적인 미국, 이스라엘과의 연결을 강화했다. 이라크와 아프가니스탄의 혼란 이후, 미국은 또 다른 중동 국가를 침공하기를 원하지 않았기 때문에 이란 핵 프로그램을 늦추고 이란 시민들이 종교 지도자들을 전복하도록 설득하기 위해 '전쟁을 제외한 모든 수단'을 사용했다. 이란이 받은 제재는 전례 없는 수준의 강도를 보였다. 다음 장에서 우리는 이 제재가 어떻게 테헤란을 글로벌 경제로부터 단절시켰는지 살펴볼 것이다.

어떤 면에서 이란과 사우디아라비아 간의 지역 경쟁은 워싱턴과 베이징 사이의 글로벌 경쟁을 반영한다. 그들은 서로가 가장 선호하는 경쟁자이며, 그들의 경쟁은 국가 생활의 모든 측면에 스며들어 있다. 워싱턴과 베이징처럼, 이란과 사우디아라비아는 서로 더 많이 경쟁할수록 더 비슷해진다. 두 국가 모두 종교와 국가가 동등하게 중요한 현대 이슬람 통치의 얼굴이 되고자 경쟁하고 있는데, 사우디아라비아에서는 사우드 왕가의 왕관 아래에서, 이란에서는 아야톨라의 터번 아래에서 이를 추구한다. 둘 다 중동의 경제 강국이 되기를 원한다. 그들은 전통적으로 석유 시장에서 경쟁했고, 이제는 경제 다각화 경쟁을 하고 있다. 두 나라 모두 서로에 대항하기 위한 대리 분쟁을 벌이기 위해 민병대와 동맹을 발전시켰다.

## 질서의 종말

제1차 세계대전 100주년을 맞아 많은 사람들이 역사가 반복될 것인지 물었다. 1914년 강대국들이 서로 전쟁을 벌이면서 글로벌화는 무너졌다. 자유주의 질서가 해체되고 지정학적 경쟁이 돌아오면서, 자연스럽게 사람들이 같은 일이 다시 일어날 수 있다고 두려워한다. 하지만 1914년의 세계는 모호성, 급격한 변화, 혼란의 우리 시대와는 거리가 멀었다. 그 시대를 정의하는 원칙 — 베스트팔렌 평화 이후 정립된 — 은 국내 정책과 외교 정책 사이의 경계였다. 강대국들은 서로의 내부 문제에 간섭하지 않기로 합의했다.

하지만 현실은 2020년대의 세계에서 정반대의 역학이 발생할 수도 있다는 것이다. 오늘날의 큰 위험은 강대국들이 전쟁을 원하지 않기 때문에 오히려 글로벌화가 파괴될 수 있다는 점이다. 전쟁이 없는 상황에서 그들은 국가 간의 연결을 조작하고 모두가 상호의존성을 취약점으로 보게 만들고 있다.

우리의 네트워크 세계에서, 테러리즘, 사이버 전쟁, 기후 변화, 그리고 난민 흐름과 같은 도전들은 내부와 외부, 국내와 외국 사이의 구별을 용해시켰다. 그리고 더 이상 전쟁과 평화 사이의 명확한 경계가 존재하지 않는다.

물리적 영역에서 많은 이들이 특수부대와 '리틀 그린 맨', 국제 수역을 침범하는 해안경비대, 또는 반군 단체 자금 지원을 통한 대리전을 통해 전통적인 전쟁이 없는 새로운 종류의 강압을 시도하고 있다. 이는 허위 정보, 해킹과 유출에서부터 핵시설 파괴에 이르는 영구적인 온라인 갈등으로 보완된다.

많은 이들은 네트워크화된 글로벌 질서가 권력 블록이 아닌 상품과 서비스의 흐름으로, 전쟁하는 국가들이 아닌 개인의 권리로 정의되기를 희망했다. 그들은 공유된 주권, 상호 이익이 되는 상호의존성, 선순환을 이끄는 보편적 규범에 기반하여 결국 모두가 받아들일 새로운 세계를 건설하고자 했다. 하지만 이러한 네트워크는 권력을 무의미하게 만드는 대신, 단순히 권력을 행사하기 위한 새로운 도구와 기술을 제공했다.

비평화의 시대에 권력은 아이디어, 사람, 상품, 돈, 데이터의 흐름에 대한 통제와 그들이 확립한 연결을 통해 행사된다. 그리고 이 세계에서 우리는 세계를 하나로 묶으려 했던 힘들이 이제는 세계를 분열시키고 있음을 볼 수 있다. 이를 제대로 이해하기 위해서는 21세기의 전장을 더 깊이 살펴볼 필요가 있다. 우리는 비평화의 해부학을 탐구할 필요가 있다.

제3부

# 무기와 전사

# 05 _ 비평화의 해부

## 글로벌화는 어떻게 무기가 되었는가

레제프 타이이프 에르도안(Recep Tayyip Erdoğan) 대통령은 굽실거리는 것을 좋아하는 인물이 아니다. 그는 가난한 집안에서 다섯 자녀 중 한 명으로 태어났으며 길거리 싸움꾼 같은 기질과 성격을 지니고 있었다. 그는 학창 시절 길거리에서 레모네이드와 참깨 빵을 팔았고 준프로 축구 선수로 활동하면서 경영학 학위를 위한 학비를 마련했다. 그가 정계에 입문했을 때, 이슬람교도인 그는 일상적인 박해에 시달렸다. 그는 콧수염을 깎으라는 세속주의자 상사의 명령을 거부했다는 이유로 이스탄불 교통청에서 한때 일자리를 잃은 적도 있었다. 결국 에르도안은 1998년 ‘모스크는 우리의 병영이고, 돔은 우리의 투구이며, 첨탑은 우리의 총검이고, 신자들은 우리의 군인이다 …’[1]라는 구절이 포함된 이슬람 시를 공개적으로 낭독한 후 종교적 혐오를 선동한 혐의로 감옥에 갇히게 되었다. 글로벌 무대에서, 그는 상남자 중의 상남자(alpha male's alpha male)로서의 명성을 추구했다. 즉 그는 친구와 적을 가리지 않고 모두와 싸우는 것을 두려워하지 않았다.

내가 그를 만나러 갔을 때, 그는 알려진 바로는 6억 1,500만 달러의 비용을 들여 자신을 위해 지은 1,000개 방이 있는 웅장한 대통령 관저에서 나를 맞이했다. 그는 자신감이 넘쳤으며 외국 손님으로부터 조공을 받는 술탄의 예의 바름과 매력으로 나를 대했다.[2] 그는 유쾌하면서도 단호한 태도로 무슬림에 대한 유럽의 태도와 시리아에서 실책을 저지른 미국을 공격하고, 니콜라 사르코지(Nicolas Sarkozy)와 그의 아내 카를라 브루니(Carla Bruni)와의 만남에 관한 이야기들을 들려주었다. 그러나 그가 피한 한 가지 주제는 블라디미르 푸틴 러시아 대통령과의 관계였다. 내가 떠나기 전, 그는 자신의 이니셜이 새겨진 넥타이를 선물했고, 사진사에게 우리 둘이 악수하는 장면을 찍도록 요청했다. 나중에 그들이 나에게 보낸 사진을 보니, 나는 그 사진이 의도적으로 '술탄의 궁전'의 금빛 배경을 바탕으로 대통령이 나보다 훨씬 더 커 보이는 각도에서 찍힌 것을 알아차렸다.

푸틴이 언급되지 않았던 이유 중 하나는 아마도 우리가 만나기 며칠 전인 그 주초에 에르도안 대통령이 평소에는 잘 드러나지 않는 성격의 한 단면, 즉 겸손함과 참회를 보여야만 했기 때문이다. 그는 러시아 대통령에게 사과 성명을 발표했다. 그 배경에는 시리아 내전을 둘러싼 앙카라와 모스크바 간의 오랜 분쟁이 있었다. 이 두 강경파 지도자는 투쟁의 서로 다른 편에 서 있었다. 즉 푸틴은 아사드(Assad) 대통령을 지지했고, 에르도안은 아사드를 전복시키려는 여러 반군 단체를 지원했다. 모스크바는 시리아에 대한 군사 개입을 강화하면서 튀르키예 국경 근처의 반군 단체를 폭격하기 시작했다. 거기에는 앙카라의 지원을 받는 여러 튀르키예계 단체들이 포함되어 있었다. 튀르키예군은 이에 대해 여러 차례 항의했지만 헛수고였다. 결국 에르도안은 인내심을 잃고 2015년 11월 튀르키예 영공에 진입한 러시아 수호이 Su-24M 전투기를 격추하라는 명령을 내렸다. 추락하는 비행기의 이미지는 즉시 입소문을 탔다. 러시아 언론과 인터넷에서는 보복을 요구하는 목소리가 폭발적으로 터져 나왔다. 시위대는 모스크바 주재 튀르키예 대사관에 돌과 달걀을 던졌다. 러시아의 주요 정치 TV 토크쇼의 유명 진행자는 이 전투기 격추 사건을 제1차 세계대전의 방아쇠가 된 1914년 프란츠 페르디난트 대공 암살 사건에 비유했다. 그렇다면 러시아의 매파 지도자인 블라디미르 푸틴은 자국민들의 전투 외침에 어떻게 반응했을까?

그는 튀르키예로부터의 과일과 채소 수입을 중단하고, 전세기 운항과 패키지 여행상품의 판매를 금지하는 법령에 서명했으며, 러시아와 튀르키예 간의 무비자 제도를 폐지했다.

2016년 8월 내가 에르도안 대통령을 만났을 때쯤, 블라디미르 푸틴의 반격은 효과를 발휘하고 있었다. 제재는 잔인할 정도로 효과적이었다. 2014년에는 330만 명의 러시아 관광객이 튀르키예를 방문했지만, 2016년 6월에 발표된 공식 통계에 따르면 러시아 방문객은 전년 대비 92% 감소한 것으로 나타났다. 러시아는 또한 채소부터 의류, 건축 자재에 이르기까지 튀르키예산 상품의 주요 시장이었다. 이뿐만 아니라 러시아는 러시아 내 튀르키예 노동자들과 소규모 기업가들의 송금처이기도 했다. 2016년 첫 4개월 동안, 양국 간의 무역은 2015년 같은 기간 대비 45% 수준으로 급감했다.[3] 관광, 소규모 수하물 무역 그리고 공적 수출 — 농업과 철강 제품에서 섬유에 이르기까지 — 에서 발생한 튀르키예의 총손실액은 약 140~150억 달러에 달했다. 이것이 바로 에르도안이 모스크바에 이례적으로 비행기 격추에 대해 사과하고 관계 개선을 요청하게 된 이유였다.

푸틴은 군사력 사용을 꺼리지 않는다. 그는 체첸, 조지아, 우크라이나, 시리아, 리비아에 병력과 무기를 보냈다. 하지만 그는 튀르키예와의 갈등에서 강대국 간의 분쟁에서 가장 중요한 전장이 공중이나 지상이 아닐 것임을 보여주었다. 오히려 그것은 글로벌 경제의 상호 연결된 인프라가 될 것이다. 즉 이는 무역과 투자, 사람의 이동, 운송 연결망, 국제법 그리고 인터넷을 교란하는 것이다. 물론 그가 한 일이 러시아만의 독특한 속임수는 아니었다. 사실 푸틴은 제재가 다른 국가에 얼마나 해로울 수 있는지 잘 알고 있었다. 왜냐하면 그 자신도 2년 전 크름반도를 병합한 후 EU와 미국 금수 조치의 피해자였기 때문이다. 그는 평화를 가져온다는 다섯 가지 글로벌 네트워크 각각이 어떻게 전장으로 변모될 수 있는지 알고 있었다.

## 경제 전쟁

제재, 인구 추방, 무역 전쟁은 수 세기 동안 존재해 왔지만, 세계가 글로벌 공급망과 달러화된 금융 시스템을 중심으로 조직되기 전까지는 자국에 큰 비용을 들이지 않으면서 외국의 경제와 사회를 질식시키는 것이 어려웠다.[4] 이제 모든 유형의 경제 활동 — 무역, 금융, 아이디어 및 사람 등 — 이 무기로 사용되고 있다. 아이러니하게도, 국제 무역 및 금융 시스템을 전장으로 전환하는 데 가장 큰 역할을 한 나라가 바로 '델 분쟁 예방 이론'*을 제시했던 미국이다.

미국의 제재는 — 튀르키예에 대한 러시아의 제재와 달리 — 과거에 매우 무딘 수단이었으며, 미국 시장에 직접적으로 의존하는 국가들에 대해서만 효과적으로 작동하곤 했다. 그러나 세기가 바뀔 무렵, 미국인의 사고방식에 혁신이 일어났다. 이는 다국적 기업들과의 협력을 통해 경제적 연계를 체계적으로 무기화할 수 있게 했다. 이로 인해 1960년대 쿠바에 도입된 포괄적 봉쇄와 같은 제재 방식에서 이란, 북한, 러시아에 적용되는 정교하게 표적화된 레짐으로 제재의 개념이 점진적으로 변화하게 되었다. 이 새로운 세대의 네트워크에 정통한 조치들은 러시아 제재에 대해 — 펜타곤의 표현을 빌리자면 — 러시아의 큰 망치와 대비되

* 델 분쟁 예방 이론(Dell Theory of Conflict Prevention)은 미국의 저명한 저널리스트인 토마스 프리드먼(Thomas L. Friedman)이 제시한 개념이다. 해당 이론은 오늘날의 글로벌 경제에서 상호 연결된 공급망이 국가 간의 군사적 갈등을 줄이는 데 중요한 역할을 한다고 주장한다.

는 외과용 메스와 같다.

금융 전쟁의 변환은 예상치 못한 전쟁 지도자였던 전 재무부 관료인 스튜어트 레비(Stuart Levey)의 작품이었다. 레비는 오하이오 출신으로 말이 빠른 변호사였다. 그는 부시 행정부에서 최초의 테러리즘 및 금융 정보 담당 재무부 차관이었다. 그가 일을 시작했을 때, 그는 9·11 참사 이후 자금 흐름을 추적하고 금융 규제를 통해 테러와의 글로벌 전쟁을 수행하던 자칭 '회색 정장을 입은 게릴라들(guerrillas in grey suits)'이라는 팀에 합류했다. 그들은 싸움의 일환으로 자금 세탁범을 추적했고, 은행에 테러리스트 명단을 배포했으며, 북한과 이란 같은 대량 살상 무기를 생산하는 것으로 의심되는 국가들을 대상으로 제재를 도입하기 시작했다.

이란에 대한 제재 과정은 좌절감을 안겨주었다. 미국은 테헤란과 교역량이 많지 않았기 때문에, 미국의 제재가 미치는 영향은 제한적이었다. 게다가 레비가 EU와 같은 동맹국들이 테헤란산(產) 석유와 가스 수입을 줄이도록 하는 데 진전을 이루고 있다고 생각할 때마다, 중국과 같은 다른 강대국들이 개입하여 여분의 물량을 모두 사들였다. 결국 레비는 민간 부문이 그들을 대신해 일하도록 하고, 글로벌 금융 시스템에서 달러의 지배력을 활용한다면 더 큰 영향력을 발휘할 수 있다는 것을 깨달았다. 그의 획기적인 아이디어는 은행들이 이란과 어떤 거래도 하지 않도록 하는 것이었고, 이를 다른 형태의 투자와 상거래를 질식시키는 방법으로 활용하는 것이었다. 유엔 제재는 항상 우회되거나 심지어 거부될 수도 있지만, 모든 외환 거래의 87%를 차지하는 준비 통화이자 결제 통화로서 달러가 가진 독보적인 지위는 미국 정부가 전 세계 모든 은행과 기업에 조건을 강요할 수 있게 한다.[5]

레비의 계획은 일종의 협박이었다. 요컨대 그는 은행들이 그들 고객의 행위에 따라 평판이 좌우된다고 말하곤 했으며, 이란은 테러리스트들을 지원하고 핵 프로그램을 추진하고 있다고 주장했다. 레비는 '이란 금융 로드쇼'를 시작해 전 세계의 은행 관계자들과 100회 이상 만났다. 그는 조용한 외교와 함께 덜 조용한 집행 조치들도 병행했다. 취임 후 첫 5년 동안, 로이드, 스탠다드차타드, 바클레이스, ABN 암로, 클리어스트림, ING 그룹, HSBC 홀딩스, 크레디트 스위스 그룹을 포함한 수십 개의 은행이 벌금을 부과받았으며, 그 후 가장 주목받은 사건은 BNP 파리바에 대한 것이었다. 이 은행은 놀랍게도 85억 달러의 벌금을 부과받았다.[6] 이 조직적 활동을 가능하게 만든 필수적인 첫 번째 단계는 SWIFT — 브뤼셀에 본사를 둔 글로벌 정보 전송 서비스 — 에 미국 재무부가 테러 자금 조달을 추적하기 위해 SWIFT의 기록에 접근할 수 있는지 여부를 문의하는 것이었다. 재무부 관료는 SWIFT 데이터를 미국의 금융 전쟁을 위한 '로제타 스톤'*으로 표현했다. 알카에다와의 전쟁으로 시작된 것이 북한, 이란, 수단, 심지어 러시아에 대한 조치들로까지 확대되었다. 재무부가 금융 거래에 대한 데이터를 확보하자, 이를 활용

* 로제타 스톤(Rosetta stone)은 본래 고대 이집트 비문이 새겨진 석판으로 고대 이집트 상형문자를 해독하는 데 결정적인 역할을 했다. 이는 흔히 어려운 문제를 푸는 열쇠 또는 실마리를 의미한다.

해 그들이 탐탁지 않게 여기는 국가들의 경제에 대한 금융적 압박의 고삐를 조여갔다. 그들은 SWIFT에 엄청난 압력을 가해 해당 국가의 은행들과의 연결을 끊게 함으로써, 이들을 국제 신용에서 차단했다.[7]

일단 은행들이 수십억 달러의 벌금을 부과받기 시작하자, 은행들은 제재를 집행하기 위해 수천 명의 직원을 고용하는 방대한 조직을 구축하려는 강력한 동기를 갖게 되었다. 영국 회계법인 딜로이트(Deloitte)의 연구에 따르면, **미국 외** 금융 서비스 기관의 절반 이상이 주요 거래 대상을 결정하는 핵심 목록으로 미국 해외자산통제국이 개발한 제재 목록을 명시적으로 사용하고 있다.[8]

당시 CIA 국장이 '21세기 정밀유도무기'라고 불렀던 것이 얼마나 강력한지 오랜 시간이 걸려 미국 외의 사람들이 깨달았다.[9] 푸틴의 절친이자 러시아 철도의 수장인 블라디미르 야쿠닌(Vladimir Yakunin)이 미국 제재 목록에 올랐을 때, 그는 매우 무심하게 『파이낸셜 타임즈』에 '나는 미국으로 여행 갈 생각이 없었다. 자산이 없다. 그래서 전혀 신경 쓰지 않는다'[10]라고 선언했다. 하지만 한 분석가가 설명했듯이, 진정한 위협은 자산 동결이나 비자 발급 금지로 인한 불편함이 아니라 은행들에게 보내는 신호이다. 즉 '그것들은 금융의 한센병과 같은 것으로 금융 기관들이 어떤 방식이로든 제재 대상과 접촉하는 것을 꺼리게 만든다.'[11] 일단 당신이 제재 대상이 되면, 미국 은행들뿐만 아니라 미국에 거래 은행을 두고 있는 모든 기관 — 이는 거의 모든 기관을 의미한다 — 이 당신과 거래하기를 거부하게 된다. 이는 제재 목록에 오른 사람들이 쿠르슈

벨(Courchevel)에서 샬레*을 구입하거나 런던에서 학비를 내는 것과 같은 어떤 일도 수행하기 극도로 어렵게 만든다. 오늘날 미국 시스템의 여러 부분은 은행에 적용했던 과학적 접근 방식을 우리의 연결된 경제의 다른 부분에도 적용하고 있다. 무역과 가치 사슬이 훨씬 더 글로벌화됨에 따라, 그들은 공급망의 작은 연결고리 하나 — 예를 들어 칩이나 반도체 — 를 타격하는 것만으로도 기업이나 국가를 무릎 꿇게 만들 수 있다는 사실을 발견했다. 중국은 자국의 경제를 움직이는 데 필요한 핵심 칩을 제조할 역량이 부족하여 매년 약 3,000억 달러의 칩을 수입하고 있다. 미국은 이를 압박하려고 한다. 『이코노미스트』는 '20세기에 세계 최대의 경제적 급소는 호르무즈 해협을 통해 운송되는 석유와 관련이 있었다. 머지않아 그것은 한국과 대만의 몇몇 기술 단지에서 식각된 실리콘이 될 것이다'[12]라고 주장한다. 미국 정부는 바로 이러한 취약점을 이용해 2018년부터 화웨이와 ZTE 같은 중국의 기술 거대 기업들에 대한 수출을 제한하는 조치를 취했다. 백신과 마스크에서부터 자동차와 전화기까지, 핵심 부품을 소수의 전문 업체들이 공급하는 복잡한 '적시 생산'의 글로벌 공급망에 대한 의존도는 점점 더 각국을 지정학적 압력에 노출시키고 있다.

전쟁에 지친 대중과 긴축 예산에 직면한 서방 국가들은 글로벌 경

* 샬레(chalet)는 스위스 산간 지방의 지붕이 뾰족한 목조 주택으로 산장 또는 별장을 의미한다.

제, 무역 및 금융(달러와 유로 포함)에 대한 영향력 그리고 자국에 소재한 다국적 기업들에 대한 통제를 통해 권력을 투사하고 있다. 미국, EU 그리고 유엔은 현재 전 세계 5개 대륙의 31개국에 대해 제재를 가하고 있다. 이러한 무기들이 점점 더 높은 가치를 가진 대상들을 겨냥하여 실험되는 것을 지켜보는 것은 흥미로운 일이다. 그들은 북한과 같이 작고 약한 나라에 이 무기들을 사용하기 시작했고, 그 다음에는 이란과 러시아로 그 사용을 확대했다. 이제 세계 2위 경제 대국인 중국을 상대로 이들 무기를 사용할 가능성이 있다. 이는 글로벌 금융 시스템에서 미국의 장기적인 입지에 잠재적인 비용을 초래할 수 있는 엄청나게 큰 변화이다. 이것이 바로 미국 정부 부처 중에서도 재무부가 중국을 압박하는 것을 가장 꺼렸던 주된 이유였다. 그러나 작년 중국 은행들이 홍콩 관료들에 대한 미국 제재를 준수하도록 강요받았을 때, 중국에서 이에 대한 불안감이 크게 고조되었다는 점은 주목할 가치가 있다.[13]

아직 어떤 나라도 달러가 미국에 제공하는 것과 같은 네트워크의 혜택을 누리지 못하고 있지만, 많은 국가들이 경제 봉쇄(튀르키예가 아르메니아에 대해), 금융 제재(남한이 북한에 대해), 여행 및 비자 금지(중국, 남한, 일본), 가스 공급 차단(러시아가 주변국들에 대해), 희토류 판매 제한(중국이 일본에 대해)뿐만 아니라 원조 중단, 수출입 검사 강화, 기업 폐쇄 및 몰수, 규제 승인 및 라이선스 거부와 같은 기법을 사용하고 있다.[14] 가장 효과적인 도구는 당근 — 대출, 투자, 신규 인프라 등 — 을 제시한 후 이를 보류하겠다고 위협하는 것이다. 이는 중국이 선호하는 전술이다. 비서방 국가들이 경제 전쟁을 사용하는 것을 꺼리지는 않지만, 이를 공개적으로 그렇게 부르는 데는 더 신중하다. 이러한 조치들은 종종 정치적 불화가 있는 특정 국가들의 기업을 대상으로 우연히 발생한 것처럼 보이는 더 엄격한 위생 검역이나 통관 절차 지연의 형태로 위장되곤 한다.

많은 국가들이 이러한 전개 과정에 대응하여 스스로를 방어하기 시작했고, 다른 국가들에 대한 의존도를 줄이는 것을 목표로 하고 있다. 경제적 중상주의가 증가하고 있다. '국산품 구매' 캠페인은 종종 국가 의존도를 낮추기 위해 국내 생산자들을 국제 경쟁에 대비해 강화하려는 아주 은밀한 전략이었다. 중국은 이제 미국의 압력에 대한 자국의 취약성을 제한하기 위한 방법으로 국내 기술 부문과 국내 경제 수요를 활성화하는 것을 명시적인 목표로 삼고 있다.[15] 중국은 달러에 도전할 수 있는 디지털 통화, 미국과 단절된 은행 시스템, 그리고 미국이 글로벌 시장 접근을 차단하지 못하도록 하는 일련의 기반 기술을 구축하려 노력하고 있다. 2020년 중국과 러시아는 심지어 달러에 대한 의존도를 줄이기 위해 '금융 동맹'을 구축하는 방안에 대해 논의했으며, 양국 간 무역의 대부분을 유로와 자국 통화로 전환하기 시작했다(2015년까지만 해도 양국 간 거래의 90%가 달러로 이루어졌다).[16]

이것이 성공을 거두면서, 많은 이들은 베이징이 워싱턴이 사용해 온 것과 동일한 기법들을 활용할 유혹에 빠질 수 있다고 두려워한다. 즉 중국이 글로벌 금융 네트워크를 중국 외교 정책의 도구로 전환할 수 있다는 것이다. 중국은 외국인 투자 심사에 관한 새로운 법을 도입했고, 새로운 수출 통제법을 공표했으며, '신뢰할 수 없는 기업' 목록을 작성했고, 미국 법의 역외 관할권을 차단하는 EU식 법령을 채택했다. 사람들이 점점 더 불만을 제기하는 것은, 이러한 기법들을 사용하여 베이징이 홍콩, 남중국해, 일대일로 그리고 사이버 공간에서 자국의 영향력을 행사하고 있다는 점이다.[17] 두려움은 중국이 디지털 화폐, 그 기술 또는 자본을 사용하는 사람들에게 워싱턴이 특권적 지위를 이용해 미국 제재를 강요한 것처럼 중국 제재를 따르도록 강요할 수 있다는 것이다. 하지만 이는 민주적 목표가 아닌 권위주의를 지지하는 것이다. 또한 자국 시민을 대상으로 도입한 것과 유사한 기업을 위한 '사회 신용' 제도의 구축과 같은 독특한 중국식 혁신들도 있다(1장 참조). 공산당이 승인하지 않는 방식으로 행동하는 시민들이 처벌받을 수 있는 것과 마찬가지로, 기업도 베이징에 대한 충성도에 따라 혜택을 받거나 처벌받을 수 있다. 지금까지 중국은 호주와 같은 나라들뿐만 아니라 NBA와 할리우드 같은 다른 행위자들을 압박하기 위해 자국의 시장 지배력을 활용해 왔다. 그러나 이는 다른 의제를 시사한다. 많은 이들은 중국이 국제 기업들과 외국 국가들에게 의존성을 의도적으로 구축하여 전 세계에 자국의 법과 우선순위를 강요할 수 있음을 우려하고 있다.

1941년 앨버트 허시먼은 무역이 단순히 이윤 동기로만 이루어진다고 생각하는 사람들이 잘못되었다고 주장하며 '권력 거래(power trading)' 이론을 제시했다. 그는 '외국 무역을 권력, 압력, 심지어 정복의 도구로 전환하는 것이 가능하다'[18]라고 썼다. 허시먼의 통찰력은 독일이 글로벌 무역 시스템을 어떻게 조작하여 적국의 역량을 약화시키고, 국가들을 마지못해 동맹국으로 끌어들이며, 독일이 카이저와 나치 시대에 자국 산업을 육성했는지를 연구한 데서 나왔다. 현대의 분석가들은 중국이 소위 '권력 거래'의 많은 규칙을 따르고 있다고 주장한다. 즉, 중국이 다른 국가들에서 해당 국가의 경제 활동을 지배하는 개인[집단]을 만들어 그 국가들을 종속적인 속국으로 전환하고, 수출 비용을 낮추기 위해 통화 조작을 사용하며, 잠재적 경쟁국들의 산업화를 막기 위해 제품을 덤핑하고, 산업 스파이를 통해 지식 재산을 도용하고, 잠재적 지배를 위해 핵심 산업을 표적으로 삼고 있다는 것이다.[19]

비록 인간적 차원에서 보면 산산조각이 날 수 있다는 공포가 규제나 관세의 고통보다 훨씬 더 실감이 나겠지만, 이러한 연결성 무기들은 폭탄보다 **훨씬 더** 많은 이들을 해칠 수 있다. 제재로 인해 얼마나 많은 생명이 황폐화되거나 끝났는지에 대한 포괄적인 연구는 없지만, 여러 국가 제재 레짐에 대한 일련의 연구에서 단서를 찾을 수 있었다.

북한과 같이 제재를 받고 있는 곳들에서 나온 일부 이야기들은 가슴을 아프게 한다. 즉 영양실조로 모유 수유를 할 수 없었던 어머니들, 비교적 형편이 나은 지역에서조차 수확물을 익기도 전에 먹어버리는 사람들, 심지어 자신의 아이를 먹는 사람들에 대한 끔찍한 이야기까지 있었다.[20] 비록 많은 문제가 제재 대상이 된 정권들의 비인간성에서 비롯된 것이지만, 제재가 — 베네수엘라와 이란에서 수단과 북한에 이르기까지 — 식량, 의약품, 전력에 대한 접근을 제한하고 전반적인 경제적 혼란을 초래함으로써 수백만 명의 삶을 황폐화시켰다는 점은 의심할 여지가 없다. 제재의 사회적 영향은 종종 파괴적이다. 수입품 가격이 급등하고, 의약품이 부족해지며, 수질이 저하되고, 일자리가 사라지며, 의료, 위생, 교육과 같은 공공 서비스가 쇠퇴한다. 결국 많은 이들이 피할 수 있는 죽음을 맞이하게 된다.

연구에 따르면, 제재는 일반적으로 연간 경제 성장률을 약 2% 감소시킨다. 이는 한 국가가 불과 10년 만에 경제의 1/4을 잃을 수 있다는 것을 의미한다.[21] 시리아에서는 제재가 실업률이 두 배로 증가하는 데 기여했고,[22] 인구의 80%가 빈곤층으로 전락했다. 이란에서는 제재로 인해 이란의 GDP가 연간 최대 10%까지 감소했다.[23] 베네수엘라는 미국의 제재가 시작되기 전부터 이미 경제적 어려움에 직면해 있었지만, 제재로 인해 인플레이션이 500,000%까지 상승했고, 2018년에는 극빈층 비율이 85%까지 증가했다고 국제통화기금(IMF)은 주장했다.[24] 정치적 혼란, 사회경제적 불안정 그리고 계속되는 인도주의적 위기는 라틴 아메리카의 최근 역사에서 가장 큰 외부 강제 이주 위기를 초래했다.[25]

건강에 미치는 영향도 그에 못지않게 심각하다.[26] 1990년대 포괄적 제재가 초래한 인명 피해에 대한 큰 반발이 있었다. 예를 들어, 1990년대 이라크에 가해진 제재는 보건 시스템을 50년 뒤로 후퇴시켰다.[27] 유아 사망률은 1940년대 수준으로 돌아갔다.[28] 유엔은 이라크에서 1990년대 제재 기간 동안 5세 미만 아동 사망자 수를 382,000명에서 576,000명 사이로 추정했다. 이러한 이유들로 인해, 세기가 바뀌면서 사회 전반이 아닌 엘리트들을 겨냥한 '스마트 제재'를 개발하려는 움직임이 있었다.

그러나 새로운 세대의 제재가 이론적으로 억압이나 반인륜적 범죄에 책임이 있는 엘리트들을 겨냥할 수 있지만, '최대 압박'으로 나아가는 추세는 다시 한번 사회 전체에 피해를 주고 있다. 예를 들어, 하버드 대학교는 2018년 북한에서 제재와 자금 부족으로 최소 4,000명이 사망했다고 추산했다.[29] 베네수엘라에 대한 미국의 제재는 2017년과 2018년에 최소 40,000명 이상의 사망자를 발생시킨 것으로 알려져 있다.[30] 그리고 많은 연구들은 이란의 의료 시스템과 경제가 서방의 제재로 인해 파괴되었다고 주장하고 있다. 오늘날 시리아에서도 마찬가지인데, 알레포(Aleppo)에서 일하는 영국 의사들은 '긴급 의료 처치가 필요한 사람들의 80% 이상이 부상이나 기본적인 치료, 의약품 그리고 장비 부족으로 사망한다'라고 주장한다.[31]

## 인프라 경쟁

헝가리 총리는 이민자들, 특히 기독교인이 아닌 이들을 거부하는 것으로 명성을 쌓았다. 그는 날카로운 철조망을 설치했고, 국경 경비대에 투자했으며, EU법을 어기면서까지 외국인들의 헝가리 입국을 막았다. 하지만 그의 원칙에는 한 가지 예외가 있었다. 2013년, 그는 부유한 중국인들을 유치하기 위한 '거주 채권'을 도입했다. 그 이후 약 1만 명의 중국인들이 이 중부 유럽 국가에 정착했으며 깨끗한 공기, 학교와 대학교 그리고 이 고토(ancient land) 문화의 혜택을 누리고 있다.[32] 빅토르 오르반(Viktor Orbán)의 동기는 중국인들이 '중부유럽(Mitteleuropa)'의 문화와 연결되도록 돕겠다는 바람이 아니었다. 오히려 이는 헝가리를 중국이라는 경제적 거인에 편승시키려는 욕망이었다.

오르반의 목표는 헝가리를 중동부유럽에서 중국의 허브로 만드는 것이었다. 지난 5년간 중국은 헝가리에 30억 달러 이상을 투자했고, 양국 간 교역 규모는 연간 100억 달러로 성장했다.[33] 목표는 단순히 중국이 헝가리에 돈을 쏟아붓게 하는 것뿐만 아니라, 중국의 무역 및 통신 경로와 연결하는 것이었다. 중국 총리와 빅토르 오르반은 부다페스트와 베오그라드를 연결하는 주력 고속철도를 개통했다. 또한 중국의 거대 통신 기업인 화웨이는 지난 10년간 헝가리에서 사업을 운영해 오면서, 2,500명을 고용하고 거의 600개의 현지 공급업체의 서비스를 이용하고 있다.[34] 이러한 투자들은 단순히 돈에 관한 것이 아니다(사실 중국은 폴란드와 다른 서유럽 국가들보다 헝가리에 훨씬 적은 돈을 투자했다). 또한 이들 투자는 서방의 자유민주주의 전통에서 벗어나는 이데올로기적 탈출구이기도 하다.

빅토르 오르반은 26세의 나이에 자유주의 가치를 위한 활동가로서 처음 두각을 나타냈다. 1989년 6월 16일, 그는 부다페스트 영웅 광장(Heroes' Square)에서 자유선거와 소련군 철수를 요구하는 격정적인 연설을 했다. 그날은 임레 너지*와 1956년 헝가리 혁명 순교자들의 이장 행사가 열리던 날이었다. 그는 하룻밤 사이에 '유럽으로의 복귀'를 가장 명료하고 효과적으로 옹호하는 사람 중 한 명이 되었고, 자유주의에 헌신하는 정당을 창당하여 35세의 젊은 나이에 총리 자리에 올랐다. 집권 4년 후, 그는 선거에서 패배했고 거의 10년 동안 야당 생활을 하면서 자신의 세계관을 완전히 바꾸었다.

2010년 오르반이 다시 집권했을 때, 그의 정치적 프로젝트는 유럽을 포용하는 것이 아니라 유럽으로부터 탈출하는 것이었다. 한때 자유주의자였던 그는 자신의 이전 철학의 가장 큰 적으로 스스로를 재창조했다. 그는 빠르게 권력을 중앙집권화했고, 국가 계획과 보호주의를 재도입했다. 그리고 2014년 7월 26일 루마니아의 바일레 투스나드(Băile Tuşnad)[투스나프푸르도, Tusnádfürdő]**에서 한 상징적인 연설을 통해 그의 생각을 구체화했다. '서구적이지 않고, 자유주의적이지 않으며, 자유민주주의가

* 임레 너지(Imre Nagy, 896-1958)는 헝가리의 정치인이자 공산주의 혁명가로 1956년 헝가리 혁명을 상징하는 인물이다. 1956년 10월 헝가리 혁명이 발발하자, 그는 총리로서 바르샤바 조약 기구(Warsaw Treaty Organization) 탈퇴를 요구하면서 헝가리 국민에게 민주적 개혁을 약속했다. 그러나 소련은 군대를 동원하여 혁명을 진압했고, 임레 너지는 체포되었다. 그는 1958년 소련의 압력으로 열린 재판에서 반역죄로 유죄 판결을 받고 처형되었다.

** 바일레 투스나드(루마니아어)와 투스나프푸르도(헝가리어)는 루마니아에 위치한 온천 휴양지의 이름이다. 두 이름은 같은 장소를 가리키며, 각각 다른 언어로 표기한 것이다. 이 지역은 루마니아의 트란실바니아 지방에 위치해 있으며, 온천과 아름다운 자연 경관으로 유명하다. 역사적으로 이 지역은 헝가리와 루마니아 사이에서 영토 변화가 있었기 때문에 두 가지 이름으로 불리고 있다.

아닐 수도 있고, 어쩌면 민주주의조차 아닌 시스템들이 어떻게 국가를 성공으로 이끄는지를 이해하는 것이 최근 사고의 화두가 되고 있다. 오늘날 국제 분석에서 주목받는 국가들은 싱가포르, 중국, 인도, 튀르키예, 러시아이다 ... 우리는 서유럽의 도그마와 결별하고 그들로부터 독립하는 방법을 모색하고 있다 ... 이 거대한 세계적 경쟁에서 말이다[35]라고 그는 말했다.

한때 EU 회원국이 되기 위해 줄을 섰던 많은 국가들이 이제는 중국의 환심을 사려고 애쓰고 있다는 점이 놀랍다. 베이징의 지도자들은 비평화 시대의 두 번째 전장을 파악했다. 즉 글로벌화라는 물리적 인프라를 통한 경쟁이다. 많은 국가들은 자립할 수 없다면, 차선책은 그들의 파트너들이 자신들에게 의존하게 만드는 것임을 이해했다. 모든 길이 로마로 통한다면, 국가들은 로마가 되는 것이 최선이다. 이러한 '비대칭적 상호의존'에 대한 추구는 주요 지역 강대국들 — 러시아, 독일, 브라질, 남아프리카공화국, 나이지리아 — 이 핵심 경제국으로서의 역할을 공고히 하려는 시도를 부추기고 있다. 그러나 중국만큼 '길'이라는 요소를 문자 그대로 받아들인 국가는 거의 없었다.

2013년, 시진핑 주석은 '일대일로(One Belt, One Road)' 프로젝트를 발표했는데, 이후 '일대일로 구상(Belt and Road Initiative)'으로 명칭이 변경되었다. 이는 중국을 방콕과 부다페스트와 같이 멀리 떨어진 도시들과 연결하고 유라시아 연안을 개발하기 위한 것이었다. 일대일로 구상의 원래 약속은 65개 국가와 시장을 연결하는 것이었으며, 그 중심에는 중국이 모든 접촉 흐름의 허브가 되는 것이었다. 중국은 1조 달러를 투자하겠다고 약속했는데, 이는 마셜 플랜의 약 7배에 해당한다.[36] 중국의 민족주의 사상가 옌쉐퉁은 '강대국이 부상하려면 그 주변부의 지지가 필요하다'라고 주장한다. 일대일로 구상은 중국의 잉여 생산 능력을 수출하는 동시에 원자재와 수출 시장에 대한 접근성을 확대하는 것을 목표로 하는 중국의 가장 야심 찬 인프라 프로젝트이다. 중국이 인프라 외교를 완벽하게 해냈다는 것은 놀라운 일이 아니다. 즉 인구 100만 명 이상의 도시가 160개가 넘는 중국(유럽은 35개)은 역사상 그 어떤 강대국보다도 더 빠르게 더 많은 인프라를 구축하는 방법을 터득해야만 했다.

인프라를 통한 국제 통합에 대한 중국의 접근 방식은 EU와는 매우 다르다. EU도 대륙 전역과 주변국들과 인프라를 구축했지만, 그 목표는 항상 권력 정치를 없애려는 것이었다. 특히 독일은 지역 통합을 통해 주변국들의 두려움을 완화하고자 했다. 베를린은 유로 창설과 글로벌 공급망 인프라의 구축이 다른 국가들로 하여금 자신들이 독일의 주변부로 전락했다고 느끼게 하는 인식과 씨름해 왔다(이는 3장에서 살펴본 바 있다). 하지만 중국은 반대로 권력 투사를 새로운 인프라 프로젝트의 명시적 목표 중 하나로 보는 것 같다. 중국은 정치적 충성과 호의를 사기 위해 인프라와 원조 제공을 활용한다.[37] 이러한 시도들은 베이징의 많은 주변국들을 우려하게 만들고 있는데, 이들은 중국의 일대일로 프로젝트가 나중에 악용될 수 있는 의존성을 만들어 낸다고 걱정하고 있다. 한편으로는 부채 외교에 대한 두려움이 있다. 즉 중국이 인프라 건설을 위해 이들 나라에 막대한 거액을 대출해 주고, 이들이 불가피하게 상환에 어려움을 겪을 때 정치적 양보를 요구하는 방식이다. 중국과 라오스를 잇는 철도의 비용은 라오스 연간 예산의 80%를 차지하며, 이로 인해 라오스는 중국의 지원에 크게 의존하게 되었다.[38] 보다 전통적인 안보 두려움 또한 있다. 즉 신발과 티셔츠로 가득 찬 운송 컨테이너가 쉽게 중국에서 대륙으로 탱크와 군인들을 보낼 수 있다는 것이다. 제2차 세계대전 당시 일본의 철도 수송에 대한 기억이 아시아 전역에 여전히 남아 있다.[39]

코로나-19가 전 세계를 강타하고 많은 경제가 위기에 빠지면서 중국의 인프라 프로젝트들도 어려움을 겪었다. 일부 국가들은 부채 상환에 어려움을 겪었고, 중국 기관들은 대출을 중단했다.[40] 베이징이 개발도상국의 부채 위기를 헤쳐 나가는 과정에서 정치적, 경제적 위험에 대한 접근 방식을 재평가할 것이 틀림없지만, 시진핑의 대표적 프로젝트는 한 세대를 아우르는 것으로 여겨지고 있다. 더욱이 물리적 인프라 프로젝트들이 심지어 중단된 상황에서도, 베이징은 아래에서 살펴볼 것처럼 일대일로의 디지털 측면에 에너지를 재집중하고 있다.[41]

헝가리가 자국을 중국과 결속시키는 전략은 지정학적 선택지를 모색하려는 시도의 일환이다. 오르반은 유럽의 거대한 '주변부'의 일부로서 자국의 위치에 의존하기보다는 작은 '핵심부'가 되기를 원한다. 중국의 영향권에 합류함으로써, 그는 독일의 영향력을 견제할 수 있다고 생각한다. 그러나 그는 아마도 중국 군대를 두려워할 필요는 거의 없지만, 결국 중국의 주변부로 전락하면서 주권을 상실할 수도 있다.

## 디지털 세계의 무기화

인프라가 전통적인 경제에서 무기화되고 있다면, 인터넷은 새로운 기술 전쟁의 최일선이 되었다. 불과 몇 년 만에 인터넷은 지구촌을 하나로 묶는 궁극적인 통합자에서 '완벽한 무기'로 간주되었다.[42] 중국과 미국 사이에 여러 기술 전쟁이 벌어지고 있으며, 이는 연결성의 기술을 세계를 분열시키는 기술로 바꾸고 있다.

첫 번째는 사이버 보안을 둘러싼 전투로, 미국의 국가안보국과 중국의 공안부가 맞서고 있다. 두 번째는 기업 초강자들 간의 주도권 경쟁으로, 미국의 거대 기술 기업들(구글, 애플, 페이스북, 아마존, 마이크로소프트)과 중국의 신흥 강자들(바이두, 알리바바, 텐센트, 샤오미)이 맞서고 있다. 이 갈등은 하드웨어(칩, 5G 등)와 소프트웨어(인공 지능, 알고리즘, 데이터) 모두를 포함하는데, 이는 아이디어, 지식재산권 그리고 특허의 흐름을 좌우한다. 세 번째 전투는 교전 규칙을 둘러싼 것으로, 인터넷을 서로 다른 세계로 분할시켰다. 시간이 지날수록 이러한 다툼들은 서로 얽히고설키면서 더 많은 분열, 갈등 그리고 '비평화'를 초래하고 있다.

예전에는 '선한' 자와 '악한' 자, '공정한' 경쟁과 '불공정한' 경쟁이 존재했다. 모두가 규칙을 알고 있었다. 하지만 이제는 상황이 달라지고 있다. 과거에는 세계를 통합했던 과학과 기술이 미래에는 가장 분열적인 영역이 되고 있다. 주화(Zhu Hua)라는 남자와 우시평(Wu Xifeng)이라는 여자, 이 두 기술 리더의 이야기만 봐도 알 수 있다.

주화는 갓 킬러(God Killer)라는 해커명으로 활동하는 것을 좋아하지만, FBI의 '지명 수배자' 페이지에 올라온 그의 흐릿한 사진들은 그가 니체적인 외모(nietzschean appearance)와는 거리가 멀다는 인상을 준다. 그의 통통한 얼굴과 돼지 같은 이목구비가 다양한 표정으로 일그러져 있다. 그중 한 사진에서는 그가 입을 크게 벌리고 음식을 쑤셔 넣고 있는 모습이 찍혀 있다. FBI는 그가 정크 푸드만큼이나 데이터에도 탐욕스럽다고 주장한다. 즉 그는 12년 동안 수백 기가바이트의 민감한 정보를 빼돌려 저장했다고 한다. 그래서 FBI는 그를 법정에 세우는 이례적인 조치를 취했다. 뉴욕 남부 지방법원 대배심은 그를 '컴퓨터 불법 침입, 텔레뱅킹 사기 및 악의적인 신분 도용을 위한 공모' 혐의로 기소했다.[43]

주화는 '스톤 판다', '레드 아폴로', '클라우드 호퍼', '포타슘' 등의 이름으로 활동한 해킹 그룹의 주요 구성원으로 알려져 있다. 이 그룹의 구성원들은 베이징에서 남쪽으로 80km 떨어진 2선 대도시 톈진(Tianjin)의 한 회사에서 일하고 있다고 주장한다. 하지만 FBI는 이 회사가 중국 국가안전부의 위장 조직이라고 생각한다.[44] 스톤 판다의 해킹 활동은 광범위한 악의적인 행위를 포함하며, 그들의 무모한 행위는 정교하고 대담한 것으로 인정받고 있다.

대배심 기소장에 따르면, 주화는 브라질, 캐나다, 핀란드, 프랑스, 독일, 인도, 일본, 스웨덴, 스위스, 아랍에미리트, 영국, 미국의 최소 45개 상업 및 방위 기술 회사로부터 지식 재산을 도용한 혐의로 기소되었다. 그는 또한 미국 해군부의 컴퓨터 시스템을 손상시키고 10만 명 이상의 해군 인력(전체 대원의 거의 1/3)의 개인정보를 도용한 혐의로 기소되었다.

그가 염탐한 대부분의 분야 — 항공, 우주, 위성, 제조, 석유 및 가스 탐사, 컴퓨터 프로세서 — 는 중국 정부 산업 계획의 핵심에 해당한다. '지난 7년 동안 법무부가 경제 스파이 혐의로 기소했던 사건의 90% 이상이 중국과 관련이 있다'라고 로드 로젠스타인(Rod Rosenstein) 전 법무부 차관은 기소 내용을 설명하는 기자회견에서 말했다. '법무부의 영업 비밀 도용 사건의 2/3 이상이 중국과 연관되어 있다.[45]

미국 정부는 감시에 대해 매우 잘 알고 있다. 에드워드 스노든은 미국 국가안보국이 어떻게 인터넷을 거대한 감시꾼의 전당으로 만들었는지 보여주었다. 가장 중요한 인프라는 세계를 연결하는 광섬유 케이블 네트워크이다. 대륙 간 트래픽의 약 97%가 단 300개의 케이블을 통해 이루어진다.[46] 9·11 이후 미국은 미국 네트워크를 통과하는 데이터를 흡수하기 위해 '스텔라윈드' 프로그램*을 구축했다. 국가안보국 국장 마이클 헤이든(Michael Hayden) 장군은 '이것은 우리에게 홈 게임이다. 이 중 많은 부분이 워싱턴주 레드먼드를 통과한다는 이점을 활용하지 않을 이유가 있을까? 지구상에서 가장 강력한 통신 및 컴퓨팅 관리 구조를 수

* 스텔라윈드(STELLARWIND) 프로그램은 2000년대 초반 시작된 미국의 국가 안보와 관련된 기밀 프로젝트이다. 이 프로그램은 주로 미국 국가안보국의 감시 및 데이터 수집 활동과 관련되어 있다. 해당 프로그램의 목적은 국가 안보 위협을 조기에 탐지하고, 해외 및 국내의 잠재적 위협에 대응하는 것이다. 2005년 스노든의 폭로로 인해 스텔라윈드의 감시 활동이 대중의 주목을 받았고, 이에 대한 논란이 제기되었다. 미국 정부는 해당 프로그램이 국가 안보를 위해 필요하다고 주장했다. 하지만 개인정보보호와 자유를 중시하는 입장에서는 논란의 여지가 상당했다.

리가 사용하지 않을 이유가 있을까?'라고 말했다. 그는 마이크로소프트 본사를 언급한 것이었지만, 그의 활동은 AT&T도 대상으로 삼았고 실제로 케이블에서 직접 데이터를 수집하는 데 성공했다. 이는 기업들에게 허가를 요청할 필요조차 없게 만들었다.[47]

FBI의 우려는 지식 재산 도용과 감시에만 국한되지 않는다. 그들은 생명과 안전에 대한 위협도 우려하고 있다. 그들은 4장에서 본 스턱스넷 웜과 같은 사이버 공격이 얼마나 큰 피해를 줄 수 있는지 잘 알고 있다. 그래서 그들은 자신들이 공격의 희생양이 될까 봐 매우 걱정하고 있다. 경제적 동기의 공격조차도 우발적으로 사람을 죽일 수 있다. 예를 들어, 2017년 5월 러시아의 랜섬웨어 '워너크라이' 공격*은 기업들로부터 돈을 갈취하기 위해 설계되었지만, 그 성공의 부산물로 영국 국민건강서비스(NHS)의 전자 인프라 대부분을 마비시켰다. 그 결과 거의 20,000건의 예약이 취소되었고, 600개의 일반의 진료소가 펜과 종이로 되돌아가야 했으며, 5개 병원은 더 이상의 응급 환자를 치료할 수 없어 구급차를 다른 곳으로 돌려보내야 했다.[48]

* 워너크라이(WannaCry)는 2017년 5월 전 세계적으로 큰 피해를 일으킨 랜섬웨어 공격이다. 이 공격은 빠르게 확산되어 수많은 조직 및 개인 데이터를 암호화했고, 이를 해제하는 대가로 금전을 요구했다. 워너크라이는 감염된 시스템의 파일을 암호화하여 사용자에게 접근할 수 없게 만들었다. 사용자는 파일을 복원하기 위해 비트코인으로 금전을 지불해야 했다. 워너크라이는 150개국 이상에서 30만 대 이상의 컴퓨터를 감염시켰다. 감염된 시스템에는 병원, 기업, 정부 기관 등이 포함되었다. 피해 규모는 수억 달러에 달하는 것으로 추정된다. 워너크라이는 사이버 보안 분야에서 중요한 이정표가 되었으며, 사이버 공격의 범위와 피해 가능성에 대한 인식을 높이는 계기가 되었다.

요즘은 물리적 인프라만큼이나 정치학과 심리학에도 많은 관심이 쏠리고 있다. 미국은 러시아의 2016년 대선 해킹 시도('그리즐리 스텝'*으로 알려진 조직적 활동)와 모스크바가 정치적 허위 정보를 퍼뜨리기 위해 지원한 가짜 뉴스 공장에 주목하고 있었다. 하지만 스톤 판다와 같은 중국 그룹들은 그 이전에도 비슷한 작전을 수행하고 있었다. 2016년 3월 필리핀 선거위원회에 대한 대규모 사이버 공격(7천만 유권자의 정보 도용)과 일본 및 대만의 반중 정당들에 대한 공격을 감행했다.[49] 2016년 이후, 12억 인구를 대표하는 20개국의 국내 선거에 개입하려는 시도가 있었다.[50] 비록 많은 해킹이 명시적인 목표를 달성하는 데 그다지 효과적이지 않았지만, 종종 민주적 국민들이 개입을 두려워하고 그 결과를 불신하게 만드는 더 광범위한 목표를 달성했다. 일부 사례에서는 허위 정보의 확산이 진실 그 자체의 개념을 훼손할 수 있다.

서구 사회는 다층적인 공격에 점점 더 취약해지고 있다고 느낀다. 미국의 사이버 전문가들은 개인이나 소규모 집단이 미국의 전력망 전체를 무너뜨리거나, 영국의 트라이던트 핵잠수함 한대를 무력화하거나, 금융업계를 혼란에 빠뜨릴 수 있다고 경고한다. 그리고 허위 정보의 사용은

* 그리즐리 스텝(Grizzly Steppe)은 2016년 12월 미국 정부가 공개한 러시아 정부와 연계된 사이버 공격을 지칭하는 코드명이다. 이 공격은 2016년 미국 대선과 관련하여 민주당의 이메일과 내부 문서가 해킹되어 공개된 사건과 관련이 있다. 그리즐리 스텝은 현대 사이버 전쟁의 복잡성과 사이버 공격의 정치적, 외교적 영향을 잘 보여주는 사례로 평가되며, 사이버 보안, 정보 전쟁 그리고 국가 간의 사이버 전쟁의 중요성을 인식시키는 계기가 되었다.

이미 불안에 떨고 있는 국가에 공포를 확산시킬 수 있다.[51]

그러나 다른 기술 리더인 우시펑(Wu Xifeng)에게 일어난 일은 아마도 미래의 디지털 경쟁에 더욱 중대한 결과를 가져올 것이다. 우 교수는 미국 컴퓨터에 바이러스를 퍼뜨리는 대신 암 치료법을 찾고자 했다. 그녀는 56년의 생애 중 27년을 텍사스 대학교 MD 앤더슨 암센터에서 근무했다. 그곳에서 그녀는 공중보건 및 응용유전체학 센터의 책임자였다. 그녀는 귀화한 미국 시민이었고, 540편의 논문을 발표한 모범적인 연구자였다. 그녀가 개척한 국제 협력 — 모국인 중국의 대학 및 병원들과의 협력을 포함하여 — 은 '텍사스, 미국 그리고 세계의 암 퇴치'라는 MD 앤더슨의 사명을 구현한 것으로 여겨졌다. 하지만 그녀의 접근 방식은 과거의 세계에서 온 것이었고 새로운 교전 규칙과 충돌했다. 누구도 그녀가 다른 사람의 아이디어를 훔쳤다고 비난하지 않았다. 그녀가 저지른 죄는 '중국의 암 연구를 비밀리에 지원하고 방조한 것'이었다. 비록 공식적인 기소는 이루어지지 않았지만 — 그녀가 중국에 어떤 독점적 정보를 제공했다는 증거도 제시되지 않았지만 —, 우는 조사를 받는 동안 무급 휴직 처분을 받았다. 결국 그녀는 2020년 1월 조용히 사임했다.

수십 년 동안 장려되었던 업무 방식들이 이제는 범죄화되고 있다. FBI 요원들은 개인 이메일을 읽고 중국계 연구자들에게 충성도 테스트를 실시하며, 심지어 공항에서 그들을 체포하기도 한다. 이 새로운 접근 방식 이면의 철학을 FBI 국장 크리스토퍼 레이(Christopher Wray)가 제시했다. 그는 중국 정보기관이 지식 재산을 도용하기 위해 자유롭게 모든 수단 — 국영기업, 학생, 연구원 그리고 표면적으로는 민간 기업을 포함한 — 을 동원하고 있다고 주장했다.[52] '중국은 우리를 희생양 삼아 경제 사다리를 훔쳐 올라가려는 결심을 한 것 같다'라고 그는 말했다. 더 나아가 냉전이 군대와 정부가 싸웠던 반면, 새로운 경쟁은 중국 측에서 사회 전체가 참여하는 방식으로 벌어지고 있다고 그는 의혹을 제기했다. 그는 이제 미국도 자체적인 '사회 전체'의 대응이 필요하다고 주장했다. 오늘날 워싱턴 DC에서는 불법 해킹에 대한 우려가 5G, 인공 지능, 양자 컴퓨팅, 블록체인과 같은 분야에서 중국의 합법적인 추격에 대한 우려로 초점이 옮겨갔다.

또한 중국이 디지털 실크로드를 통해 많은 기술을 수출하고 글로벌 표준과 규범을 형성하는 방식에 대해서도 많은 우려가 커지고 있다.[53] 베이징은 19세기 독일 산업가 베르너 폰 지멘스(Werner von Siemens)의 '표준을 소유한 자가 시장을 소유한다'라는 주장에서 영감을 받았다. 그 결과 중국은 국제전기통신연합, 국제표준화기구, 국제전기기술위원회와 같은 글로벌 표준 제정 기관의 리더십을 맡기 위해 고위급 관리들을 파견했다.[54] 2019년 기준으로 중국은 49개국 및 지역과 85건의 표준화 협정을 체결했다.[55] 2019년 파키스탄에 있었을 때, 나는 중국 정부가 주요 대도시에 안면 인식과 감시를 도입하는 '안전 도시' 프로젝트를 실행하고 있다는 소식을 들었다. 이 사업은 센스타임과 같은 중국 기업들과 그 경쟁사에게 하청을 주었다. 중국 정부는 아제르바이잔에서 짐바브웨에 이르기까지 전 세계 많은 국가에 인공 지능과 감시 기술을 수출했다. 더 나아가 중국 정부는 36개국의 미디어 관계자들을 초청해 자국의 광범위한 검열 및 감시 시스템에 대한 3주간의 세미나를 개최하기도 했다. 프리덤 하우스(Freedom House)에 따르면, 약 40개국이 중국 기업들에 자국의 통신 인프라 구축을 의뢰했다. 우려되는 점은 많은 국가들이 중국 기술을 '관리형 인터넷'이라는 비전과 결합하여 언론의 자유를 금지하고 데이터를 자국 내에 보관하여 정부가 이를 감시용으로 사용할 수 있도록 한다는 것이다.[56]

오랫동안 국경을 초월한 비영토적 글로벌 온라인 공유지로 상상되었던 인터넷은 이미 국가별 또는 지역별로 종종 상충되는 규칙들로 가득 찬 미로가 되어가고 있다. 학계에서는 인터넷에 대해 몇 가지 상반된 조직 철학이 존재하고 있음을 확인했다.[57] 실리콘밸리의 초기 창립자들은 투명한 표준과 이동 가능한 기술을 갖춘 개방형 인터넷을 선호했다. 하지만 오늘날 이는 감시와 식별 기술을 통해 잠재적 범죄자, 테러리스트 또는 반체제 인사를 표적으로 삼아 사회적 결속과 안보를 보장하는 데 기여하는 중국식 인터넷과 경쟁하고 있다. 인터넷에 대한 미국의 태도는 진화했으며, 이제는 주로 상업적인 태도를 취하고 있고, 온라인 데이터를 수익 창출을 위한 상품으로 취급하면서 다른 이들의 사용은 배제하고 있다. 이와 대조적으로, 유럽인들은 엄격한 개인정보보호법을 통해 트롤링*과 악의적인 행동을 최소화하는 '부르주아 인터넷(bourgeois

* 트롤링(trolling)은 인터넷에서 사람들을 의도적으로 자극하거나 혼란스럽게 만드는 행위

internet)'을 만들려고 노력하고 있다. 또 다른 철학은 — 러시아가 주도하는 — 인터넷을 경쟁국들의 취약점으로 보고, 이를 허위 정보와 해킹에 악용할 수 있다는 것이다.

## 대규모 이주라는 무기

'아일란 아기*의 시신을 수습한 것도, 300만 명의 난민을 먹여 살린 것도 당신들이 아니다.' 2015년 이주 위기가 한창일 때, 레제프 타이이프 에르도안이 당시 유럽위원회 위원장에게 한 말이다. '5만 명의 난민이 국경에 있었을 때, 당신들은 겁에 질려 "튀르키예가 국경을 열면 어쩌지?"라고 말했다. 지금 나를 보라. 만약 당신들이 더 나아간다면, 이들 국경이 열릴 것이다.'[58] 에르도안은 튀르키예에 온 300만 명의 절박한 난민들을 주변국들에 대한 자신의 권력을 강화하기 위한 협상 카드로 여겼다. 그는 마키아벨리적인 정치 게임에서 EU가 자신의 요구를 받아들이지 않으면 국경을 개방하고 버스로 난민들을 EU로 보내겠다고 위협한 것으로 알려졌다.[59] 튀르키예 대통령은 EU를 성공적으로 압박해 난민 협정에 합의하도록 했고, 이를 통해 튀르키예는 60억 유로, 비자 자유화

를 의미한다. 이 용어는 주로 소셜 미디어, 댓글 등에서 부정적이거나 논란이 될 만한 콘텐츠를 게시하여 다른 사람들의 반응을 유도하는 행동을 말한다.

* 아일란 쿠르디(Aylan Kurdi)는 난민 위기의 비극적인 상징이다. 2015년에 튀르키예 해변에서 발견된 시신 사진은 시리아에서 분쟁을 피해 이주하는 난민들이 직면한 위험을 그대로 보여주었다. 아일란의 가족은 지중해를 건너 유럽으로 가려 했으나, 그들이 탑승한 배가 전복되면서 여정은 비극으로 끝났다.

그리고 EU 회원국 가입을 위한 단계를 밟게 되었다.

에르도안이 이런 방식의 협박을 통해 이주민과 난민을 이용한 첫 정치인은 아니다. 이주 전문가들은 1951년 난민협약이 발효된 이후 75건 이상의 이주 흐름을 도구화하려는 시도를 확인했는데, 이는 매년 한 건 이상이었다.[60] 이러한 움직임에 이용된 난민의 수는 수천 명(1994년 폴란드 망명 신청자)에서 1,000만 명 이상(1971년 동파키스탄인)에 이르기까지 다양하다. 리비아의 독재자 무아마르 카다피(Muammar Gaddafi)는 2010년 유럽으로 향하는 이주민들을 막기 위해 40억 유로를 지불하지 않으면 '유럽을 검게 만들겠다(turn Europe black)'라고 협박한 것으로 악명이 높다.[61] (카다피는 2004년, 2006년, 2008년에 이 도구를 성공적으로 사용했고, 그가 축출된 후에도 리비아 군벌들이 다시 사용했다.)

카다피가 이 위협을 여러 차례 사용한 것은 놀랄 일이 아니다. 연구에 따르면, 이주의 무기화는 특히 효과적인 도구라는 사실이 밝혀졌다. 이러한 역사적 사례의 거의 3/4에서, 강압자들은 최소한 자신들이 표명한 목표의 일부를 달성했고, 절반 이상에서는 그들이 원하는 모든 것을 달성했다. 이는 국가 차원의 영향력을 행사하는 이 도구가 전쟁이나 제재보다 더 효과적임을 보여준다.[62] 이주는 특히 약자가 강자에 대항하는 데 효과적인 무기이다. 쿠바, 아이티, 멕시코와 같은 나라들이 군사력으로 미국을 위협할 방법은 없다. 그들의 인구학적 시한폭탄은 실제 폭탄보다 더 설득력이 있었다.[63]

글로벌 이주는 지난 50년 동안 거의 3배 증가했다.[64] 현재 약 2억 4

천만 명이 자신들의 출생 국가 밖에서 살고 있다. 이는 세계에서 다섯 번째로 큰 국가를 형성할 수 있을 정도로 충분한 규모이다.[65] 일부 국가들은 이주를 도구화할 수 있는 잠재력을 깨닫고 이주의 관문을 권력의 원천으로 전환했다. 그들은 '생성자(Generators)', '신식민주의자(New Colonialists)', '중개자(Go-betweens)' 그리고 '통합자(Integrators)'라는 서로 다른 접근 방식을 개발했다.

첫 번째 그룹인 **생성자**는 이주를 무기로 사용하기 위해 이를 적극적으로 설계한다. 시리아 전쟁 동안, NATO의 유럽 최고 연합군 사령관을 역임한 미국의 필립 브리들러브(Philip Breedlove) 장군은 러시아가 시리아의 병원과 기타 민간 시설을 고의적으로 폭격하여 난민들을 유럽으로 몰아넣고 있다고 비난했다.[66] 러시아는 또한 자국에 거주하는 다수의 구소련 국가 출신 사람들을 이용해 그들의 출신 국가를 협박했다. 예를 들어, 2014년 타지키스탄 정부가 모스크바의 유라시아경제연합 가입을 거부할 경우, (고국에 거액을 송금한) 수백만 명의 타지키스탄 정착민들에 대한 비자를 제한하겠다고 위협했다.[67] 훨씬 덜 폭력적인 방식으로, 전 영국 총리 테레사 메이(Theresa May)는 브렉시트 협상에서 처음에는 영국 내 EU 이주민들의 체류권을 보장하지 않았다. 이를 통해 그녀는 300만 명의 본국 송환자들로 EU를 간접적으로 위협했다.

두 번째 범주인 **신식민주의자**는 자국민의 타국으로의 이민을 장려하고 이러한 인적 유대를 통해 지정학적 영향력을 행사한다.[68] 18세기와 19세기에 유럽 출신의 정착민들이 고국의 이익을 위해 전 세계로 퍼져 나갔던 것처럼, 21세기의 가장 이동성이 높은 시민들은 고국이 국경을 넘어 시장 및 기술에 대한 접근과 정치적 발언권을 확보할 수 있도록 돕고 있다. 예를 들어, 전 세계에는 수천만 명의 중국 디아스포라가 있으며, 아프리카에만 100만 명 이상이 정착했다. 그리고 이들 이주민 중 일부가 중국으로 돌아갈 때, 그들이 습득한 기술과 지식은 전문적으로 활용된다. 즉 우리가 센스타임의 전직 마이크로소프트 직원들의 사례에서 보았듯이 말이다. 소위 '바다거북이'라 불리는 이 귀환 이주민들은 중국의 기술 산업을 지배하고 있다.

또 다른 대륙 규모의 국가인 인도 역시 약 2천만 명의 인도 시민으로 구성된 디아스포라를 가지고 있으며, 이들은 매우 성공적이고 초연결로 이어져 있다. 실리콘밸리 기업 10곳 중 1곳은 인도 태생의 기업가들이 설립했다. 구글과 마이크로소프트의 최고경영자들은 인도인이다. 예를 들어, 인텔 펜티엄 프로세서의 발명자와 모토로라의 최고기술책임자도 인도인이다. 이것이 인도에 어떤 이익을 가져다줄까? 우선, 인도는 매년 580억 달러의 송금을 받는다. 이는 전 세계에서 가장 높은 수치이며 인도 GDP의 거의 4%에 해당하는 금액으로, 교육에 지출하는 비용보다 많다. 그리고 인과관계를 증명하는 것은 불가능하지만, 인도인의 미국 유입은 또한 양국의 지정학적 방향 전환과도 일치했다. 2005년 미국이 뉴델리의 핵 야망을 인정한 역사적인 협정은 인도와 파키스탄 사이에서 등거리 정책을 취하던 미국의 정책이 끝났음을 의미했다.

세 번째 그룹은 에르도안 대통령처럼 **'중개자'**이다. 이들은 이주 공포

중이 있는 주변국들로부터 양보를 얻어내기 위해 자신들의 지리적 위치를 이용하는 국가들이다. 이들은 스스로 이주 흐름을 만들지는 않지만, 자신들에게 유리하도록 국경을 여닫음으로써 권력을 행사한다. 쿠바는 최근 역사에서 미국을 상대로 여러 차례 이러한 역할을 수행했다. 가장 유명한 사례는 1980년 마리엘 긴급 해상수송*으로, 당시 125,000명의 쿠바인이 플로리다에 도착했다(이들 중 상당수는 교도소와 정신병원에서 석방된 사람들이었다). 니제르 — 전체 서아프리카 이주민의 90%가 이탈리아로 가는 길에 거치는 주요 경유지 — 는 최근 EU 원조 예산에서 6억 유로를 얻어내는 데 성공했다. 중개자들의 권력은 보통 갑작스럽게 나타나지만, 그들은 지리의 영향을 받기 쉽고 자신들의 권력이 급증하는 시기를 통제할 수 있는 여지가 거의 없다.

네 번째 그룹은 **'통합자'**이다. 이들은 이주의 흐름을 받아들이는 쪽에 있으며 이를 자신들에게 유리하게 활용하는 방법을 알고 있다. 21세기의 모든 반이민 수사에도 불구하고, 이주민들은 특히 선진국 경제에

* 마리엘 긴급 해상수송(Mariel boatlift)은 1980년 쿠바에서 발생한 대규모 이민 사건으로, 약 125,000명의 쿠바인이 미국으로 이주했다. 이 사건의 이름은 쿠바의 마리엘 항구에서 유래했다. 1980년 4월, 약 10,000명의 쿠바인이 아바나에 있는 페루 대사관으로 난입해 망명을 요청한 사건이 발생했다. 이에 피델 카스트로(Fidel Castro) 정부는 마리엘 항구를 통해 원하는 모든 이들이 쿠바를 떠날 수 있다고 발표했다. 이 발표 후, 쿠바계 미국인들이 플로리다에서 배를 타고 쿠바로 건너가 가족과 친구들을 데려오기 시작했다. 그 결과, 1980년 4월부터 10월까지 약 125,000명의 쿠바인이 마리엘 항구를 통해 미국으로 이주했다. 이들 대부분은 플로리다주 마이애미에 도착했다. 마리엘 긴급 해상수송은 미국 사회에 큰 영향을 미쳤다. 이주민의 급증은 마이애미 지역의 인구 구조와 경제에 상당한 변화를 초래했다.

서 글로벌 생산성의 주요 동력이다. 이주민들은 전 세계 인구의 3.4%에 불과하지만, 연간 7조 달러 — 전 세계 GDP의 거의 10% — 를 창출한다.[69] 더 생산적인 지역과 직업으로 이동함으로써, 이주민들은 출신 국가에 있을 때보다 글로벌 GDP에 더 많이 기여한다. 훨씬 더 많이 기여할 수도 있다. 맥킨지(McKinsey)는 목적지 국가에서 통합이 더 잘 되었다면 연간 최대 1조 달러의 추가 생산이 가능할 것으로 추정한다.[70] 맥킨지 글로벌 연구소(McKinsey Global Institute) 보고서에 따르면, 통합을 제대로 수행하는 국가들에게는 막대한 경제적 이익이 있다고 한다.[71]

도서관에는 전 세계에서 가장 뛰어난 인재들을 미국 시민으로 변모시키는 능력이 미국에 어떤 혜택을 주었는지에 대한 기록으로 가득 차 있다. 앙골라와 브라질은 이제 두뇌 유출을 역전시켜 과거 식민 지배국이었던 포르투갈로부터 대규모 이민을 받아들이고 있다.

그러나 최근 가장 눈길을 끄는 두 가지 통합 실험은 중동에서 이루어졌다. 바로 이스라엘과 소위 이슬람국가(Islamic State, IS)이다. 이스라엘은 50년 만에 인구가 9배로 증가한 유일한 국가이다. 아마도 이스라엘은 그곳으로 이주하는 것을 의미하는 단어 — '알리야(Aliyah)' — 를 가진 최초의 국가일 것이다. 이주민은 무료 편도 항공권, 어학 수업 그리고 실질적인 지원을 제공하는 '알리야 컨설턴트'*라는 정부 인프라의 지원을

* 알리야 컨설턴트(Aliyah consultants)는 유대인이 이스라엘로 이주하는 과정을 돕는 전문가 또는 기관을 말한다.

받는다. 이스라엘이 어떻게 디지털 '스타트업 국가'로 자신을 재발명했는지 보여주는 책은 다음과 같은 질문을 던진다. 즉 '어떻게 이스라엘 — 710만 명의 인구, 60년밖에 안 된 역사, 적들에 둘러싸여 있고, 건국 이래 끊임없는 전쟁 상태에 있으며, 천연자원이 없는 나라 — 이 일본, 중국, 인도, 한국, 캐나다, 영국과 같은 크고 평화롭고 안정적인 국가들보다 더 많은 스타트업 기업들을 배출할 수 있었을까?'[72] 그 답은 이민이다.

이 비교를 양측 모두 달갑게 여기지는 않겠지만, IS가 폭격으로 궤멸되기 전까지 보여준 급격한 세력 확장은 이스라엘의 사례로부터 많은 교훈을 얻은 것이었다. IS 또한 그곳으로 이주하는 것을 의미하는 단어 — '히즈라(Hijra)' — 를 채택했다. 이는 '타국으로의 이민'을 의미하는 아랍어 단어로, 예언자 무함마드(Muhammad)가 암살자들이 자신을 죽이려 했던 메카에서 메디나로 탈출했던 역사적인 사건을 연상시킨다. 소위 IS는 그 누구도 실제 국가로 인정하지 않았고, 결국 군사적으로 패배했다. 하지만 IS는 수개월 동안 가장 성공적인 이주 수용국 중 하나였다. 수판 그룹(Soufan Group)에 따르면, 86개국에서 27,000~31,000명의 사람이 시리아와 이라크로 이주했다고 한다.[73] 그리고 이는 IS에 충성을 선언한 주변 지역 내 모든 집단과 IS에 영감을 받았다고 주장하는 서방 주요국의 개인들을 계산하기 이전의 수치이다. 모든 역경에도 불구하고, IS는 기능적인 원형(原形)-국가를 건설할 수 있었다(국기, 통화, 행정 구조, 경찰까지 갖추었다). 또한 IS는 넓은 영토를 확장하고 방어할 수 있었으며(한때 IS는 34,000 평방마일 이상의 영토를 통치했다.[74]), 수입을 창출할 수 있었고(세금, 석유 수출, 갈취 등), 더 많은 이주민들의 유입을 장려할 수 있었다('유명인' 전사들, 선전 비디오, 소셜 미디어의 사용을 통해서 말이다).[75] 미국, 러시아, 이란, 이스라엘 그리고 사우디아라비아를 하나로 만들어 적으로 돌렸음에도 불구하고, IS가 그토록 오래 생존한 것은 놀라운 일이었다.

이주 초강대국들은 글로벌 경제와 정치에 큰 영향을 미쳤다. 무역 글로벌화의 혜택을 가장 먼저 받은 부유한 국가들은 'G7'이라는 그룹으로 뭉쳤다. 그러나 G7 외의 다른 국가들 — 중국, 인도, 이스라엘, 리비아, 니제르, 러시아, 튀르키예 — 은 이주를 이용해 자신들의 영향력을 키웠다. 이들은 'M7'이라고 불릴 수 있다. 타국으로의 이민, 이민 유입, 그리고 사람들의 흐름에 대한 통제는 이제 권력의 통화*가 되었다. M7의 선례를 따르고 이 새로운 시대에 적응하는 국가들은 자신들의 지정학적 영향력을 대폭 키울 수 있을 것이다.

## 법률전쟁

연결된 세계에서, 우리는 기후 변화와 같은 문제를 해결하기 위해 함께 협력하는 것 이외의 선택지는 없다. 결국 우리가 숨 쉬는 공기, 마시는 물, 그리고 우리가 살고 있는 기후보다 더 연결된 것이 있겠는가? 우주여행을 탐험하려는 슈퍼리치들의 최선의 노력에도 불구하고, 아직 '행성 B'는 존재하지 않는다. 세계 곳곳의 글로벌리스트들이 품은 큰 희망

* 문맥상 권력의 통화(currencies of power)는 권력의 수단 또는 자원을 의미한다.

은 기후 변화가 국가 지도자들을 사소한 경쟁에서 깨어나게 하고 그 대신 그들의 관심을 지구의 미래를 보호하는 데 집중하도록 만드는 것이었다.

2018년 십대 활동가 그레타 툰베리(Greta Thunberg)는 미래에서 온 특사처럼 세상에 등장해 세계가 자살 행로를 걷고 있다고 경고했다.[76] 그녀가 15세에 시작한 학교 파업은 '멸종 반란'*과 같은 새로운 활동가 운동뿐만 아니라 전 세계의 다른 사람들의 모델이 되었다. 그녀는 인류 파멸을 피하기 위해 개별 국가의 상대적 성과보다는 지구 전체의 운명에 주목하라고 촉구한다. 그녀는 탄소 감축 협정이 개별 국가의 힘보다는 국제법의 지배를 받기를 원한다. 그리고 그녀는 정치적 슬로건보다 과학적 진실에 관심을 둔다. 툰베리는 글로벌 거버넌스에 관한 주장을 새로운 정치 철학의 정수로 삼았다. 글로벌 생존이 위태로운 상황에서는 국가 이익이나 권력 게임을 위한 여지가 있을 수 없다. 그녀가 인정하는 유일한 분배 투쟁은 지구를 운영하는 기성세대와 이를 물려받을 젊은 세대 사이의 투쟁뿐이다. 회색 지대는 없다. 오직 사실과 허구, 행동과 무행동만 있을 뿐이다. 세계가 불타고 있으며, 우리가 이를 구하기 위해 지

* 멸종 반란(Extinction Rebellion)은 기후 변화와 생태계 파괴에 대한 강력한 행동을 촉구하는 국제적인 환경 운동이다. 2018년 영국에서 시작된 이 운동은 비폭력적인 시민 불복종을 통해 정부와 기업들이 기후 위기에 대해 신속하고 결정적인 조치를 취하도록 압박하고 있다. 여기에는 대규모 시위, 도로 점거, 공공장소에서의 퍼포먼스 그리고 기후 위기와 관련된 공공 캠페인 등이 포함된다.

금 당장 행동해야 한다고 그녀는 주장한다.

국제법은 불화하는 국가들 간의 분쟁을 평화롭게 해결하기 위한 방법으로 고안되었다. 냉전 이후, 다자간 기구들은 '윈-윈'이라는 협력의 새로운 시대를 위한 자비로운 감시자로 여겨졌다. 그러나 안보 전문가들은 이후 국제법을 적대적 국가에 대한 무기로 간주하게 되었고 — 이를 '법률전쟁(lawfare)'이라고 부른다 —, 이를 관리하도록 설계된 기관들은 지정학적 경쟁의 중요한 전선이 되고 있다.

국가들이 제도들을 교착 상태에 빠뜨리거나 규칙의 선별적 적용을 추진함으로써 국제 시스템을 약화시키는 많은 사례가 있다. 인도, 러시아, 중국과 같은 신흥 강대국들은 기존 제도들의 사용을 방해함으로써 기성 강대국들을 좌절시키려고 했다. 여기에는 유엔 인권이사회에서 악명 높은 인권 침해자들을 선출하도록 지원하는 것부터, 세계무역기구의 도하 라운드 무역 협상을 방해하거나 유럽안보협력기구의 독립적인 선거 감시 임무 수행을 저지하는 등 여러 사례가 있다. 때로는 그들은 러시아가 '항공 자유화' 협정*을 무시했던 경우나 중국이 남중국해에 대한 국제사법재판소의 영유권 판결을 무시했던 것처럼 아예 기존 제도들의

* 항공 자유화(open skies) 협정은 군사적 투명성과 신뢰 증진을 위한 국제 협정으로 국가들이 서로의 영공을 비행하여 군사 활동을 감시할 수 있도록 허용한다. 이를 통해 해당 협정은 군비 경쟁을 완화하고 국가 간 신뢰를 구축한다. 항공 자유화 협정은 1992년 헬싱키에서 체결된 이후 2002년에 발효되었다. 최근 일부 국가들은 협정의 준수 문제나 정치적 이유로 협정에서 탈퇴하거나 이를 비판하고 있다.

결정을 무시하기도 했다.

신흥 강대국들은 — 서방 주요국에서 이에 이의를 제기하고 있지만 — 미국과 그 동맹국들 역시 점점 더 자신들에게 규칙의 예외를 요구하면서 이러한 행태를 답습하고 있다고 주장한다. 예를 들어, 워싱턴은 다른 국가들에게 해양법을 준수하라고 요구하면서도 정작 자신은 관련 유엔 협약을 비준하지 않았다. EU와 미국은 국경과 국가 주권의 불가침성에 관해 이야기하지만, 코소보 개입을 통해 두 규범을 모두 변경하려고 시도했다(이들은 '보호책임'*이라는 개념을 만들어 이를 소급하여 정당화하려 했다).

이러한 보편적인 제도들이 교착 상태에 빠지자, 많은 국가들이 이를 우회하기 시작했다. 포용적이고 보편적인 다자간 프로젝트보다는 경쟁적이고 배타적인 '소규모 다자간' 그룹을 형성하는 것이 글로벌 추세이다. 이러한 그룹들은 공통의 가치 — 또는 적어도 공통의 적대감 — 로 묶여 있으며, 비슷한 발전 수준이 유사한 생각을 가진 국가들로 구성된다.

* 보호책임(responsibility to protect)은 대량 학살, 전쟁 범죄, 인종 청소와 같은 심각한 인도적 위기에 대응하기 위해 개발된 원칙이다. 모든 국가에는 자국민을 보호할 책임이 있다. 만약 한 국가가 자국민을 보호할 수 없거나 의도적으로 학살, 전쟁 범죄, 인종 청소 등 심각한 인도적 위기를 방치하는 경우, 국제 사회는 개입할 책임이 있다. 이 개입은 평화적인 방법을 우선적으로 고려하되, 필요시에는 무력 개입이 포함될 수 있다. 이처럼 보호책임은 국제 사회가 인도적 위기에 대응하고 대량 학살과 전쟁 범죄를 예방하기 위해 개발된 중요한 원칙이다. 보호책임은 2001년 개입과 국가 주권에 관한 국제위원회(International Commission on Intervention and State Sovereignty, ICISS)의 보고서에서 처음으로 제안되었다. 보호책임은 이후 2005년 유엔 세계정상회의에서 공식적으로 승인되었다.

무역에서 인권에 이르기까지 모든 것에서 중국과 러시아의 거부권에 좌절했던 서방은 보편적인 제도 밖에서 — 아시아에서의 환태평양경제동반자협정 및 범대서양무역투자동반자협정과 같은 — 베이징과 모스크바를 배제한 그룹들을 만들기 시작했다. 서방의 질서 구축 프로젝트에 대응하기 위해, 모스크바와 베이징은 브릭스(브라질, 러시아, 인도, 중국, 남아프리카공화국), 유라시아경제연합, 역내포괄적경제동반자협정 등 일련의 새로운 그룹뿐만 아니라 다수의 하위 지역 기구들을 포함하는 '서방 없는 세계'를 만들기 시작했다. 중국은 서방이 만든 제도들에 대응하기 위한 제도들을 추진하기 위해 노력해 왔다. 아시아인프라투자은행과 상하이협력기구가 그 대표적인 사례이다. 이들 중 일부는 기존 질서를 보완하고 일부는 기존 질서와 경쟁한다. 이러한 새로운 친선 그룹들은 대체로 많은 부분에서 의견 일치를 이루기 어렵지만, 이들의 존재는 글로벌 제도들의 정당성을 약화시키는 역할을 한다.

그레타 툰베리의 연설이 새로운 합의를 구현하기는커녕 도널드 트럼프(Donald Trump), 자이르 보우소나루(Jair Bolsonaro) 그리고 스콧 모리슨(Scott Morrison)과 같은 지도자들의 공격을 받았다. 이 지도자들은 기후 변화에 대한 행동을 지구를 구하기 위한 공동의 프로젝트로 취급하는 대신, 기후 변화를 무기화하여 자국의 경제를 돕고 다른 국가를 처벌하려고 시도했다. 만약 그들이 국제 기후 회의에서 이들 무기를 사용한다면, 전체 협상을 무산시킬 위험이 있다. 글로벌 남반부(Global South)의 거인들 — 중국, 인도, 브라질과 같은 나라들 — 은 이제 절대적인 측면에서 세계 최대의 배출국들이다. 그러나 그들은 1인당 배출량이 여전히 상대적으로 낮으며 선진국 경제가 지난 한 세기 넘게 최대 탄소 배출국이었다는 점을 지적하고 있다. 동시에 선진국들은 자신들의 생활 방식에서 근본적인 변화를 받아들이려 하지 않는다. 호주의 스콧 모리슨과 같은 지도자들은 자신의 책임을 회피하기 위해 기후 변화를 부정하는 데 전념했다. 즉 그는 전국적인 산불이 일어난 상황에서도 하와이로 휴가를 떠났다. 이 산불은 2020년 1월 4,600만 에이커를 태우고 약 30억 마리의 동물에게 피해를 준 '현대 역사상 최악의 야생동물 재난'으로 알려졌다.[77]

트럼프가 탈퇴했고 바이든이 파리협정에 재가입했지만, 트럼프는 기후 협상에서 변화의 원인이라기보다는 증상이었다. 그레타 툰베리의 짧은 생애 동안, 세계는 그녀의 정치적 교리와는 정반대 방향으로 흘러갔다. 즉 법보다 권력이, 과학보다 정치가, 국제주의보다 민족주의가 승리했다. 1992년에 체결된 교토 의정서는 많은 결함이 있었지만 대체로 그레타의 생존 처방과 일치했다. 즉 교토 의정서는 세계 최고의 과학자들이 결정한 법적 구속력이 있는 국제적 목표를 담은 다자간 조약이었다. 그러나 교토 의정서는 포도나무에서 시든 포도와 같았다. 그리고 그 후속 협정으로서 최고의 희망이었던 2016년 파리협정은 매우 다른 접근 방식을 보여준다. 이 협정은 글로벌 합의에 대한 기대가 너무 낮았기 때문에 승리로 환영받았을 뿐이다. 현실은 파리협정이 국제법을 통해 각국 정부들에게 구속력 있는 약속을 강요한 교토 의정서보다 훨씬 덜 제약적이고 덜 간섭적이라는 것이다. 교토 의정서와 달리, 파리협정은 모든 주요 국가들이 이미 결정한 국가 에너지 정책을 자유롭게 채택할 수 있도록 하면서도, 마치 그들이 기후 비상사태에 공동으로 대처하기로 약속한 것처럼 가장했다. 그사이에 지구는 불타고 있다.

1988년 첫 번째 기후에 관한 글로벌 정부간 회의 이후, 전 세계 CO2 배출량은 40% 증가했다. 우리가 산업적 규모로 석탄을 태우기 시작한 이후 지구는 이미 1°C 상승했으며, 세기말까지 그 상승 폭이 4배에 이를 수 있다.[78] 1960년대 이후 전 세계 열대우림의 절반 이상이 벌목되었다.[79]

그레이트 배리어 리프*의 절반이 수온 상승으로 인해 백화되어 수중 무덤이 되었다. 그리고 유엔은 100만 종 이상의 동식물을 멸종시킬 수 있는 '여섯 번째 대멸종'에 대해 경고하고 있다.[80]

이러한 모든 위험이 툰베리를 결코 오지 않을 미래에서 온 특사로 만들었다. 교토 의정서에 비해 파리 기후 협정의 허약함은 지난 15년 동안 국제 조약의 더 극심한 공동화를 상징한다. 구속력 없는 협정과 동일한 논리가 유엔의 지속 가능 발전 목표와 글로벌 이주 협약의 핵심에 자리 잡고 있다. 아마도 가장 우려스러운 점은 이러한 접근 방식이 핵무기와 같은 영역으로 전파되고 있다는 것이다. 이는 연이은 군비 통제 조약들이 폐기되는 상황에서 잘 드러나고 있다.[81]

* 그레이트 배리어 리프(Great Barrier Reef)는 호주 북동부 해안에 위치한 세계 최대의 산호초 생태계이다. 유네스코 세계유산으로 지정된 이곳은 약 2,300km에 걸쳐 이어져 있으며, 약 2,900개의 개별 산호초와 600여 개의 섬으로 이루어져 있다.

연결성은 일부 시민들과 국가들이 전체의 복지에 초점을 맞추기보다는 자신들의 상대적 이익만을 생각하도록 부추기는 것 같다. 연결성의 기술은 글로벌화된 경제에 의해 받아들여졌으며, 이는 성장, 팽창, 축적의 논리를 가진 족쇄 풀린 자본에 의해 강화되었다. 이는 엄청난 부와 빈곤의 집중을 초래했고, 그 결과 협력이 어려워졌다. 왜냐하면 공동의 이익을 위해 일하는 것이 비대칭적인 보상을 초래했기 때문이다. 일단 이것이 소셜 미디어가 촉발한 질투심이라는 심리와 겹치면, 시민들이 글로벌 서열에서 자신들의 상대적 위치가 아닌 공동선에 주목하는 것이 더욱 어려워진다. 이와 관련된 가장 극적인 사례 중 하나는 유엔 글로벌 이주 협약에 대한 온라인 (허위) 정보 캠페인이었다. 이는 여러 유럽 정부들 — 벨기에, 에스토니아, 슬로바키아 — 에서 정치적 위기를 초래했고, 약 20개국들로 하여금 협약 탈퇴를 결정하게 했다.[82]

연결성에서 유래한 통제력 상실은 또한 정부의 힘에 대한 신뢰를 훼손했다. 대부분의 사람들은 글로벌 문제들을 혼자서 해결할 수 없다는 사실을 알고 있다. 이러한 무력감은 종종 어떠한 해결책이든 그것이 나타날 가능성에 대한 냉소주의로 이어진다. 경제학자들은 이를 '집단행동 문제'라고 부른다. 너무나 자주, 지도자들과 시민들은 스스로 아무것도 하지 않고 다른 이들이 위기를 해결해 주기를 바라는 것이 가장 합리적인 단기 전략이라고 결론짓는다.

## 끊어진 유대

1991년 말 소련의 붕괴와 함께, 핵무기의 그늘 아래 살아온 분열된 세계는 상호 연결과 상호의존의 세계로 전환되었다. 이는 일부 사람들에게 역사의 종말을 알리는 신호로 여겨졌다. 왜냐하면 대체로 통합된 세계가 글로벌화의 이점을 추구했기 때문이다. 그러나 당시의 널리 퍼진 희망과는 달리, 국가 간의 연결이 급증한다고 해서 국가들 사이의 긴장은 근절되지 않았다. 지정학적 시대의 권력 투쟁은 지속되었다. 하지만 이는 새로운 형태로 나타났다.

이 장에서는 무역 전쟁, 관세, 제재, 규제 경쟁이 어떻게 세계의 경제적 연결고리를 무기화했는지 살펴보았다. 우리의 새로운 물리적, 가상적 글로벌 인프라는 국가들이 다른 국가들과의 연결을 강화하는 동시에 경쟁국과의 접촉을 거부하면서 서로 경쟁할 수 있게 한다. 전 세계적인 인구 이동 역시 권력의 원천이 되고 있다. 왜냐하면 일부 국가들이 난민 흐름을 활용하거나 해외의 자국 디아스포라를 동원하기 때문이다. 심지어 국제법조차도 무기로 변모했다. 왜냐하면 경쟁국들이 대립을 제한하기 위해 국제법을 사용하기보다는 정치적 목표를 달성하기 위해 이를 조작하기 때문이다.

사람들을 결속시키는 힘은 전장이 되었으며, 각 강대국은 새로운 비평화의 시대에서 싸우기 위해 서로 다른 전략을 가지고 있다.

# 06 _ 새로운 권력 지형

많은 동화는 '옛날 옛적에'라는 말로 시작하지만, 대부분의 역사에서 시간에 대해 공통적으로 합의된 개념은 없었다. 사실, 글로벌 표준 시간 내는 가장 혁신적인 현대 발명품 중 하나이다. 인류가 존재했던 대부분의 기간 동안, 사람들은 마치 서로 다른 은하계에 살고 있는 것과 다름없었다. 문명은 흥망성쇠를 거듭했다. 그들은 각자의 언어, 문화, 종교, 사회적 관습, 기술을 가지고 있었으며, 서로 간의 접촉은 거의 또는 전혀 없었다. 어떤 면에서 인류의 이야기는 하나의 세계가 점진적으로 만들어지는 과정에 대한 설명이다. 기원전 1만 년경, 지구에는 수천 개의 자급자족하는 세계들이 있었다. 기원전 2000년경에는 수백 개로 통합되었고, 유럽 식민주의가 시작된 서기 1415년에는 수십 개로 줄어들었다.[1] 어떤 종류의 '글로벌 의식'이 존재할 가능성은 19세기 후반에 이르러서야 등장했다.[2] 그 이전에는 많은 대륙에서 '알려진 세계'는 해안에서 내륙으로 겨우 몇 마일 정도 확장되었을 뿐이었다.[3] 그러나 몇 년 사이에 모든 국가가 탐험되었고, 지도가 그려졌으며, 산업과 제국을 통해 단일한 글로벌 시스템에 편입되었다. 1850년부터 1914년까지의 기간은 여행, 무역, 정복의 물결이 세계를 축소하고, 연결하고, 표준화했던 시기였다. 이를 통해 처음으로 지구를 전체적으로 이해하는 것이 가능해졌다. 그리고 이를 위한 가장 중요한 토대 가운데 하나는 시간의 통일이었다.[4]

세계가 '표준시'에 합의하기 전, 유럽과 북미의 모든 도시, 마을, 촌락의 교회 탑, 시청, 기차역의 시계는 태양의 운행에 따라 설정되었다. 1875년, 미국에서는 75개의 철도 시간이 사용되었다. 즉 세인트루이스에서 6개, 캔자스시티에서 5개, 시카고에서 3개였다.[5] 19세기 중반에도 보편적인 표준화된 시간이라는 생각은 여전히 이상주의자들과 괴짜들이 추진하는 유토피아적 정치 프로젝트에 불과했다. 스코틀랜드계 캐나다인 행정가이자, 엔지니어이며, 발명가인 샌드포드 플레밍(Sandford Fleming, 1827-1915)은 캐나다 최초의 우표를 디자인했고, 방대한 양의 측량과 지도를 만들었으며, 식민지 간 및 캐나다 태평양 철도(Intercolonial and Canadian Pacific Railways)의 상당 부분을 설계했다. 하지만 그의 가장 오래 지속된 업적은 전 세계 표준시의 창안이었다. 1876년, 아일랜드에서 시간표 혼란으로 기차를 놓친 후, 그는 시간을 측정하는 단일한 방식을 요구하는 일련의 논문과 팸플릿을 쓰기 시작했다.[6] 그는 이것이야말로 무역, 기술, 상호 이해로 통합된 세계 출현의 전주곡이 될 것이라고 믿었다. 플레밍은 1884년 워싱턴 DC에서 열린 국제자오선회의*의 대표였는데, 이 회의는 그의 이상주의적 꿈을 국제 조약으로 실현하게 했고, 단일하고 통일된 '세계 시간'를 정착시켰다. 이러한 아이디어들이 실행되기까지는 수년이 걸렸지만, 19세기 말에 이르러서는 막을 수 없는 추진력을 얻게 되었다. 시간은 표준화되었을 뿐만 아니라, 오늘날의 휴대폰처럼 거의 보편화된 저렴한 회중시계를 통해 대중화되었다. 역사학자 위르겐 오스터함멜(Jürgen Osterhammel)은 이러한 기술들이 어떻게 현대 세계의 탄생으로 이어졌고, 일련의 무역, 통신, 여행, 아이디어의 글로벌 네트워크의 창출을 촉발했는지를 상세히 기록했다.[7]

장기 19세기가 세계를 하나로 통합한 시기였다면, 단기 20세기는 분열의 논리로 정의되었다. 그러나 1991년 소련이 붕괴하면서, 증기 기관과 전보의 발명만큼이나 중요한 정보통신 기술 혁명이 촉발되었고, 이를 통해 두 번째 연결성의 물결이 시작되었다. 그 결과, 오늘날 우리는 샌드포드 플레밍이 꿈꾸지도 못했던 방식으로 서로 연결되었다. 지구의 절반이 이제 스마트폰과 인터넷을 통해 단일한 인공 네트워크에 연결되어 있다. 그리고 시간의 통일이 국가들을 서로 연결하게 했다면, 정보의 통일은 국내와 국외의 구분을 거의 없애 버릴 정도로 우리의 연결 네트워크를 기하급수적으로 강화할 잠재력을 가지게 된다.

* 국제자오선회의(International Meridian Conference)는 세계의 표준 경도 기준을 설정하고자 하는 목적을 가지고 1884년에 개최된 국제회의이다.

샌드포드 플레밍이 첫 번째 연결성 시대의 가장 효과적인 팸플릿 집필자이자 운동가 중 한 명이었다면, 두 번째 시대에서 그에 상응하는 인물은 저널리스트 토머스 프리드먼(Thomas Friedman)이다. 복잡한 아이디어를 단순한 개념으로 환원하는 그의 재능은 수백만 명의 사람들이 그의 글로벌화 찬가를 구매하게 만들었다. 밀레니엄 초기에 프리드먼의 『세계는 평평하다』는 베스트셀러가 되었고 모든 기업인의 필독서 목록에 올랐다.[8] 그의 책은 공급망에서 무선 통신에 이르기까지 세계를 평평하게 만드는 10가지 힘을 고찰했다. 그리고 프리드먼은 이러한 힘들이 글로벌 경제를 평준화시키면, 우리는 마찰 없는 공평한 경쟁의 장을 기대해야 한다고 말했다.

하지만 실제로 글로벌화는 국가 내부와 국가 간에 승자(상승)와 패자(하락)를 만들어 냈다. 글로벌화는 개별 국가와 국제 시스템의 지형을 재구성했고, 이는 우리를 훨씬 더 복잡한 세계에 놓이게 했다. 오늘날 우리가 살고 있는 세계는 단지 둥글기만 한 것이 아니라 산악 지형이기도 하다. 이러한 지형을 이해하기 위해서는 네트워크 이론을 살펴보는 데 시간을 할애할 필요가 있다.

## 네트워크는 어떻게 세계를 통합하고 분열시키는가

정치학자, 경제학자, 여론 조사원, 국제 관계 전문가들은 유권자, 소비자, 정치인, 외교관 개개인의 동기와 권력에 초점을 맞춘 세계 이해 모델을 개발했다. 그러나 이러한 모델로는 단일 네트워크 시스템으로 연결된 세계의 모습을 설명할 수 없는 경우가 점점 더 많아지고 있다.

글로벌 금융 위기, 아랍의 봄, 브렉시트, 트럼프의 당선을 예측한 사람은 몇 명이나 될까? 신문의 몰락, 우버나 에어비앤비의 부상을 얼마나 많은 사람들이 예상했을까? 그리고 정부와 사람들이 코로나-19에 어떻게 대응할지 예견한 사람은 몇 명이나 될까? 하지만 가장 중요한 것은 이 모든 격변이 10년 안에 발생할 것이라고 생각하는 사람이 얼마나 되었을까 하는 점이다. 한 세기에 한 번 일어날 법한 정치적 격변들이 15분마다 일어나는 것처럼 보였다.

우리의 경제, 기술 시스템, 정치와 사회의 예측 불가능성 중 상당 부분은 그것들이 스스로를 조직하는 방식에서 비롯된다. 산업 시대가 공장, 군대, 교회 그리고 관료제의 위계질서로 정의되었다면, 우리의 연결된 시대에서 가장 강력한 조직 형태는 네트워크이다. 네트워크는 연결고리(유대)로 연결된 객체들(노드)의 집합을 설명하는 멋진 용어이다. 일반적으로 네트워크는 단일한 중심을 갖지 않는 대신 노드들 간의 일련의 연결을 가진다. 그러나 일부 노드들은 다른 노드들보다 훨씬 더 많이 연결되어 있어 수많은 개별 네트워크를 하나로 모으기도 한다(허브).[9]

네트워크는 인류의 역사만큼이나 오래 존재해 왔지만, 수 세기 동안 위계질서의 치명적인 효율성에 밀려 주목받지 못했다. 그러다 네트워크가 번성할 수 있게 하는 기술이 등장했다. 우리가 살펴본 바와 같이, 디지털 혁명과 글로벌화 — 탈냉전 시대의 상대적 평화와 결합하여 — 로 인해 새로운 교류 네트워크가 출현했다. 이는 국가 간 경계를 허물고 새로운 방식으로 서로를 연결했다. 우리 시대의 핵심 특징은 과거에 독립적이었던 많은 기관들이 거대한 네트워크의 노드로 자신을 재발명했다는 점이다. 공장들은 글로벌 공급망의 일부가 되어 여러 국가에 걸쳐 부품 생산을 분산함으로써 더 좋고, **그리고** 더 저렴하게 부품을 생산할 수 있게 되었다. 은행들은 수조 달러의 이동 자본을 거래하고 국제 메시징 플랫폼*에 의존하는 글로벌 금융 시장의 일부가 되었다. 대학들과 과학자들은 여러 대륙에 걸쳐 협력의 그물망(web)을 구축했다. 대중 매체, 교회, 스포츠 단체, 범죄 조직, 테러리스트들은 모두 지구상의 사람들과 조직들을 연결하는 거대한 네트워크의 일부가 되도록 스스로를 재조직화했다.

그리고 심지어 국가들도 다양한 종류의 네트워크에 결합했다. 여기에는 유엔과 세계무역기구와 같은 조약으로 규율되는 글로벌 기관들, EU나 아프리카 연합(African Union)과 같은 지역 클럽들, G7, 브릭스, 이슬람협력기구와 같은 비공식 그룹들이 포함된다. 더욱이 정보기관, 법원, 규제 기관, 행정부 그리고 심지어 입법부 사이에서도 테러리즘, 조직범죄, 환경 악화, 자금 세탁, 은행 파산, 증권 사기에 대처하기 위해 해외 상대 기관들과 네트워크를 형성하는 연결이 급증했다.[10]

* 국제 메시징 플랫폼(international messaging platforms)은 글로벌화된 사회에서 실시간 소통을 가능하게 하고, 서로 다른 언어와 지역을 초월하여 사용자들이 효과적으로 소통할 수 있도록 한다. 대표적인 국제 메시징 플랫폼에는 왓츠앱(WhatsApp), 텔레그램(Telegram), 위챗(WeChat) 등이 있다.

## 네트워크의 규칙

네트워크에는 그것들을 독특하게 만드는 여러 특징들이 있다.[11] 모든 네트워크는 가장 약한 연결고리만큼만 강하다. 이것이 최근 몇 년 동안 우리가 글로벌 경제에서 많은 혼란을 목격한 이유이다. 예를 들어, 반도체 부족으로 지연된 자동차 제조 또는 특수 화학물질 부족으로 중단된 코로나 검사 등이 그 예이다. 그러나 네트워크들은 정적인 실체가 아니라 끊임없이 변화한다.[12] 네트워크는 유연하며 환경이 변화해도 목표를 유지하면서 구성 요소를 재구성할 수 있다. 이는 신경계와 마찬가지로 가정용 음악 네트워크를 재구성할 때도 똑같이 적용된다. 네트워크는 종종 단일 중심이 없고 다양한 구성으로 작동할 수 있기 때문에, 공격으로부터 회복하는 방법을 찾을 수 있다. 알카에다(al-Qaeda)의 한 지도자가 체포되면 다른 지도자가 나타날 수 있다. 중국에 있는 일본 공장이 시위로 폐쇄되면 베트남의 공장이 그 공백을 메울 수 있다. 게다가 네트워크는 확장 가능하다. 이는 큰 혼란 없이 규모를 늘리거나 줄일 수 있다는 의미이다. 이는 특히 세계를 장악하기 위해 생겨나는 새로운 네트워크 기업들의 경우 더욱 그러하다.

네트워크들은 전염을 초래한다. 모든 어린이는 세계 한편의 나비 날갯짓이 다른 편에서 태풍을 일으킬 수 있다는 것을 배운다. 이는 연결된 시스템에 내재된 위험이다. 즉 연쇄 반응이 일어난다. 우리는 코로나바이러스, 흑사병, 독감, 에이즈, 구제역과 같은 전염병과 팬데믹이 어떻게 압도적인 수준이 될 때까지 속도를 내는지 보았다. 여기에 인간의 반응이 더해지면 이러한 역학은 더욱 복잡해졌다. 이에 대해 일부 관찰자들은 '공포경제학(fearonomics)'에 대해 언급한다.[13] 전염에 대한 두려움, 허위 정보의 유통, 개별 국가들의 근린 궁핍화 정책은 금융, 난민, 보건 위기의 비용을 증폭시켰다.[14] 공포경제학의 정반대는 정치적 변화에 대한 분위기가 전파되는 속도이다. 2010년 정치 부패에 항의하며 분신한 튀니지 과일 판매상 타렉 엘-타예브 모하메드 부아지지(Tarek el-Tayeb Mohamed Bouazizi)의 사례를 보자. 두 달 만에 튀니지의 독재자인 대통령 벤 알리(Ben Ali)가 축출되었고, 항의의 물결은 곧 이집트로 퍼져 타흐리르 광장(Tahrir Square)에 모인 군중들은 '튀니지가 해법이다'라고 외쳤다. 시위는 또한 알제리, 바레인, 지부티, 이란, 이라크, 요르단, 쿠웨이트, 레바논, 리비아, 모리타니, 모로코, 오만, 팔레스타인 자치령, 사우디아라비아, 소말리아, 수단, 시리아 그리고 서사하라에서도 분출했다. 이 운동들의 형태는 그 내용만큼이나 중요했다. 이 운동들은 또한 불평등(월가 점령 시위), 긴축(분노한 사람들),* 심지어 코티지 치즈 가격(이스라엘)**에 반

* 분노한 사람들(Los Indignados)은 2011년 5월 15일 스페인에서 시작된 대규모 사회 운동을 의미한다. 정식 명칭은 15-M 운동(Movimiento 15-M)이다. 이는 경제 위기, 높은 실업률, 정치적 부패, 긴축 정책 등에 항의하며 시작되었다. 시민들은 마드리드의 푸에르타 델 솔(Puerta del Sol) 광장과 스페인 전역의 주요 도시 광장을 점거하며 시위를 벌였다. 이후 이 운동은 월가 점령 시위(Occupy Wall Street)와 같은 전 세계 다른 사회 운동들에 상당한 영향을 미쳤다. 이 운동의 결과로 스페인의 정치 지형이 변화했으며, 포데모스(Podemos)와 같은 새로운 급진 좌파 정당이 등장했다.

** 2011년 이스라엘에서는 코티지 치즈 가격 인상에 대한 대중의 불만이 커지면서 대규모 시위와 불매운동이 발생했다. 당시 코티지 치즈는 이스라엘 국민들의 주식 중 하나였으며, 가격 상승은 생활비 부담을 가중시켰다. 이츠익 알로브(Itsyk Alrov)는 페이스북을 통해

대하는 시위에 영감을 주었다.

바이러스, 아이디어 및 기타 실체들이 확산되는 방식은 네트워크의 구조를 반영한다. 우리는 2장에서 네트워크가 비슷한 생각을 가진 집단으로의 자기 분리, 또는 과학자들이 동종 선호(homophily)라고 부르는 것을 어떻게 촉진하는지 살펴보았다.[15] 우리는, 아이디어나 감염이 먼 거리를 가로질러 확산될 수 있게 하는 여섯 단계 분리와 같은 게임*을 통해, 서로 다른 클러스터 간의 약한 유대가 있다는 것을 깨달았다. 이는 잘 연결된 노드들이 더 많이 연결되게 하는 '멱 법칙'**에 의해 강화된다(부자는 더 부유해지고, 또는 페이스북 같은 네트워크는 새로운 회원을 유치할수록 더 유용해진다).[16] 사실, 네트워크의 가장 중요한 특성 가운데 하나는 연결이 모든 노드에 미치는 효과이다. 이는 공상적으로 들릴 수 있다. 오늘날의 경제를 생각하기 전까지는 말이다. 광고 대행사 하바스(Havas)의 톰 굿윈(Tom Goodwin)이 지적했듯이, 세계 최대의 택시 회사인 우버는 차량을

코티지 치즈 가격 인상에 반대하는 운동을 시작했다. 이 운동은 빠르게 확산되어 전국적인 불매운동으로 발전했고, 결국 유제품 업체들은 가격을 인하하게 되었다. 이후 시위는 주택 가격 상승 등 다른 사회적 이슈에 대한 항의로 이어졌다. 예를 들어, 2011년 7월에는 텔아비브의 로스차일드 대로 인근에서 수백 명의 주민이 텐트를 치고 주택 부족과 집값 상승에 항의하는 시위를 벌였다. 이러한 일련의 시위는 이스라엘 사회에서 경제적 불평등과 생활비 상승에 대한 대중의 불만을 표출하는 계기가 되었으며, 정부와 기업이 소비자들의 목소리에 귀 기울이게 만드는 데 중요한 역할을 했다.

* 여섯 단계 분리와 같은 게임은 세상의 모든 사람들이 서로 최대 여섯 단계의 연결로 이어져 있다는 아이디어에서 영감을 받는 게임이다.

** 멱 법칙(power law)은 한 변수 $x$가 증가할 때 다른 변수 $y$가 특정 거듭제곱 형태로 감소하거나 증가하는 패턴을 따르는 수학적 관계를 의미한다. 이는 사회과학에서 불균형적인 분포를 설명하는데 유용한 개념이다.

소유하지 않는다.[17] 세계에서 가장 인기 있는 미디어 회사인 페이스북은 콘텐츠를 제작하지 않는다. 세계에서 가장 가치 있는 소매업체인 알리바바는 재고를 보유하지 않는다. 세계 최대의 숙박 제공업체인 에어비앤비는 부동산을 소유하지 않는다. 이 모든 플랫폼들에게 있어, 그 가치는 네트워크의 인터페이스 역할을 하는 데서 비롯된다. 그리고 네트워크에 속해 있다는 것은 모든 노드의 본질을 변화시킨다. 사용하지 않던 자동차가 갑자기 택시로 변모할 수 있고, 빈방이 휴가지로 바뀔 수 있다. (또는 TV 스타가 미국이나 우크라이나에서 대통령이 될 수 있다). 국가들이 새로운 네트워크에 연결될 때도 마찬가지이다. 인도와 중국이 글로벌 경제와 단절되어 있는 한, 그들은 글로벌 정치에서도 주변부에 머물러 있었다. 그러나 지난 30년 동안의 연결은 메가시티, 새로운 산업 특화, 글로벌 공급망의 창출을 가속화했고, 이 두 거대 문명을 정치적으로 훨씬 더 영향력 있게 만들었다.

네트워크의 가장 흥미롭지만 아직 연구가 덜 이루어진 분야 중 하나는 실제로 네트워크가 권력의 본질을 어떻게 변화시키고 있는지에 대한 것이다.

## 체스판과 그물망

학자이자 외교관인 앤-마리 슬로터(Anne-Marie Slaughter)는 우리가 세계에 대한 정신적 지도를 갱신할 필요가 있다고 주장했다. 전통적으로 지도자들과 외교관들은 글로벌 정치를 국가 간의 거대한 경쟁으로 보았다. 즉 지도자들은 글로벌 정치를 권력 정치 게임을 벌이는 체스판처럼 간주했다. 슬로터는 이러한 세계가 사라지지 않을 것이라는 점을 인정하면서도 글로벌 정치에 대한 다른 모델을 제시한다. 다시 말해 협상이 아닌 연결과 관계 구축을 통해 게임이 진행되는 네트워크의 그물망으로 글로벌 정치를 이해하는 것이다. 그녀는 밤에 촬영된 세계의 위성 사진이라는 매혹적인 이미지를 제공한다. 사진에는 도로, 자동차, 집, 사무실을 표시하는 빛의 회랑이 들어 있다. 이 빛들은 가족, 노동자 그리고 여행자들이 함께 어울려 살아가는 인간관계를 상징한다. 그녀는 '이 빛이 주권적 권력의 경계를 표시하는 분리의 지도가 아니라 연결의 지도'라고 주장한다.[18] 슬로터는 우리가 에너지, 무역, 질병, 범죄, 테러리즘, 인권을 정의하는 비위계적 시스템의 역학을 이해하기 위해 '네트워크 사고방식'을 발전시켜야 한다고 주장한다. 이러한 영역에서 국가, 주권, 강압, 이기심에 대한 체스판의 강조는 연결, 관계, 공유, 참여를 추구하는 그물망의 성향에 의해 무색해졌다.[19] 자급자족적인 국가들의 세계에서 거대한 얽힘의 그물망으로의 전환이 글로벌 정치의 본질을 변화시키고 있다.

초기 이론가들은 네트워크의 부상이 권력 정치의 쇠퇴로 이어질 것으로 생각했다. 네트워크들은 사람들을 수평적으로 연결하여 구시대적인 위계질서를 뛰어넘을 수 있게 한다. 네트워크는 힘없는 사람도 강자가 될 수 있게 해준다. 인터넷 시대의 초기 이야기들은 다윗이 골리앗을 물리친 이야기들, 즉 대담한 신생 기업들이 기성 체제를 전복하거나 교란하는 이야기들로 가득 차 있다. 이것이 비즈니스 세계를 넘어 정치 자체로까지 확장되기를 희망했다. 인터넷에서 영감을 받은 이라크 전쟁 반대 시위 이후, 전 아일랜드 대통령 메리 로빈슨(Mary Robinson)은 심지어 글로벌 여론을 '두 번째 초강대국'이라고 부르기도 했다. 그러나 현실은 소위 '네트워크 효과'*가 승자독식 구조를 만든 것이었다. 그 결과로 부자들은 더욱 부자가 되고 가장 강력한 사람들이 약자들을 압도할 수 있게 되었다. 인터넷은 그 어느 때보다 사람들을 더 많이 연결하고 있지만, 모든 연결이 평등한 것은 아니다. 즉 권력은 점점 더 강력한 허브에 집중되고 있다.[20]

비즈니스 영역에서 아마존, 페이스북, 우버, 에어비앤비는 소매업체, 신문사, 호텔 체인, 택시 회사를 포함한 전통적인 위계질서 구조를 무너뜨리는 데 일조했다. 그것들은 수억 명의 사람들에게 권한을 부여했지만, 동시에 자신들의 플랫폼에 엄청난 권력을 집중시켰다. 정치에서도 같은 일이 일어났다. 중국 공산당과 푸틴의 크렘린 같은 일당 체제는 인터넷으로 인해 약화되기보다는 오히려 강화되었다. 연결된 시스템에서 권력은 엄청난 집중과 거대한 분산의 양자 모두로 정의된다. 네트워크 이론가들은 그들이 연구하는 단백질, 신경망, 금융 시스템, 소셜 미디어 또는 경제를 불문하고 유사한 역학이 모든 네트워크를 지배한다

* 네트워크 효과(network effects)는 사용자가 많아질수록 제품이나 서비스의 가치가 증대되는 것을 의미한다. 예를 들어, 페이스북, 인스타그램과 같은 소셜 미디어 플랫폼은 사용자가 많을수록 더 많은 콘텐츠를 공유하고 소통할 수 있기 때문에 가치가 상승한다.

는 사실을 발견했다.[21] 세계는 핵심부와 주변부로 나뉘는 경향이 있다. 즉, 더 많은 권력이 주변부로 확산될수록, 핵심부는 확실히 더 강력해지고 있다.[22]

앤-마리 슬로터의 인식 체계를 되짚어 보면, 많은 글로벌리스트들은 연결된 국가들의 그물망이 체스 게임 참여자들의 권력 게임을 무의미하게 만들 것이라고 희망했다. 그러나 연결성이 경쟁의 종말로 이어지지 않았음이 밝혀졌다. 글로벌화는 평평한 세계를 초래한 것이 아니라, 오히려 새로운 권력 지형을 만들어 내고 있다. 일부 국가들은 다른 국가들보다 더 많이 연결되어 있으며, 이러한 연결을 통해 자신들의 권력과 위신을 높이고 심지어 이를 무기로 전환할 수도 있었다. 권력 정치는 사라지지 않았다. 권력 정치는 단지 핵심부와 주변부 사이의 비대칭성에 적응해야 했을 뿐이다. 글로벌화의 다자간 세계는 강대국 경쟁의 다극적 세계를 대체하지 않았다. 21세기 지정학의 현실은 이 두 가지의 융합에 관한 것이다. 네트워크는 지정학적 게임이 펼쳐지는 새로운 판이 되었다. 상호의존성 그 자체가 무기화되고 있다.

## 고도로 효율적인 연결성 전사들의 7가지 습관

지난 장에서 우리는 세계를 하나로 묶는 모든 연결 — 공급망, 무역 경로, 파이프라인, 철도, 도로, 케이블, 그리고 사람, 상품, 돈 및 데이터의 흐름 — 이 어떻게 권력의 통화가 되어가고 있는지를 탐구했다. 하지만 권력의 행사 방식은 우리의 네트워크화된 세계의 지형에 좌우된다.

노드의 분포, 유대의 밀도 그리고 밀집된 허브의 출현은 21세기의 새로운 권력 지도를 만들어 내고 있다. 모든 국가들은 이 새로운 세계의 고지(high ground)를 통제하려 노력하고 있으며, 자신들의 강점뿐만 아니라 상대방의 취약점을 파악하려 하고 있다.

이 네트워크화된 세계에서의 권력 지형 — 각 전장의 산과 계곡 — 은 다양한 행위자들이 금융, 사람, 기술 그리고 제도의 네트워크를 조작할 기회를 만들어 낸다. 각 네트워크의 형태를 살펴보기 시작하면, 우리는 가장 효율적인 영향력 행사 수단을 이해할 수 있다. 지난 몇 년간의 연구를 통해, 나는 가장 효율적인 국가들, 즉 가장 강력한 연결성 전사들이 사용하는 7가지 전략을 확인했다.

1. 중심성(Centrality) 이 전략의 목표는 당신이 다른 사람을 필요로 하는 것보다 다른 사람이 당신을 더 필요로 하는 위치에 서는 것이다. 그러면 당신은 관계의 조건을 결정할 수 있다. 이는 러시아가 에너지 시장에서 시도한 것으로, 러시아가 우크라이나나 발트 국가들을 협박할 수 있었던 것도 바로 이 때문이다. 사람들은 양측 모두에게 이익이 되는 관계가 조화를 가져올 것으로 생각하곤 했다. 하지만 이제 국가들은 상대방과의 관계에서 상대적 중요성을 점점 더 많이 고려하고 있다. 그들은 자신들이 도움이 필요한 당사자가 되어 압력에 취약해지는 상황에 놓이기를 원하지 않는다.

2. **문지기**(Gatekeeping) 누가 네트워크에 '들어올' 수 있고 누가 '나갈' 수 있는지를 결정할 수 있는 능력이다. 예를 들어, 미국은 테헤란과 거래하는 은행들이 달러를 사용하지 못하도록 위협함으로써 이란을 글로벌 금융 시스템에서 사실상 배제했다. 외환 거래의 90%가 미국 통화를 포함하기 때문에, 미국은 '급소'를 만들어 낸 것이다. 또한 EU도 주변국들에게 클럽의 회원국 자격이나 최소한 연합과의 제휴 협정을 제안함으로써 그들의 선택을 변화시켰다. 많은 국가들이 비슷한 방식으로 자신들의 위치를 영향력, 이익 또는 권력으로 전환할 수 있도록 다양한 부문에서 스스로 허브가 되려고 노력하고 있다.

3. **데이터 채굴**(Data-mining) 국가들은 네트워크 통제를 활용해 다른 국가들을 감시한다. 에드워드 스노든이 폭로했듯이, 미국 국가안보국이 이를 실행하고 있다. 당신의 케이블이나 네트워크를 통해 흐른 정보들은 결국 당신의 국가를 앞서게 하고 다른 나라들을 처벌할 수 있게 해주는 보물 창고를 확보할 수 있게 하다

4. **전복**(Subversion) 국가들은 다른 나라들의 시스템에 개입하여 정상적인 규칙이 더는 적용되지 않도록 뒤엎으려고 시도한다. 예를 들어, 러시아는 서방에서 백신에 대한 허위 정보를 퍼뜨리고, 구소련 공간에서는 정치인들의 재정적 이해관계에 대한 허위 정보를 퍼뜨려 혼란을 조장하려고 시도한다.

**5. 침투**(Infiltration) 외부에서 한 나라에 영향을 미치는 것보다는 내부에서 그 나라를 변화시키는 것이 더 효율적인 경우가 많다. 이는 기업에 투자하거나, 정당들과 친선 관계를 발전시키거나, 심지어 시민들이 이민을 가도록 장려하는 것을 의미할 수 있다. 최근 들어 에르도안 대통령이 유럽 국가들 내 튀르키예 소수민족에게 호소하는 방식이나, 푸틴이 동유럽 내 러시아계 민족에게 다가가는 방식에 대해 논란이 된 토론이 있었다. 또 다른 이들은 아프리카 국가들에서 중국 정착민들이 어떤 역할을 하고 있는지, 그들의 투자가 현지 엘리트들의 선택을 왜곡하는 데 어떻게 도움이 되는지, 그리고 정착한 많은 나라들의 정치적 방향을 바꾸는 데 그들이 어떻게 도움이 되는지에 대해 이야기한다.[23]

**6. 규칙 제정**(Rule-making) 목표는 네트워크 전체의 규범이나 규칙을 설정하는 것이다. 미국이 인터넷 사이트의 도메인 이름을 정하고, EU가 개인정보보호 규정을 만든 것처럼 말이다. 21세기는 점점 더 규칙을 만들기 위한 싸움으로 변모하고 있다. 전통적으로 다른 국가들이 정한 규칙집을 따라야 했던 중국은 5G나 인공 지능과 같은 새로운 기술에 대한 규제를 정의하기 위해 많은 노력을 기울이고 있다. 중국은 이것이 자국의 챔피언 기업들에게 상업적 이점을 제공할 수 있다는 것을 잘 알고 있다. 하지만 더 중요한 것은, 중국이 자국의 이익과 가치에 부합하는 글로벌 규칙을 고안할 수 있다는 점이다.

**7. 독립 추구**(Independence-seeking) 많은 강대국들이 다른 국가들과의 연결을 무기화하려 한다면, 최선의 방어는 타국에 대한 의존도를 최소화하여 외부 조작으로부터 자유로워지는 것이다. 미국은 글로벌 에너지 시장에서 이를 시도했으며, 마찬가지로 지금 중국도 반도체와 컴퓨터 칩에서 이를 실행하고 있다.

## 승자, 패자 그리고 사상가

국가 간의 모든 연결성은 새로운 권력 지도의 일부이다. 강대국은 다른 국가들과의 연결을 통제함으로써 더욱 강력해질 수 있다. 강대국은 규제를 사용하고 표준을 설정할 수 있다. 강대국은 금융이나 에너지 흐름을 소작할 수 있다. 강대국은 틈새 제품이나 공급망에 대한 접근을 제한할 수 있다. 강대국은 소셜 미디어 플랫폼을 구축하거나 검색 엔진 표준을 설정할 수 있다. 심지어 강대국은 다른 나라의 선거에 개입하려고 시도할 수 있다. 각 강대국은 네트워크로 연결된 세계의 지형에서 자신의 독보적인 위치를 활용하여 영향권을 구축하고자 한다.

그러나 각 강대국은 또한 역사와 지리의 힘에 의해 각자의 의식에 각인된 독특한 철학과 세계관을 가지고 있다. 그런 의미에서 21세기는 우리를 하나로 묶는 유대의 조작만큼이나 연결성에 대한 우리 아이디어들의 충돌에 의해 정의될 것이다.

적어도 향후 20년 동안 튀르키예, 러시아, 사우디아라비아, 이란 또는 인도와 같은 국가들은 글로벌 경쟁의 조건을 설정할 만큼 강력하지 않을 것이다. 전체 시스템을 무기화할 수 있을 만큼 충분한 연결성, 돈, 제도적 권력을 가진 블록은 오직 세 개뿐이다. 바로 미국, 중국, 그리고 EU이다. 우리는 조지 오웰(George Orwell)의 디스토피아적 비전인 오세아니아, 유라시아, 동아시아로 분열된 세계로부터 그리 멀지 않은 상황에 놓여 있다. 우리는 다음 장에서 이들 블록에 대해 다룰 것이다.

# 07 _ 연결성의 제국

펜타곤은 때때로 도시 안의 도시로 비유되지만, 작은 규모에 익숙한 유럽인들에게는 오히려 작은 국가처럼 보일 수 있다(국방부의 70만 명의 직원은 룩셈부르크나 몰타의 인구보다 많다). 건물에 들어가는 것은 꽤 번거로운 일이다. 공항과 같은 보안 검색을 거쳐야 하고, 의무적으로 줄을 서서 여러 차례 서류 검사를 받아야 하기 때문이다. 하지만 일단 안으로 들어가면, 더 이상 나갈 필요가 없다. 60만 제곱미터의 이 거대한 단지에는 식당, 슈퍼마켓, 체육관, 그리고 보석과 초콜릿부터 비디오와 약국에 이르기까지 모든 계절과 상황에 맞는 상점들이 가득하다.

특히 떠나기를 꺼렸던 사람은 '순평가국(Office of Net Assessment)'의 설립자이자 전 국장이었던 고(故) 앤드류 마셜(Andrew Marshall)이었다. 1973년 리처드 닉슨(Richard Nixon)에 의해 처음 임명된 후, 그 이후의 모든 대통령이 그의 역할을 재확인했고, 결국 94세가 되던 2015년에 은퇴할 때까지 그 자리를 지켰다. 마셜은 국방 커뮤니티에서 그의 지혜와 창의성,

그리고 인재를 발굴하고 멘토링하는 능력으로 인해 애정이 담긴 표현인 요다(Yoda)로 불리던 전설적인 인물이었다. 하지만 원작의 요다가 전 우주적으로 인기 있는 루크 스카이워커(Luke Skywalker)를 제자로 두었던 반면, 마셜의 스타 제자들은 전 부통령 딕 체니(Dick Cheney)와 전 국방부 장관 도널드 럼스펠드(Donald Rumsfeld)를 포함해 훨씬 더 논란이 많은 인물이었다.

마셜의 오랜 경력을 볼 때, 그의 핵심 전문 분야는 언제나 미래였다. 즉 다른 이들이 따라잡기 전에 미래를 분석하고 영향을 미치는 것이었다. 그는 핵 전략가로서 일을 시작했고, 90년대에 자신이 '군사 혁명(Revolution in Military Affairs, RMA)'이라고 명명한 것을 정의하기 위한 일련의 연구를 그는 의뢰했다. RMA로 알려진 이 개념은 컴퓨터와 정밀 유도 미사일을 활용해 전장을 정보화 시대로 이끌기 위해 네트워크 기술을 활용하는 것에 관한 것이었다.[1] 마셜은 또한 중국을 미국의 최고 전략적 위협으로 보기 시작한 최초의 인물 중 한 명이었다. 이는 미국이 기술적으로 후진적이고 빈곤했던 중화인민공화국과 데탕트 과정을 시작했던 1980년대로 거슬러 올라간다. 연이은 행정부들이 중국에 접근하여 '책임 있는 이해당사자'로 만드는 방법을 모색하는 동안, 마셜의 사무실은 전쟁 게임을 조직하고, 베이징의 전략적 사고를 연구하며, 궁극적으로는 중국과의 잠재적 충돌에 대비한 계획을 수립하는 데 시간을 보냈다.

나는 2013년 마셜을 만나러 갔고, 둥근 천장의 강철로 보강된 문을 통해 그의 순평가국 사무실로 안내받았다. 90대의 나이임에도 불구하고 그가 나를 맞이하러 들어왔을 때 놀랍도록 활기찼다. 그의 고령에 대한 유일한 양보는 셔츠와 넥타이 위에 플리스 스웨터를 입은 것뿐이었다. 그는 천천히 말했고 침묵을 두려워하지 않았으며, 각 요점이 정리되고 나면 자기 생각이 전달되도록 잠시 멈추곤 했다.

우리의 만남에서 가장 인상적이었던 것은 그가 무기와 기술에 대해 거의 이야기하지 않았다는 것이었다. 오히려 그는 중국과 미국의 사고방식 차이에 대해 얼마나 많이 걱정하고 있었는지였다. 마셜이 중국인들이 우리의 연결된 세계를 어떻게 생각하는지에 대해 집착하게 되었다고 말하는 것은 전혀 과장이 아니다. 그는 펜타곤의 정책 입안자들에게 프랑스 철학자 프랑수아 줄리앵(François Jullien)의 『사물의 경향성(The Propensity of Things)』, 인지심리학자 리처드 니스벳(Richard Nisbett)의 『생각의 지도(The Geography of Thought)』, 심지어 『짜어지지 않은 그물망(The Web That Has No Weaver)』과 같은 중국 의학에 관한 책들을 포함하여 '동양적 사고방식'에 관한 텍스트들을 읽도록 권장했다고 말했다.

그는 리처드 니스벳의 한 실험에 대해 매료되어 이야기했는데, 이 실험에서 미국인들과 중국인들에게 어항을 보도록 지시했다. 미국인들은 물고기를 직접 쳐다보며, 물고기들이 어디로 헤엄치는지와 얼마나 큰지를 관찰했다. 반면 중국인들은 어항의 모양, 그 안의 돌과 식물들부터 보기 시작했으며, 환경에 대한 그들의 해석을 통해 물고기들에게 열려있는 선택지들을 이해하고자 했다. 마셜은 내게 중국인의 눈으로 세상을 보는 것이 놀랍다고 말했다. 그는 서구인들인 우리는 개별적인 행동에 너무 집중한 나머지 배경에 놓인 연결망을 보지 못한다고 주장했다. 반면 중국인들은 이러한 것들이 세상을 형성하는 방식을 이해하는 것부터 시작하며, 개인의 행동은 단지 주변부에서만 차이를 만들어 낸다고 보았다.

그의 중국 측 상대들은 그의 관심을 듣게 된다면 기뻐했을 것이다. 이러한 관심은 서로 간에 상호적이었다. 2012년, 4개의 중국 국방 백서의 주요 저자인 천저우(Chen Zhou) 소장은 마셜이 1990년대와 2000년대 중국의 국방 사고방식을 바꾼 가장 중요한 인물이라고 주장했다. '우리는 군사 혁명을 철저히 연구했다'라고 그는 주장했다. '우리의 위대한 영웅은 펜타곤의 앤디 마셜(Andy Marshall)이었다. 우리는 그가 쓴 모든 말을 번역했다.'[2]

나는 이미 2013년에 이 두 나라가 새로운 양극 시대를 준비하고 있다는 것을 알 수 있었다. 마셜과 천 모두 냉전의 산물이었고, 그들의 사고방식은 초강대국 대립의 시기에서 비롯된 것이었다. 그들의 작업은 그들이 다음 냉전이라고 본 것 — 세계를 중국과 미국 사이에서 분할하는 것 — 에 대한 초기 준비였다. 그리고 그들은 세계가 다시 둘로 나뉘면서, 이라크 전쟁과 2008년 금융 위기로 분열되었던 서구가 재결합할 것이라고 완벽히 예상했다. 유럽은 자유세계의 주니어 파트너로서 다시 대열에 합류할 것이었다.

하지만 미국인들과 중국인들이 상호 매료된 채로 기술의 힘과 세계

질서에 대한 그것의 함의를 각자의 방식으로 검토하는 동안, 유럽인들은 다른 방향으로 나아갔다. 그들의 외교 정책 입안자들은 앤드류 마셜이나 저우 소장에게 그다지 주의를 기울이지 않았다. 브뤼셀의 유럽위원회는 중국 및 미국과의 미래 관계에 대한 대안적 비전을 가지고 있었고, 네트워크의 힘과 우리의 미래에서 네트워크의 역할에 대해 완전히 다른 관념을 가지고 있었다.

대륙의 최근 격동적인 역사의 영향을 받아, 유럽은 네트워크를 강대국 대결의 무기가 아닌, 세계가 전쟁을 피할 수 있게 하는 국가 간의 다리로 보게 되었다. 그들은 자신을 미국과의 동맹과 함께 중국과의 전략적 파트너십을 구축하고자 하는 국제주의자로 여겼다. 미국과 중국이 상호보완적 관계에서 더 큰 경쟁 관계로 이동함에 따라, 유럽이 완벽히 미국 진영에 들어맞지 않을 것이라는 점은 분명했다. 마셜의 사무실을 나설 때, 우리가 완전한 연결성의 시대로 들어서면서도 세 강대국이 연결성 자체를 보는 방식이 서로 달랐다는 역설에 충격을 받았다. 그리고 그들 주변에는 대륙 크기의 국가들을 포함하여, 다른 이의 규칙에 따르기보다는 자신만의 길을 개척하고자 하는 제4세계의 국가들이 있다.

권위주의와 자유세계 사이에서 분열된 세계 대신, 우리는 21세기의 지정학이 세 연결성 초강대국들과 '제4세계'에서 그들 사이를 항해하는 다른 국가들 간의 전투가 펼쳐지는 것을 보게 될 것이다. 이러한 연결성 제국들은 각각 자신들의 무기고에 다른 무기들을 보유하고 있다. 그들은 또한 매우 다른 철학을 가지고 있다. 그리고 각각은 현재 주요한 진화 과정을 겪고 있다.

강대국들이 더욱 비슷해지고 있다는 사실과, 그들의 서로 다른 연결성에 대한 철학이 충돌하고 있다는 사실을 어떻게 조화시킬 수 있을까? 강대국들은 내가 앞서 설명한 모방적 결속을 통해 서서히 하나로 모여들고 있다. 하지만 그들은 매우 다른 출발점에서 오고 있다. 결과적으로, 조지 버나드 쇼(George Bernard Shaw)의 말을 빌리자면, 그들은 종종 미국과 영국처럼 '공통의 언어에 의해 분열되어' 있다. 즉 같은 단어를 사용할 때도 전혀 다른 의미를 내포하고 있다. 우리의 세계 질서가 이러한 연결성 제국들 간의 전투에 의해 어떻게 정의될지 보기 전에, 각각을 차례로 살펴보는 것이 가치가 있다. 첫 번째 장에서 우리는 증가하는 연결이 어떻게 그들에게 새로운 방식으로 경쟁할 기회를 제공했는지, 그들이 어떻게 서로의 기술을 모방하고 있는지, 그리고 이것이 어떻게 연결성 안보 딜레마를 부추기고 있는지를 살펴보았다. 이 장에서 우리는 새롭게 떠오르고 있는 그들의 연결성 철학이 서로 어떻게 관련되어 있는지를 보게 될 것이다.

## 워싱턴: 문지기 권력

전통적으로 미국의 연결성에 대한 사고는 다양한 부족들에 의해 형성되어 왔다. 인터넷의 자유주의적 창시자들, 실리콘밸리의 독점적 기업가들, 정보기관의 감시의 눈들, 재무부의 '회색 정장을 입은 전사들(warriors in grey suits)', 국무부의 자유주의적 국제주의자들, 앤디 마셜과 같은 국방부의 안보 관료들이 그들이다.

이 집단들은 모든 것에 동의하지는 않았지만, 시간이 지나면서 몇 가지 기본 원칙에 따른 활동 방식에 합의했다. 그들은 보편적인 야망을 품고 있었고, 자유주의 국제주의자들의 이상주의, 기업가들의 확장적 비전, 그리고 스파이들과 지정학적 권력 중개자들의 권력 야망을 조화시키는 단일하고 개방된 인터넷을 증진했다. 또한 그들은 자유주의적 정치적 본능, 상업적 목표, 또는 중국이나 러시아와 같은 국가들에 의한 국가 포획에 대한 두려움 때문에 강력한 정부 규제에 반대하는 경향이 있었다. 그들은 개방된 사회, 개방된 정부, 그리고 개방된 국제 시스템에 기반한 자유주의적 국제 질서를 지지한다고 말했다. 이러한 철학적 접근은 브레턴우즈 제도, NATO, 미국의 안보 동맹 네트워크, '개방된 인터넷'에 대한 지지, 그리고 중국의 세계무역기구 가입을 세계에 유산으로 남긴 미국의 자유주의적 국제주의 전통을 정확히 따르고 있다. 개방된 시장과 개방된 사회에 대한 미국의 선호는 19세기 패권 시기 영국의 선호와 유사했다. 미국 기업들이 많은 영역에서 우위를 점하고 있어서, 개방성은 그들의 이익에 크게 부합했다. 그리고 냉전과 탈냉전 시기 동안, 개방된 사회들은 거의 자동으로 미국의 동맹국이 되었다.

하지만 개방된 국제 시스템을 이야기하면서도, 워싱턴은 앞 장에서 살펴본 가장 효과적인 두 가지 도구인 문지기 역할과 데이터 채굴을 추진하기 위해 글로벌 네트워크의 중심에 있는 자신의 위치를 체계적으로 활용해 왔다. 미국은 허브로서의 특권적 지위를 이용하여 다른 이들을 제한하거나 처벌하겠다고 위협했다. 앞 장에서 보았듯이, 9·11 이후 미국 재무부 관리들은 워싱턴이 테러 자금을 표적으로 삼기 위해 달러의 보편성과 국제 금융 시스템에서의 미국의 지배력을 어떻게 활용할 수 있을지 탐구하기 시작했다. 달러 기반 시스템에서 기업들을 배제하겠다고 위협함으로써 그들은 글로벌 은행 부문에 대한 통제력을 발전시켰다. 더욱 극적인 것은 테러와의 전쟁이라는 명분이 미국으로 하여금 글로벌 통신 네트워크를 감시 메커니즘으로 전용할 수 있게 해준 방식이다.

그러나 2016년 미국의 연결성에 대한 태도는 극적으로 변화했다. 자신이 참여하지 않은 선거를 지켜보면서, 조셉 바이든은 — 다른 민주당 당원들과 마찬가지로 — 다른 세계를 바라보는 시각에서 미국의 개방된 사회와 신자유주의적 철학이 어떻게 러시아의 선거 개입과 중국의 경제적 강압에 의해 취약해졌는지를 목도했고, 도널드 트럼프는 이를 활용할 수 있었다.[3] 그리고 이것이 바로 — 극적인 방식으로 세계에 재합류하려 노력하면서도 — 그들이 연결성에 대한 접근 방식을 재고하고 있는 이유이다. 바이든이 개방된 국제 질서를 수호하는 것에 관해 이야기하면서도, 그는 외부 간섭으로부터 미국을 더 많이 보호하기를 원한다. 그리고 그는 글로벌 연결성에 대해 더 실용적인 접근을 하고자 한다.

바이든 팀은 '미국 우선주의(America First)'를 내세우는 트럼프의 조악한 욕망을 거부한다. 하지만 바이든은 자신의 외교 정책이 중산층을 위해 작동해야 하며 그들을 글로벌화의 피해로부터 보호해야 한다고 주장해 왔다.[4] 민주당은 미국과 중국 경제의 전면적인 '탈동조화'를 지지하지는 않지만, 무역 협상이 기업들의 이윤이 아닌 미국 내 일자리를 유지하고 미국의 중산층을 보호하는 데 초점 맞추기를 원한다.[5] 이는 많은 주요 제품의 생산을 미국과 동맹국들로 되돌리는 훨씬 더 강력한 산업 정책을 개발하는 것을 포함하게 될 것이며, 이를 통해 중국과 같은 비우호적인 국가들의 협박에 취약하지 않게 될 것이다(흥미롭게도 바이든 캠페인이 선거 전에 발표한 극소수의 문서 중 하나가 미국의 공급망 재고에 관한 것이었다).[6]

바이든의 목표는 중국과의 경쟁을 강화하는 것이다. 하지만 이는 파괴적인 열전이나 냉전의 완전한 탈동조화를 피하는 방식으로 이루어져야 한다.[7] 그는 중국이 개방적으로 네트워크된 시스템을 미국에 대항하여 이용했다는 트럼프의 관점에 이의를 제기하지 않으며 미국도 이에 상응하는 대응을 해야 한다고 본다. 하지만 공화당과는 달리, 그는 이를 아시아와 유럽의 동맹국들과 긴밀히 협력하면서 추진하기를 원한다.

이러한 변화의 동인 중 하나는 미국 권력에 대한 재평가이다. 트럼프 행정부에서도 미국이 단독으로 중국의 접근 방식을 변화시킬 만한 충분한 영향력을 가졌는지에 대한 큰 논쟁이 있었다. 바이든 팀의 평가는 트럼프의 실험이 일방주의의 한계를 보여주었다는 것이다. 그들은 오직 집단적 압박과 규칙을 설정하기 위한 집단적 노력만이 장기적으로 효과가 있을 것으로 생각한다. 이들이 채택한 전략의 핵심은 세계 전체를 향한 개방과 통합이라는 기존 노선에서 벗어나, 신뢰할 수 있는 동맹국들과의 더욱 긴밀한 협력과 결속을 추구하는 것이다. 바이든 팀에게 있어 이는 미국의 권력과 기술적 우위를 보존하려는 노력에서 선택사항이 아닌 필수적인 것으로 여겨진다. 그들은 미국식의 접근법을 추구한다면 5G 나 반도체에 대한 글로벌 표준을 설정할 수 없다는 것을 깨달았다.

바이든 팀은 또한 디지털 영역의 규제에 더 개방적일 것으로 보인다. 2016년 대선에서의 러시아의 개입과 가짜 뉴스의 확산은 이를 불가피하게 만든다. 재고해야 할 지정학적 이유들도 있다. 중국의 팽창주의에 맞서고 유럽의 동맹국들을 모집하는 가장 좋은 방법의 하나는 개인정보 보호와 규제 문제를 제기하는 것이다. 이는 공산당 및 중국 정부와 밀접하게 연결된 중국의 거대 기술 기업들이 독립성에 대한 필수 기준을 충족하지 못하게 하려는 희망에서이다. 바이든 행정부는 부시와 오바마 행정부 시기에 추진된 핵심 전략들을 더 파편화되고 다극화된 세계에 맞춰 미묘하게 재조정할 것으로 보인다.

바이든 행정부는 질서 구축 사업에 복귀하고 싶다는 신호를 보냈다. 하지만 이 새로운 '시스템 구축'은 중국과 러시아가 거부권을 가진 글로벌 제도를 통해서가 아니라 민주주의 국가들의 '같은 생각을 가진' 그룹 사이에서 이루어질 가능성이 높다. 이는 글로벌 시스템이 경쟁적인 우호 그룹들로 더 큰 파편화를 겪게 될 수 있음을 의미한다.

### 베이징: 관계적 권력

중국외교대학은 1955년 마오쩌둥의 오른팔이자 당시 외교부장이었던 저우언라이(Zhou Enlai)에 의해 설립되었으며, 외교관들에게 공산주의 이념을 교육하고 전 세계적인 영구혁명을 촉진하는 방법을 가르쳤다. 문화대혁명 동안 폐쇄되었다가 1990년 덩샤오핑(Deng Xiaoping)에 의해 재개교되어 세계를 변혁하기보다는 세계와 소통하는 새로운 세대의 외교관들을 양성하게 되었다. 나는 베이징을 방문할 때마다 가끔 현 총장인 친야칭(Qin Yaqing)을 만나는데, 그의 회의실에 놓인 격식 있는 큰 안락의자에 앉아 차를 마시거나 대학 맞은편 식당에서 점심을 함께 한다. 그는 온화한 성품을 지녔고, 매끈한 얼굴을 가졌으며, 통역사로서의 초기 훈련을 반영하듯 남들과 다른 완벽한 영어 실력을 갖추고 있다.

친야칭은 단순한 당의 하수인이 아닌 진지한 사상가이다. 그는 서구 국제 관계학의 '구성주의'라는 비교적 새로운 학파의 창시자 중 한 명인 알렉산더 웬트(Alexander Wendt)의 저작을 훌륭하게 번역해 중국 학계에서 이름을 알리기 시작했다. 그는 중국 대다수의 외교 정책 관련 지식인들보다 훨씬 더 온건한 입장을 취하고 있으며, 아마도 더 강경한 목소리를 내는 이들보다는 영향력이 적을 수 있다(나는 이러한 공인된 사상가들 중 일부를 나의 이전 저서인 『중국은 무엇을 생각하는가』와 『China 3.0』에서 다룬 바 있다).[8] 하지만 그의 온건한 성향과 미주리 주립대학교 콜롬비아 캠퍼스 유학생 시절을 포함해 서구 사상에 대한 깊이 있는 연구에도 불구하고, 친야칭은 '중국식 국제 관계학파'를 발전시켜 자국을 서구 사상으로부터 해방시키고자 하는 소수의 중국 학자 중 한 명이다(이는 1장에서 만났던 강경파 학자 옌쉐퉁과 공유하는 점이다). 현재 그의 역할은 시진핑의 중국몽을 세계에 전파하고 야심 찬 일대일로 구상의 길을 닦기 위한 차세대 중국 외교관들을 양성하는 것이다.

앤드류 마셜처럼 친야칭도 리처드 니스벳의 『생각의 지도』을 연구했다. 그는 특히 고대 중국인과 고대 그리스인의 사고방식을 대조한 구절에 깊은 인상을 받았다. 니스벳에 따르면, 그리스인들은 자신들을 주로 독립적인 존재로 여겼다. 사회의 핵심 단위는 집단이 아닌 개인이었다. 반면 중국인들은 자신들을 주로 상호의존적인 존재로 보았다. 그들의 세계관에서 가장 중요한 특징은 관계이다. 그들에게 사회는 개인보다는, 충의 관계로 맺어진 가족들의 집합이었다. 그리스인들이 자유의 추구를 최고의 목표로 여긴 반면, 도교나 유교의 영향을 받은 중국인들에게는 이러한 집단들 간의 조화가 가장 중요한 추구 대상이었다.[9]

정융녠(Zheng Yongnian)은 인터넷과 글로벌화가 중국 정치를 어떻게 변화시켰는지 연구해 온 정치학자이자 비공식 정부 자문위원으로서 친야칭의 논지를 뒷받침한다. '서구의 국가 개념이 법적 사회라면, 중국은 "관계 사회(relational society)"이다'라고 그는 2021년 초 인터뷰에서 내게 말했다. 그는 실질적으로 이것이 아버지로부터 시작해 가족의 서로 다른 원들이 바깥으로 퍼져나가는 것에서 시작된다고 생각한다. 정융녠은 이 위계적 모델이 정치 시스템에도 확장된다고 말한다. 베이징 순환도로의 구조만 봐도 알 수 있다고 그는 말한다. 중심은 첫 번째 순환도로의 공산당 본부이다. 그 다음으로는 두 번째 순환도로의 정부가 있다. 전국인민대표대회는 세 번째 순환도로에 있다. 인민정치협상회의는 네 번째 순환도로에 있는 식이다.

친야칭 교수와 정융녠 교수는 이러한 유교적 관계 중심의 관점이 상호 연결된 세계를 바라보는 중국의 시각도 형성하며, 이는 서구의 관점과 대조된다고 주장한다. 정은 서구인들이 국제 관계를 지리적 관점에서 보는 경향이 있다고 말한다. 하지만 중국에게는 두 국가 간의 지리적 거리가 아니라 사회적으로나 정치적으로 얼마나 가까운지가 중요하다. '정치적 거리가 가깝다면 우호적 대우를 더 많이 할 것이고, 매우 가까운 원 안에 두게 될 것이다'라고 그는 말한다. '만약 더 멀게 느껴진다면 세 번째나 네 번째 원에 두게 될 것이다.' 그는 지리는 공유하지만 자주 다투는 중국과 호주의 예를 든다. '이는 국익 때문이 아니라 그들이 우리와 정치적으로 가깝지 않다고 느끼기 때문이다.'

친야칭 교수는 유교 체계가 중국인들에게 권력에 대한 다른 관념도 제공한다고 말한다. 그는 서구인들이 개별 국가를 국제 관계의 핵심으로 본다고 주장한다. 그들은 각 국가의 기술, 군사력, 경제력, 제도를 비교함으로써 권력을 측정한다. 반면 중국인들은 개별 국가 자체보다는 다른 국가들과의 관계의 특성에 더 초점을 맞춘다(비록 중국의 싱크탱크들이 다른 국가들의 '종합국력(comprehensive national power)'을 철저히 조사하긴 하지만). 가장 강력한 국가들은 다른 국가들과의 연결고리가 가장 많고 시스템의 중심에 있는 국가들이다. 유교적 관점에서는 세계의 다른 행위자들을 어떻게 대우할지는 그들이 당신에게 보이는 충성도에 달려있다. 다른 이들을 당신의 가치관과 생활방식으로 개종시키려 하기보다는, 상호 공존의 방법을 찾으려 해야 한다.[10] 유교 체계는 법치보다는 인정(人情)의 교환과 처벌에 의존한다.[11] 바로 이 유교 체계가 명나라 시대(1368-1644년)

에 한국인, 일본인, 몽골인들을 지배적인 중국과의 조공 관계로 묶어놓았다.

많은 이들은 이를 시진핑 중국 주석이 일대일로 구상을 발전시키는 데 영감을 준 모델로 본다. 이는 중국을 중심으로 한 운명공동체인 천하(天下)를 재창조하기 위한 실질적인 비전이다. 시진핑은 역사 속 자신의 역할에 대해 많은 생각을 한다. 그리고 이는 중국이 글로벌화와 그 어두운 면을 어떻게 다룰 것인지에 대한 큰 재고로 이어지고 있다. 2020년 시진핑은 '쌍순환 경제(dual circulation economy)'라는 슬로건 아래 새로운 비전을 제시했다.[12] 정융녠은 2020년 8월 중난하이의 공산당 본부에서 열린 이 구상을 논의하기 위한 시진핑 주석과의 심포지엄에 초청된 아홉 명의 엄선된 학자 중 한 명이었다.

기술적으로 들리는 이 문구 뒤에는 글로벌 경제 질서를 바꿀 수 있는 아이디어가 숨어 있다. 무역과 투자를 통해 세계와 연결된 단일 경제로 운영되는 대신, 중국은 자국을 이분화된 경제로 만들어 가고 있다. 한 영역(대외순환, external circulation)은 세계의 나머지 지역과 접촉을 유지하겠지만, 점차 다른 영역(대내순환, interal circulation)에 의해 가려지게 될 것인데, 이는 국내 수요와 자본, 아이디어를 육성할 것이다. 쌍순환의 목적은 중국을 더욱 자립적으로 만드는 것이다. 이전에는 중국의 발전을 수출 주도 성장에 기반했던 정책 입안자들은 이제 1장에서 살펴본 것처럼 미국의 압박 없이도 기술과 노하우에 접근할 수 있도록 국가의 공급망을 다각화하려 하고 있다. 이 과정에서 중국은 다른 국가들이 자국에 더 의존하게 만들어, 대외 경제적 연계를 글로벌 정치적 힘으로 전환하려 할 것이다.

이러한 경제적 연계를 재고찰하는 과정에서 시진핑은 '큰 안보'(大安)라는 개념을 설명했다. 단순히 침공해 오는 육군과 해군만을 걱정하는 대신, 중국은 이제 금융 관계와 무역에서부터 통신과 언론에 이르기까지 국가 생활의 거의 모든 영역에서 상호의존성이 조작되는 위험으로부터 자신을 보호해야 한다.[13] 그의 임무는 글로벌화에 대한 중국의 노출을 줄이는 것이다. 정융녠은 이것의 중요성을 이렇게 설명했다. '두 나라가 너무 상호의존적이기 때문에 모든 것이 안보 문제가 될 수 있다. 중국은 자체 기술 개발에 더 많은 에너지를 쏟을 것이다. 어느 정도의 탈동조화는 불가피하며 관계에도 좋다.' 가장 눈에 띄는 계획 중에는 '중국제조 2025(Made in China 2025)'와 '중국표준 2035(China Standard 2035)'가 있는데, 이는 미래의 가장 중요한 기술들에서 70%의 자급자족을 달성하도록 설계되었다. 시진핑은 또한 중국의 투자를 다각화하고 디지털 위안화(RMB)와 미국 통화와의 연결을 피하는 새로운 결제 시스템을 밀어붙임으로써 달러에 대한 중국의 의존도를 줄이려 노력해 왔다.

2020년 여름 중국 당국은 중국 내 주요 외국 기업에 접근해 고위 대표를 파견해 달라고 요청했다. 이는 비공개 시간과 장소에서 중국의 새로운 경제 전략에 관한 극비의 소규모 회의를 고위 관료와 같이 위해서였다. 중국에서 흔히 그렇듯이, 행사의 형식은 그 내용을 반영했다. 이 문제에 대해 나와 논의하면서 익명을 고집한 해당 문제를 가장 잘 알고 있는 두 사람에 따르면, 주최 측은 기업에 중국계 민족 대표만을 보내달라고 요청했다. 이는 베이징이 점점 더 자체 기술, 자체 에너지원을 개발하고 외국인에게 의존하기보다는 자체 소비에 의존하려는 비전을 완벽하게 상징하는 것이었다. 쌍순환하에서, 데이터, 연구개발, 표준에 대한 베이징의 새로운 규칙들은 서구의 주요 기업들이 중국에서 완전히 철수하지 않는 한 중국적 특색을 갖추도록 강요할 것이다. 잘 알고 있는 한 민간 부문 관찰자가 내게 말한 것처럼, '다임러나 폭스바겐 같은 기업들이 중국에서 일하기를 원한다면 서비스, 연구개발, 새로운 제품들을 그곳으로 옮겨야 한다는 것이 중국의 생각이다. 베이징은 쌍순환이 그들을 중국 기업으로 변모시키기를 희망한다.'

시진핑의 접근 방식은 극단적이지만, 덩샤오핑 이후 서방에 대한 개방의 경제적 기회와 시스템 변화나 협박에 중국을 드러내는 위험 사이의 균형을 맞추고자 했던 이전 공산당 지도자들의 철학을 반영한다. 이러한 고려들은 신중한 개방과 개혁 과정이 자본 통제, 만리방화벽, 자주적 혁신을 촉진하는 움직임과 같은 정책들과 결합하게 했다.

시진핑은 외국인들이 중국을 변화시키는 것을 막는 방어적 조치를 하는 한편, 각국의 취약점을 이용할 수 있다는 점에서 국가 간 상호의존 관계를 자국의 영향력을 확대하는 전략적 수단으로 활용하고 있다.[14] 중국 정부와 학자들은 '탈동조화'에 대한 미국의 논쟁을 주의 깊게 연구하고 있으며 이에 대한 대응 방안을 모색하고 있다. 중국이 덜 강력했을 때는 미국의 네트워크를 통해 미국에 도전하기 위해 자국의 약점을 극복하는 방법에 대해 많은 시간을 할애했다. 연결성에 대한 가장 상세한 공격적 접근 의제는 2001년 중국 베스트셀러 목록에 오른 『초한전(Unrestricted Warfare)』이라는 책에서 나왔다. 이 책은 '군인들이 전쟁을 독점하지 않는다'라고 주장하면서 '비군사적 전쟁'을 위한 일련의 전략들을 제시한다(다음 페이지의 표 1 참조).

시진핑은 약점이 아닌 강점의 위치에서 연결성을 무기화하는 방법을 모색하고 있다. 그는 중국의 거대한 국내 시장을 이용해 다른 국가들이 베이징의 지도를 따르도록 압박하고 있다. 그의 관리들은 중국의 요구를 따르지 않는 국가들에 의료 물자 공급 중단, 시장 폐쇄, 투자 철회를 위협해 왔다. 그리고 시진핑은 분명히 일대일로 구상을 실행하는 데 있어 고대 중국 사상을 따르는 것으로 보인다. 그의 종합 계획은 중국을 세계의 중심 권력, 즉 중화제국으로 만들고자 하는 열망으로 뒷받침되는 것 같다. 일대일로는 중국과 세계의 나머지 지역을 연결하는 것을 중심으로 하며, 베이징에 충분한 경의를 표하는 국가들에 선의를 보여주는 것이다. 이는 규칙이나 제도에 과도하게 구속되지 않는 유연한 관계를 포함한다. 중국의 무역과 경제력이 세계의 나머지 지역과의 연계를 계속 증대시키고 있지만, 가장 혁신적인 지경학적 도구는 물리적, 가상적, 제도적 인프라였다. 오늘날 중국은 그 어느 때보다 더 빈번하게, 더 단호하게, 그리고 더 다양한 방식으로 연결성을 활용하고 있다.

표 1: 초한전의 다양한 측면

| 군사적 | 초군사적 | 비군사적 |
|---|---|---|
| 원자력 전쟁 | 외교전 | 금융전 |
| 전통적인 전쟁 | 네트워크전 | 무역전 |
| 생화학전 | 정보전 | 자원전 |
| 생태전 | 심리전 | 경제원조전 |
| 우주전 | 전술전 | 규제전 |
| 전자전 | 밀수전 | 제재전 |
| 게릴라전 | 마약전 | 미디어전 |
| 테러전 | 가상전<br>(억제) | 이념전 |

출처 Qiao Liang and Wang Xiangsui, Unrestricted Warfare (Beijing: PLA Literature and Arts Publishing House, 1999)

## 브뤼셀: 규칙 제정자

마르그레테 베스타게르(Margrethe Vestager)라는 사람을 못 들어봤을 수도 있지만 그녀는 연결된 세계의 구원자로 찬사를 받고 있다. EU의 경쟁 담당 유럽위원회 위원으로서, 그녀는 우리의 네트워크 세계를 만든 디지털 거인들, 즉 여러 국가보다 더 커진 기업들에 맞설 수 있는 권력과 자신감을 가진 소수의 인물 중 한 명이다. 지난 몇 년 동안, 그녀는 안드로이드 브라우저에 크롬을 포함하고 다른 업체들을 온라인 광고에서 배제하려 한 구글에 82억 유로의 벌금을 부과했다. 애플에는 조세 회피로 기록적인 130억 유로의 벌금(추가로 12억 유로의 이자)을 물렸다. 그녀는 나아가 새로운 디지털 규칙집 — 다소 불편한 이름인 일반데이터보호규정(GDPR) — 을 도입했다. 이는 기업들이 소비자 데이터를 수집하고 수익화하기 전에 명시적 동의를 얻도록 강제했다. 2019년에는 베스타게르가 페이스북을 겨냥해 그들의 새로운 디지털 화폐인 디엠(Diem)(이전 명칭 리브라(libra))을 조사하겠다고 약속했다.[15]

모든 사람이 각각의 정책 세부 사항에 동의하는 것은 아니다. 실제로 유럽사법재판소(European Court of Justice)는 최근 애플에 벌금을 부과한 그녀의 획기적인 결정을 뒤집었다. 하지만 그녀의 대담함에 감탄하지 않을 수 없다. 대부분의 정부는 디지털 혁명을 날씨처럼 — 적응해야 하는 무언가로 — 다루지만, 그녀의 야망은 계절을 통제하는 것 그 자체이다.

베스타게르는 독특한 인물이다. 그녀는 유럽에서 가장 작은 나라 중 한 곳의, 그것도 가장 작은 정당 출신임에도 불구하고(그녀는 호평받은 덴마크 TV쇼 '보르겐(Borgen)'의 총리 캐릭터의 영감이 되었다) 세계에서 가장 강력한 직위 중 하나로 자신을 끌어올렸다. 그녀는 인터넷의 최고 기술 규제자이지만 개인정보보호 정책에 동의하지 않는 구글 사용을 거부한다(내신 유럽의 덕덕고*를 선택한다). 그녀는 기술 혁명의 잠재력을 믿는 사람이지만,

* 덕덕고(DuckDuckGo)는 2008년 가브리엘 와인버그(Gabriel Weinberg)가 창립한 인터넷 검색 엔진으로 사용자 개인정보 보호에 중점을 두고 있다. 대형 검색 엔진들과는 달리, 덕덕고는 사용자의 검색 기록을 저장하거나 추적하지 않으며, 수집된 데이터를 제3자에게 판매하지도 않는다. 이러한 접근 방식은 디지털 시대에 점점 더 중요해지는 온라인 개인정보보호에 가치를 두는 사용자들 사이에서 인기를 얻고 있다. 덕덕고의 또 다른 주요 특징은 '필터 버블'을 방지한다는 점이다. 다른 검색 엔진들이 사용자의 과거 검색 이력과 프로필에 기반한 맞춤형 결과를 제공하는 반면, 덕덕고는 모든 사용자에게 동일한 검색 결과를 보여준다. 또한 사용자들은 '뱅(Bang)' 기능을 통해 특정 웹사이트에서 직접 검색할 수 있는 편리한 단축키를 사용할 수 있다. 이러한 특성들로 인해 덕덕고는 구글이나 빙(Bing)과 같은 대형 검색 엔진의 대안으로 자리매김하고 있다.

정치가 그것을 정하기를 원한다. 그녀는 실용주의자로 알려져 있지만, 동시에 도덕적 정직성을 완고하게 수호하는 사람이기도 하다. 베스타게르의 윤리관은 의심할 여지없이 두 명의 루터교 목사인 부모 밑에서의 성장 배경에 영향을 받았다. 하지만 베스타게르의 이력이 독특하다고 해도, 네트워크와 규칙에 대한 그녀의 태도는 그렇지 않다. 실제로 베스타게르의 의제는 연결성에 대한 EU의 태도를 완벽하게 표현하고 있다.

EU는 네트워크화된 세계의 출현을 촉진하는 데 있어 다른 어떤 강대국만큼이나 많은 일을 해왔다. 유럽 정치인들이 종종 국기, 국가(國歌), 화폐, 여권을 갖춘 '유럽'이라는 국가의 환상을 떠올리긴 하지만, EU는 초국가적 존재가 아니다. EU는 분권화된 네트워크로서, 국가들이 대륙 규모의 시장과 화폐를 가지면서도 동시에 국가 차원에서 맞춤형 정치를 할 수 있게 해주는 양면의 장점을 모두 제공한다. EU의 다양한 권력 중심부, 즉 '노드'들은 회원국, 유럽 기관들 및 기타 행위자들로 구성되어 있으며, 이들은 헌법에 미리 엄격하게 정의된 청사진에 따라 수직적으로가 아닌 수평적으로 권력을 공유한다. 이들은 모두 상호의존적이며, 특정 사안에 따라 서로 다른 비중을 가지고 있지만, 아무리 강력한 노드라 하더라도 다른 노드들을 무시할 수는 없다. EU와 같은 개방형 네트워크 시스템은 단순히 도구적 협력에만 기반한다면 오래 지속될 수 없을 것이다. EU의 설립자들은 모든 구성원들이 할 수 있는 일을 규정하는 명확한 규칙과 규범이 필요하다는 것을 인식했다.

이것이 EU가 직면한 역설 중 하나이다. 한편으로는 무역과 상호의존이 민족주의와 군국주의를 순화시킨다는 애덤 스미스(Adam Smith)의 견해에 열렬히 동의한다. 하지만 동시에, 자신과 타인 사이의 장벽을 허물면 그들이 접근 권한을 남용하지 않도록 확실히 해야 한다. 따라서 타인에 대한 개방성이 커질수록, 더 많은 공통 규칙이 필요해진다. 새로운 국가들이 EU에 가입하고자 할 때, 그들은 동성애 권리와 사형 제도부터, 잔디 깎는 기계의 소음 배출과 식품 안전에 이르기까지 모든 것을 규제하는 8만 페이지가 넘는 법률을 국내법으로 통합해야 한다. 이것이 바로 '공동체 유산(acquis communautaire)'이라고도 알려진 EU의 운영체제이다.

EU는 이 운영체제를 자체적으로 준수할 뿐만 아니라, 자신의 네트워크와 접촉하는 모든 이들이 동일한 규칙을 따르도록 노력해 왔다. 이러한 규제의 수출은 EU가 외부인들과 거래하는 데까지 확장되었으며, EU가 체결하는 모든 무역 협정과 제휴 협정에는 가치 조항이 포함되어 있다. EU가 세계 최대의 단일 시장을 보유하고 있기 때문에, 다국적 기업들조차도 이 지역에 대한 접근에 의존하고 있다.[16] 유럽은 이러한 경제적 힘을 이용하여 사회가 어떻게 조직되어야 하는지에 대한 자신의 아이디어를 제시하며 EU의 규범에 부합하지 않는 기업들을 배제하겠다고 위협한다.

예를 들어, 중국과의 경쟁에서 브뤼셀은 단순히 중국 시장에 대한 접근만을 추구하는 것이 아니라, 더 높은 임금과 사회적 보호를 포함하는 유럽의 사회 모델을 수호하려 노력하고 있다. 환경 및 식품 보호에 있어서 유럽은 다른 강대국들보다 훨씬 더 위험 회피적이다. 유럽은 사후에 문제를 해결하기보다는 최악의 상황을 가정하고 문제를 미리 예방하려는 '사전 예방 원칙'을 채택했다. 이것이 바로 EU가 유전자 변형 생물체(GMO)를 금지하고 염소 처리된 닭고기와 호르몬이 첨가된 쇠고기를 금지하게 된 철학적 배경이며, 이로 인해 미국과 대립하게 되었다. EU는 또한 문화적 다양성과 농촌 관리에 있어서 농업의 역할을 보호하는 규범을 가지고 있다. 이른바 '브뤼셀 효과(Brussels effect)'는 컴퓨터 소프트웨어, 어린이 장난감, 화장품, 가전제품, 식품 안전을 포함한 많은 영역에서 EU를 세계의 표준 제정자로 만들었다.[17]

마르그레테 베스타게르는 그녀의 전임자들이 세운 행동 패턴을 따르고 있지만, 이를 대규모 산업 전반에 적용하기 시작하면서 세간의 이목을 크게 끌게 되었다. 내가 캘리포니아에서 피터 틸과 대화했을 때, 그는 실리콘밸리의 많은 기술 기업이 워싱턴보다 브뤼셀을 더 두려워한다고 털어놓았다. '그들은 워싱턴을 이해하고 어떻게 영향을 미칠 수 있는지 알고 있다. 하지만 그들은 나쁜 일들이 브뤼셀에서 올 것이라고 두려워하면서도 EU에 어떻게 영향을 미칠 수 있는지 이해하지 못한다'라고 그는 설명했다.

유럽의 선호를 세계의 나머지 지역에 부과할 수 있는 베스타게르의 능력은 EU의 특이한 구조와 글로벌 무역에서의 지배적 역할에서 비롯된다. 하지만 이러한 부과는 EU가 연합 내에서 이를 준수하기 때문에만 가능하다. 이러한 종류의 규제 권력은 더 전통적인 외교 정책 도구들보다 비용이 적게 들고, 더 지속 가능하며, 더 쉽게 배치할 수 있고, 경쟁자들에 의해 쉽게 약화되지 않는다. 우리는 글로벌 네트워크를 촉진하는 유럽의 목표가 무엇보다도 새로운 권력 수단을 개발하는 것이 아니었다는 점을 잊지 말아야 한다. 이는 항상 권력 정치를 초월하는 세계에 대한 비전의 일부였다. 유럽인들은 분쟁을 해결하는 방법으로서의 현실 정치와 군사력이라는 개념을 거부하고 분쟁이 법정을 통해 해결되는 상황으로 나아가려 노력해 왔다. 그들은 전쟁을 피하는 수단으로서 무역의 문명화하는 힘을 믿는다. 그리고 시장 경제를 믿지만 시장 사회는 믿지 않으며, 시장의 힘으로부터 그들의 사회 모델, 문화, 환경을 보호하려 노력하고 있다. 무엇보다도 그들은 네트워크화된 세계가 국가 주권보다 '공유 주권(shared sovereignty)'을 중시하는 '운영체제'에 의해 통치될 수 있기를 희망한다.[18]

## 제4세계

세계 인구의 대부분은 미국, 중국 또는 EU에 살지 않는다. 그리고 많은 이들이 연결성이 가져오는 양면적 효과를 예리하게 인식하고 있다. 한편으로는 많은 국가들이 이로부터 혜택을 받았다. 그들은 글로벌화와 3대 경제 동력인 미국, 중국, EU라는 공급망에 편입되는 기회로 인해 급성장했다. 석유와 가스에서부터 구리, 알루미늄, 코발트, 리튬에 이르기까지 원자재 가격이 급격히 상승했다. 새로운 투자 유입이 가능해졌다. 그리고 일부 시민들은 이주를 통해 자신들의 꿈을 좇을 기회를 얻었다.

동시에 이러한 국가 중 많은 나라들은 식민지 시절의 착취, 통제력 상실, 그리고 다른 이의 제국 변방으로 전락했던 굴욕을 기억하고 있다. 오늘날 그들의 큰 두려움은 다시 한번 세 개의 거대한 연결성 제국에서 나오는 명령을 따라야 하고, 자신들의 운명을 스스로 결정하기보다는 그들 중 하나를 선택하도록 강요받는 것이다.

그렇다고는 하지만, 새로운 세계는 중견 국가에게 20세기의 전통적인 세력 균형 체제에서보다 더 많은 지정학적 선택권을 제공한다. 20세기에는 이들은 초강대국들의 우월한 기술력과 화력에 의해 열세에 놓여 있었다. 이에 따라 다양한 틈새 전략들이 등장하게 되었다.

러시아는 사회 교란의 선구자가 되었다. 러시아는 가스 공급 중단, 각종 제재 조치, 외국인 노동자 추방, 사이버 공격, 허위 정보 유포, 유엔과 유럽안보협력기구 등 서방이 주도하는 국제기구들의 활동을 무력화하는 등의 대외 정책을 통해 주변국과 여러 강대국들의 행보에 실질적인 영향력을 행사해 왔다. 대규모 이주의 시대에, 튀르키예는 300만 명이 넘는 시리아인들을 수용하는 부담을 완화하기 위해 비자 제한 해제와 재정 지원을 요구하면서, 유럽으로의 인구 이동을 통제할 수 있는 능력을 권력의 원천으로 사용했다. 낮은 유가에도 불구하고, 사우디아라비아는 매일 1천만 배럴의 석유 추출을 활용하여, 단기적 손실을 감수하면서 글로벌 시장을 자신에게 유리하게(그리고 이란, 러시아, 미국 셰일 기업과 같은 경쟁자들에게 불리하게) 형성하고 있다. 더욱이 사우디아라비아는 아랍 봉기 당시 이집트의 시시(Sisi) 장군과 같은 반혁명 정권을 지원하고 예멘에서 이란과 대리전을 벌이는 등 대외 정책 목표를 지원하기 위해 수십억 달러의 석유 자금을 기꺼이 투자해 왔다. 석유 우위의 유효기간을 의식하면서, 사우디아라비아는 이제 탈탄소 미래로 나아가는 길을 선도하고 중동의 선도적 경제 강국으로서의 역할을 장기적으로 공고히 하려 노력하고 있다. 이란은 지역 전체에 퍼져있는 시아파 공동체와의 연계를 통해 사우디아라비아의 야망을 모방하고 있으며, 이는 하마스, 헤즈볼라, 후티와 같이 이란을 대신해 전쟁을 수행하는 민병대에 대한 지원과 결합되어 있다. 이란은 또한 호르무즈 해협에서 선박을 공격하고, 사우디아라비아의 석유 거대기업 아람코(Aramco)의 시설을 무력화하기 위해 사이버 공격과 드론 공격을 감행함으로써 글로벌 에너지 시장을 교란하는 것도 마다하지 않았다.

우리의 세기가 중반으로 접어들면, 아프리카 인구는 최소한 인도나 중국만큼이나 많아질 것이다. 아프리카는 신흥 시장의 다음 진신이며, 이것이 바로 — 수십 년간 지정학적으로 뒷순위였던 때부터 — 이제 모든 강대국이 이 대륙과의 관계를 심화하려 노력하는 이유이다. 유럽인들과 중국인들은 데이터 개인정보보호에 대한 각자의 표준에 아프리카 국가들을 참여시키기 위해 경쟁하고 있다. 한편 미국은 중국의 세계적 부상에 대응하는 방법으로서 이 대륙에 더 많은 관심을 보인다. 하지만 이러한 아프리카 국가 중 많은 나라가 중요한 행위자가 될 것으로 예상됨에도 불구하고, 아프리카의 54개국은 정치적으로 너무나 분열되어 있어서 예견 가능한 미래에 글로벌 수준에서 집단적 권력을 행사할 수 있을 것 같지는 않다. 더욱이, 글로벌화 시대가 국경을 허물었다는 생각에 동의하는 아프리카인은 거의 없을 것이다. 부유한 아프리카인들조차도 명망 있는 직업이 있음에도 요새화된 유럽이나 미국의 비자를 받는 과정이 굴욕적이라고 불평하며, 이에 따라 아프리카는 점점 더 중국과 교류를 늘리고 있다. 운이 그다지 좋지 않은 이들에게는 합법적인 이주의 길이 막혀있다는 현실이 오히려 대규모 이주 문제를 야기하고 있다. 이들은 합법적으로 자유롭게 오갈 수 있는 대신, 목숨을 걸고 불법 입국을 시도하며, 일단 도착한 국가에 계속 머물 수밖에 없는 상황에 부닥치게 된다. 이 시대를 자유로운 이동의 시대로 바라보는 서구의 시각은, 정작 이러한 현실을 정책 입안자들이 얼마나 제대로 보지 못했는지를 여실히 드러내고 있다.

태평양 연안에서, 우리는 일본, 한국, 호주, 그리고 아세안이 모두 중국과의 경제적 유대를 유지하면서도 군사적으로는 미국을 통해 위험을 회피하는 노력을 하는 것을 볼 수 있다. 다수의 이들 국가는 중국이 자신들의 데이터를 탈취하는 것을 막기 위해 5G와 같은 가장 민감한 인프라 부문에서 중국을 배제하고 상호의존성을 선도적으로 재조정해 왔다. 그들은 또한 행동의 자유를 증대시키기 위해 적극적으로 협력하고 자신들의 이웃 지역 밖의 강대국들과 훨씬 더 긴밀한 관계를 구축하려 노력해 왔다.

제4세계에서 가장 중요한 미해결 과제는 아마도 현대 시대에 거대한 야망을 품고 있는 고대 문명인 인도일 것이다. 인도는 독자적인 극이 될 잠재력이 있지만, 지금까지의 태도는 전략적이기보다는 방어적이었다. 제국주의의 트라우마적인 역사를 겪은 후에 '데이터 식민주의'에 대한 논쟁이 인도에서 가장 활발한 것도 놀라운 일이 아니다. 델리의 주요 부문에서의 기술적 역량과 그 거대한 시장은 우리의 기술적 미래를 위한 규범을 설정하는 데 중요한 역할을 할 수 있다. 그리고 2천만 명에 달하는 디아스포라는 전 세계 모든 국가에 영향력을 미칠 수 있다. 2020년 인도가 200개 이상의 중국 앱을 인도 네트워크에서 금지하고 인도 기업에 대한 중국의 투자를 제한하기로 한 결정은 중국 시스템에 충격을 주었다. 인도는 미국, EU, 중국만큼 큰 시장이 될 잠재력을 가진 유일한 시장이기 때문이다.[19] 만약 중국이 서방에서 배제되더라도 인도에서 기술 제품을 판매할 수 있다면, 여전히 중국은 거대한 소비자 시장의 혜택을 누릴 수 있을 것이다.

현재 인도는 중국을 따라 외국 공급업체들을 차단하고 자율성과 현지화를 목표로 할지에 대한 활발한 논쟁을 진행하고 있다. 하지만 지금까지 인도는 미국, 중국, 유럽의 국제적 영향력에 필적할 수 있는 '인두 연결성 철학(Hindu philosophy of connectivity)'을 개발하는 데는 상대적으로 관심을 소홀히 해 왔다. 대신 인도에서 연결성에 대한 논쟁은 더욱 방어적인 경향을 보여왔다. 인도 정부가 중국과의 국경까지 도로와 철도를 건설하는 것을 금지하는 정책을 재고하기 시작한 것은 불과 10년 전의 일이다. 1962년 두 아시아 강대국 간의 전쟁 이후, 교통 연결망이 중국군의 인도 영토 침입에 이용될 수 있다는 우려가 있었다(이러한 우려는 20

명의 군인이 사망하고 수십 명이 다친 2020년의 폭력적인 국경 충돌로 다시 부각되었다). 동시에 중국의 일대일로 구상이 베이징으로 하여금 인도를 '포위'하고 인도의 이익에 반하는 방식으로 주변 지역을 재편할 수 있게 할 것이라는 큰 우려가 있다.

표 2: 하나의 행성, 세 가지 연결성의 비전

| | EU | 중국 | 미국 |
|---|---|---|---|
| **철학** | 규범적 | 관계적 | 수단적 |
| **전략** | 문지기(회원국)와 규칙제정 | 중심성 (시스템과 혜택의 중심성) | 문지기(급소)와 데이터 채굴(감시) |
| **권력 지표** | EU 소비자와 기업의 웰빙 | 유대와 중심성의 수 | 역량 (GDP, 군사, 기술) |
| **통화** | 규칙 | 관계 | 자원 |
| **예방 원칙** | GMO 금지 | 범죄 사전 구속 | 예방 전쟁 |

양극화된 세계나 통제 불가능한 무극 세계의 혼돈으로 진행되는 대신, 우리는 '제4세계 질서(four-world order)'가 등장하는 것을 목격하고 있다. 세 개의 연결성 제국들은 지구를 조직하는 방식에 대해 근본적으로 다른 아이디어를 가지고 있고, 나머지 국가들은 — 제4세계를 구성하는 — 이들 사이에서 길을 찾아야만 하는 상황에 놓여있다.

미국은 점점 더 중국과의 관계를 단절하고 있으며, 시스템에서의 중심적 위치를 활용하여 자국의 외교 정책 선호도를 수출하고 있다. 중국 봉쇄 정책의 핵심 측면 중 하나는 경제 번영 네트워크의 개념이다. 간단히 말해, '같은 생각을 가진' 민주주의 국가들과 시장 경제들이 자신들의 규칙하에 무역하고, 투자하며, 데이터를 전송하고, 가치 사슬을 생산할 수 있는 별도의 세계를 재건하는 것이다. 미국은 중국이 시장(또는 민주주의) 수렴으로 돌아올 가능성에 대한 믿음을 잃었기 때문에, 베이징이 배제된 평행 우주를 재건하기를 원하고 있다.

미국의 재고는 베이징의 '중국제조 2025' 정책과 일대일로 구상에 의해 촉진되고 있다. 이러한 정책들은 미국의 발전을 따라잡고 나머지 세계와의 연계를 구축함으로써 미국을 우회하도록 설계되었다. 중국은 과거에 자국의 주권을 보존하면서 서구 중심의 네트워크에 대한 접근을 추구했다. 하지만 오늘날 중국의 주요 목표는 자국을 중심으로 새로운 네트워크를 구축하는 것이다.

동시에, EU는 여전히 세계무역기구, IMF, 세계은행과 같은 보편적 기구들을 옹호하려 하고 있지만, 강대국 간의 경쟁으로 인해 이러한 기구들이 교착 상태에 빠지면서 점점 더 독자적으로 행동해야 하는 상황에 처해 있다. EU는 또한 글로벌화된 세계에서 상호의존성을 증진하는 것에 대해 거의 종교적 수준의 애착을 가졌던 상황으로부터 더욱 경쟁적인 세계 질서 속에서 자신의 주권을 주장하는 데 더 관심을 갖는 상황으로 이동하고 있다.

표면적으로 '제4세계'는 냉전 시기의 '비동맹운동'과 비슷한 곤경에 처해 있지만, 그 전망은 더 유망하다. '제4세계 질서'는 공식 기구를 통해서뿐만 아니라 각국 간의 집중적인 경제 교류를 통해 서로 다른 블록들 간의 높은 수준의 접촉으로 특징지어진다. 냉전 시기에 이른바 '비동맹'

국가 중 다수가 고립된 상황에 부닥쳤다. 하지만 오늘날 그들은 세 질서 모두에서 이익을 취하려 하지만, 모든 강대국은 그들에게 한 편을 선택하라고 압박할 것이다.

이 새로운 세계의 핵심 영역들은 5장에서 설명된 모든 전장을 포함한다. 즉 경제, 인프라, 기술, 이주, 그리고 국제법이다. 우리의 세 강대국들은 새로운 무기와 방어 수단을 개발했다. 탱크와 비행기 대신 이제 그들은 규제와 표준, 통행 통제, 공급망, 선전, 제재, 암호화, 통화 정책과 금융 시스템을 사용한다. 하지만 그들을 분열시키는 것은 단지 그들의 이해관계만이 아니다. 다시 말해 그들은 서로 다른 시각으로 연결된 세계를 바라보고 있다.

워싱턴이 세상을 바라볼 때는 네트워크 지도상의 허브들을 본다. 이를 통해 미국은 감시나 제재를 위해 어디를 활용할 수 있을지 탐색한다. 베이징이 세상을 볼 때는 연결고리들을 본다. 이를 통해 중국은 다른 국가들을 자국 시장에 어떻게 연결하고 이러한 인프라 연결을 통해 중국의 영향권으로 묶을 수 있을지 탐색한다. 그리고 브뤼셀이 세상을 볼 때는 개별 노드들을 본다. 이에 의해 EU는 더 구체적으로는 유럽 소비자들과 기업들의 복지를 보고 어떤 규범이나 규칙이 그들의 이익에 가장 잘 부합할지 생각한다.

같은 언어를 사용할 때조차 그들은 서로 다른 의미를 가질 수 있다. 사전 예방 원칙이라는 개념을 보면, 중국의 경우 이는 종종 인공 지능을 사용하여 개인들의 의심스러운 행동을 포착하고 범죄를 저지르기 전에 체포하는 것을 의미한다. 미국에서는 종종 미국의 안보를 위협하는 테러리스트들에 대한 드론을 이용한 '선제공격'을 의미한다. 그리고 유럽에서는 GMO를 폐지하는 것을 의미할 수 있다.

앞을 내다보면, 가장 큰 위험 중 일부는 이러한 서로 다른 시스템들이 '제4세계 질서'에서 충돌할 때 발생할 것이다. 시진핑만이 상호의존 시대를 위한 '큰 안보' 개념을 발전시킨 지도자가 아니다. 미국과 유럽도 마찬가지이다. 그리고 이러한 '큰' 안보 개념들은 이들 주체들의 관할권이 다른 강대국들을 침해하도록 이끌고 있다. 예를 들어, 미국은 이슬람 공화국(이란)과 계속 거래하는 기업들에 대한 '2차 제재'를 도입함으로써 달러의 글로벌 영향력을 이용하여 다른 행위자들에게 자국의 이란 정책을 강요해 왔다. 이로 인해 토탈(Total)과 에어버스(airbus) 같은 유럽의 대기업들은 테헤란과의 수십억 유로 규모의 계약에서 철회해야 했다. 비록 해당 기업들이 소재한 유럽 국가들의 정부는 이러한 거래가 진행되기를 간절히 원했음에도 그러하다. 유럽의 경우는 유럽 시장에 대한 접근을 EU 규범에 준수를 조건부로 하여 미국과 러시아 기업들에 데이터 개인정보보호와 경쟁 정책에 관한 자신들의 규칙을 강요해 왔다. 중국의 사례는 자국 시장에 접근을 철회하겠다고 위협함으로써 전 세계적으로 자국 정책에 대한 반대자들의 입을 막으려 시도하는 것이었다. 중국 내에서는 기업들과 시민들이 정치에 관여하지 않는 한 자신들의 삶을 영위하고 번영할 수 있다는 암묵적인 거래가 있다. 현재 이 방식은 전 세계로 확산하고 있는데, 중국이 외국 정부들과 스포츠팀, 대학교, 패션 하우스, 영화 제작사들을 상대로 홍콩, 신장, 대만, 티베트, 또는 코로나-19 대응 정책에 대해 발언하면 제재를 가하겠다고 위협하고 있기 때문이다.

이러한 세 가지 보편주의적 프로젝트들의 지속적인 존재는 앞으로 수년간 많은 갈등이 있을 것임을 의미한다. 실제로, 우리는 과거 시대에 세계를 분열시켰던 바로 그 장소들에서 연결성을 둘러싼 새로운 분쟁 지점들이 생기는 것을 볼 수 있다.

새로운 형태로 돌아온 최전선 국가 중 하나는 내가 어린 시절 대부분을 보낸 벨기에다. 이 작고 평평한 국가는 나폴레옹 시대부터 제2차 세계대전까지 항상 글로벌 갈등의 조기 경보 신호, 즉 카나리아 역할을 해 왔다. 즉 외국 군대들은 서로 충돌할 때마다 항상 벨기에를 통과했다. 그리고 오늘날에도 같은 일이 벌어지고 있다. 하지만 오늘날의 갈등은 참호전이 아닌 글로벌 규제에 관한 것이다. 그중 하나는 우리가 앞서 살펴본 은행이 글로벌 금융 시장에 대한 접근을 제공하는 금융 정보 서비스인 SWIFT를 둘러싼 것이었다. 미국이 이란 경제를 겨냥했을 때, 그들의 첫 번째 조치 중 하나는 SWIFT에 압력을 가해 이란을 그들의 시스템에서 제외시키는 것이었다. 벨기에에 등록된 이 회사의 이사회는 이에 따랐고, 이는 유럽의 주권에 대한 엄청난 의문을 제기했다. 브뤼셀은 앞으로도 중국, 미국, 러시아 간의 다른 많은 유형의 규제에 있어 중심 전선이 될 것이며, 물론 미래의 주요 행위자가 될 것이다.

연결성을 위한 또 다른 전장은 제1차 세계대전을 촉발한 폭발성 있는 지역인 발칸반도이다. 이곳은 러시아, 중국, 튀르키예, 유럽이라는 옛 제국들이 마주치는 곳으로, 이들은 이 지역 민심을 얻기 위한 각축전을 벌이고 있다. 하지만 이들 사이의 새로운 갈등은 한 세기 전에 강대국들을 분열시켰던 것들과는 매우 다르다. 요즘에는 EU가 에너지 파이프라인에 대한 접근, 정부 계약을 따내기 위한 규칙, 그리고 경제 규제를 둘러싸고 러시아 및 중국과 경쟁하고 있다.

20세기 초반 발칸반도가 화약고였다면, 인도-태평양은 21세기 전반의 화약고가 될 가능성이 높다. 옌쉐퉁과 같은 사상가들은 대만이나 동중국해와 남중국해의 환초와 섬들을 둘러싼 전쟁을 경고해 왔다. 하지만 우리는 바누아투, 파푸아뉴기니, 통가와 같은 작은 국가들을 둘러싼 경쟁도 볼 수 있을 것이다. 여기서 문제가 되는 것은 과거의 생활공간*이 아니라 21세기 글로벌화된 세상에서의 무역 경로와 연결성에 대한 통제권이다.

아프리카를 둘러싼 새로운 쟁탈전도 벌어지고 있다. 19세기에는 모든 유럽 제국들이 토지와 자원을 차지하기 위해 서로 경쟁했다. 그리고 오늘날에는 강대국들이 이 지역에서 자신들의 영향력을 높이기 위한

* 생활공간(Lebensraum)은 나치 독일 시대에 아돌프 히틀러가 독일 민족의 성장과 번영을 위해 더 넓은 영토가 필요하다는 주장을 정당화하는 데 사용되었다. 나치 독일은 이 개념을 동유럽, 특히 폴란드와 소련 영토에 대한 침략의 근거로 삼았으며, 이는 제2차 세계대전의 주요 원인 중 하나가 되었다. 이러한 맥락에서 생활공간은 열등한 슬라브족을 추방하거나 노예화하고 그 땅을 우수한 독일인들이 식민지화해야 한다는 인종차별적 신념을 포함하고 있다.

새로운 열풍이 불고 있다. 오늘날의 목표는 단순히 천연자원을 약탈하는 것이 아니라, 가장 빠르게 성장하는 경제와 시장을 활용하는 것이다. 2010년부터 2016년 사이에 320개 이상의 대사관이 아프리카에 설립되었다.[20] 이 경쟁은 유럽, 중국, 미국 사이에서만이 아니라 사우디아라비아, 러시아, 인도, 튀르키예도 포함된다. 이러한 강대국들은 각각 데이터와 인터넷 규제, 해군기지, 무역 경로, 사람의 이동을 규제하는 조치들에 관한 전투에서 아프리카인들을 자신들의 규칙과 기준에 동참시키기를 희망하고 있다.

앞으로 지정학적 충돌점들은 육지와 해상의 통제권이 대상이 될 가능성은 적다. 대신 이주 협정, 역외 금융센터, 가짜 뉴스 공장, 국가 보조금, 컴퓨터 칩, 투자 보호, 통화 전쟁에 관한 것이 될 것이다. 연결된 세계의 흐름에 접근하기 위한 싸움과 더불어, '제4세계 질서'는 점점 더 연결성 자체를 지배하는 규칙을 만드는 경쟁이 될 것이다.

# 결론 _ 연결성 무장해제
## 하나의 선언

많은 미국인들은 지정학의 미래를 상상할 때 하와이를 떠올린다. 오아후 섬의 캠프 H. M. 스미스에 있는 인도-태평양 사령관 사무실에 앉아 태평양을 바라보면, 마치 스타트렉에서 혼돈의 너머로부터 자유주의적 국제질서를 수호하는 마지막 전초기지인 USS 엔터프라이즈호의 함교에 있는 커크(Kirk) 함장이 된 것 같은 기분을 느낀다.

하와이가 미국인의 정신세계에서 차지하는 역할은 잘 알려져 있다. 1893년 미국 해군이 군사력을 동원해 정권 교체를 이루었을 때, 이곳에서 미국은 제국주의 강대국으로 태어났다. 또한 진주만 공격과 함께 이곳에서 미국은 20세기 세계적 강대국으로 발돋움했다.

바로 장소는 버락 오바마(Barack Obama)가 지성인으로 성장하며, 아시아로의 '중심축 이동' 혹은 '재균형'과 같은 새로운 미국의 리더십 모델을 구상하게 된 곳이기도 했다. 또한 중국과의 전쟁 가능성에 대비하는 군사 신경중추인 캠프 H.M. 스미스가 자리 잡은 곳이기도 하다.

잘 알려지지 않은 사실은 하와이가 '중국 혁명의 요람'이었다는 점이다. 현대 중국의 설립자인 쑨원(Sun Yat-sen)은 오바마가 어린 시절 다녔던 같은 엘리트 학교인 하와이 수도의 푸나호우(Punahou) 학교 학생이었다. '여기가 나의 하와이이다'라고 쑨원은 1910년 신문기자 앨버트 피어스 테일러(Albert Pierce Taylor)에게 말했다. '이곳에서 나는 성장하고 교육받았으며, 현대 문명국가의 정부가 어떤 것이며 그것이 무엇을 의미하는지 알게 되었다.'[1] 1894년 하와이에서 흥중회(興中會)를 설립한 쑨원은 시진핑이 초기에 언급한 '중국몽'과 '중화민족의 부흥'에서 사용된 일부 비전과 슬로건을 발전시켰다.

오늘날 지정학의 많은 꿈의 풍경들이 이 고립된 군도의 야자수, 석양, 극적인 해안선 사이에서 처음 형태를 갖추게 되었다. 북미와 아시아의 정확히 중간에 있는 이 외딴섬들에서 19세기에 미국과 중국의 꿈이 형성되었고, 20세기에는 두 초강대국의 수렴이 계속되었으며, 21세기에는 군사적 충돌이 준비되고 있다. 이는 지구를 조직하는 방법에 대한 두 개의 거대한 비전(군국주의적 성향이 덜한 유럽에서 발전되고 있는 세 번째 비전은 차치하고서라도)이 공존하기에는 세계가 충분히 크지 않다는 것을 보여주며, 이들이 서로 분리되지 않는다면 충돌하게 될 것임을 보여준다.

하지만 내 생각에, 우리의 세계를 위한 하와이의 진정한 교훈은 해양 통제권보다는 우리 세계의 양면적 성격과 더 관련이 있다. 하와이 경제의 구조는 글로벌화의 이중구속에 대해 많은 것을 말해 준다. 하와이주 GDP의 절반은 중국과의 전투에서 이 섬들을 최전선으로 보는 미국 국방부로부터 직접 나온다. 나머지 절반은 관광업, 특히 2018년에 10만 명 이상의 방문객과 160억 달러의 지출을 끌어들인 웨딩 산업에서 나온다. 하와이의 경제는 문자 그대로 사랑과 전쟁으로 움직이고 있다. 연결과 충돌 사이에서 분열된 하와이의 상황은 세계의 패러다임이 되어 가고 있다. 하지만 하와이 경제의 두 측면이 대체로 분리되어 있는 반면, 더 넓은 세계에서의 조화와 불화는 더욱 밀접하게 연결되어 있다. 우리 행성은 하나의 현상 때문에 최고의 시기와 최악의 시기를 동시에 경험하고 있다. 바로 연결성이다.

## 평화롭지 못한 시대를 위한 치료법

이 책을 쓰기 시작했을 때 나는 원래 '열린 세계'를 위한 열정적인 호소를 하려고 했다. 서문에서 말했듯이, 나는 더 통합된 지구를 위한 새로운 구조를 설계하고자 했다. 하지만 더 깊이 파고들수록, 연결성의 좋은 면과 나쁜 면이 불가분하게 얽혀 있다는 것을 더욱 인식하게 되었고 우리 문명의 가장 큰 진보 중 많은 것들을 파괴하지 않고서는 이들을 분리하는 것이 불가능하다는 것을 깨달았다.

한편으로 글로벌화된 우리 세계를 묶는 유대는 그 어느 때보다 더 나은 세상을 만들었다. 전쟁과 극심한 빈곤이 줄어들고 있다. 기대 수명이 급증했다. 수십억 명이 교육을 받고 있다. 그리고 전염병과 기후 변화에서부터 금융 위기와 대규모 이주에 이르기까지 21세기의 큰 도전 과제들은 함께 일할 때만 해결될 수 있을 것이다. 하지만 동시에, 우리의 연결은 포퓰리스트 지도자들이 세계적 이해보다 국가적 영광을 증진시킴으로 인해 세계의 부족화로 이어지고 있다. 경쟁하는 초강대국들이 기후와 우리의 건강을 도구화함에 따라, 인류는 멸종의 위기로 내몰릴 수 있다. 그리고 헤드라인 뒤에서는 연결성 공격의 전염병이 세계를 휩쓸고 있어, 위험한 비평화의 시대를 예고하고 있다.

사람들은 통제와 자율성을 갈망하지만, 인터넷의 편리함은 물론 세계 여행과 무역을 포기할 준비가 전혀 되어 있지 않다. 그 결과, 국제 정치는 파트너들이 헤어질 수도 없고 함께 있는 것도 견딜 수 없는 기능 장애를 겪는 관계와 점점 더 비슷해지고 있다. 글로벌화는 많은 국가에 말로 표현할 수 없는 부와 편의를 주었지만, 동시에 그들에게 분쟁을 위한 기회와 동기, 그리고 새로운 무기들도 제공했다.

베이징을 여러 번 여행하던 중 어느 한순간 나는 우리 세계가 직면한 딜레마에 대해 깨달음을 얻었다. 내가 좋아하는 서점인 '책벌레'를 둘러보던 중, 피아 멜로디(Pia Mellody)의 『공동의존에 직면하기(Facing Codependence)』라는 책을 발견했는데, 이 책은 현대 정치와 국제 관계를 괴롭히는 모든 병리 현상을 포착한 것 같았다. 이 책은 관계를 균형 잡힌 현상으로 다루는 대신, '공동의존(codependence)'이라는 상태를 규명했는데, 이는 서로 다른 주체들 간의 유대가 독성을 띠면서도 피할 수 없게 되는 상황을 말한다.

공동의존으로 고통받는 이들은 자신과 타인 사이에 기능적인 경계를 설정하는 데 어려움을 겪는다. 그들은 상호의존성을 관리하는 데 문제가 있다. 그들은 과대망상과 열등감 사이를 오가며 진동한다. 내가 놀란 유일한 점은 우리의 비평화 시대에 대한 이런 진단을 서점의 정치 섹션이 아닌 자기계발 섹션에서 발견했다는 것이었다.

표면적으로 멜로디의 책은 전형적인 미국식의 심리학적 허상처럼 들리지만, 나는 공동의존이라는 비유가 세계 정치를 관리하는 데 도움이 될 수 있다고 확신하게 되었다. 우선, 우리의 상태에 대한 그녀의 진단은 개별 사람이나 국가의 병리가 아닌 그들 사이의 관계의 본질에 근거하고 있다. 이는 긴장이 경제만큼이나 심리에서 비롯된다는 것을 인정한다. 이러한 긴장은 우리가 만든 글로벌 시스템에 내재된 것이며, 관리되고 방향이 전환될 수는 있지만 제거될 수는 없다. 아마도 가장 중요한 것은, 그녀가 전문가들의 이론이 아닌 환자들의 실제 현실에서 시작한다는 점이다. 그리고 환자들의 두려움이 잘못되었다고 말하는 대신 환자가 안전함을 느끼도록 하는 방법을 찾으려 한다는 점이다. 베이징에서 멜로디를 읽으며, 나는 또 다른 점을 깨달았다. 문제는 해결되기보다 관리되어야 한다는 개념이 서구 계몽주의의 후예들에게는 불인하게 다가올 수 있지만, 음과 양은 통합되기보다는 공존하는 것으로 세상을 더 열린 관점에서 바라보는 아시아의 지배적 철학에는 이러한 생각이 더 친숙하다는 것이었다.

그때 나는 세계가 건축가가 아닌 치료사를 필요로 한다는 것을 깨달았다. 거대한 계획을 세워 연결성의 어두운 면을 근절하기보다는, 우리의 새로운 현실을 형성하고 생존하기 위한 전략이 필요하다. 냉전 시대에 사람들은 인류에 대한 가장 큰 위협이 통제 불능으로 치달을 수 있는 핵무기 경쟁이라는 것을 깨달았고 그들은 이 확전을 이용해 신뢰를 구축하고 점진적으로 인류를 말살할 수 있는 무기들을 통제하에 두려 했다. 우리의 딜레마는 훨씬 더 크다. 왜냐하면 비평화의 시대에는 모든 폭력이 전쟁의 레이더망 아래로 숨어들어 규제되지 않기 때문이다. 그리고 계산되고, 감시되고, 통제될 수 있는 몇 가지 치명적인 기술에 갇혀 있는 대신, 우리는 거의 모든 것이 무기화될 수 있는 시대를 살아가고 있다.

우리의 웰빙에 필수적인 연결이 또한 치명적인 무기로 변모되고 있다면, 우리는 그것들을 덜 위험하게 만드는 방법을 찾아야 한다. 이러한 모든 이유로 나는 연결성을 끝내기보다는 그것의 독을 제거하거나 무장해제하는 규칙과 규범을 고안하려 노력해야 한다고 확신하게 되었다. 냉전이 군비통제로 완화되었다면, 우리 시대의 그에 상응하는 것은 '연결성의 무장해제'이다. 이는 개인적 관계를 해독하는 데 필요한 지속적인 치료와 비슷한 시지프스의 투쟁*이 될 것이다. 심리학자들은 공동의존

* 시지프스(Sisyphus)의 투쟁은 알베르 카뮈(Albert Camus)가 1942년에 발표한 철학적 에세이로 바위를 끝없이 산 정상으로 밀어 올리는 그리스 신화 속 시지프스의 형벌을 통해 인간 존재의 부조리함을 탐구한다. 카뮈는 우주와 삶에 본질적인 의미가 없다는 부조리한 현실을 인식하고도, 자신의 운명에 대한 의식적인 수용과 반항을 통해 인간이 존엄성과 자유를 획득할 수 있다고 주장한다. "우리는 시지프스를 행복한 사람으로 상상해야 한다"라는 유명한 결론에서 카뮈는 부조리한 상황 속에서도 투쟁 자체에 의미를 부여하며 살아가는 '부조리한 영웅'의 모습을 제시하는데, 이는 제2차 세계대전의 폐허 속에서 의미를 찾으려 했던 20세기 실존주의 철학의 중요한 사상으로 현대인의 실존적 고뇌와 투쟁에 깊은 통찰을 제공한다.

을 완전히 치료할 수는 없다고 생각하지만, 환자들이 여전히 충만한 삶을 살 수 있도록 그것을 관리하는 다섯 단계를 제시했다.[2] 나는 '연결성의 무장해제'라는 아이디어를 중심으로 이러한 치료법들을 비평화 시대를 위한 5단계 프로그램으로 적용하고자 한다.

### 1단계: 문제를 직시하기

모든 치료 프로그램의 첫 번째 단계는 문제를 직시하는 것이다. 우리의 전 지구적 긴장의 근원에는 연결된 시대로 인해 불안정하고, 스트레스 받고, 예측할 수 없게 된 삶을 사는 개인들의 불만이 자리 잡고 있다. 소셜 미디어는 분열을 악화시키고 질투와 원한을 불러일으킨다. 정치인들은 사람들이 비합리적이거나 잘못되었다고 말하는 대신 사람들의 실제 경험에 대한 더 깊은 이해를 표현해야 한다. 출발점은 우리가 데이터를 수집하는 방식을 바꾸는 것이어야 한다. '에스페란토 경제학(Esperanto economics)'의 추상적이고 수집된 통계 대신, 우리는 서로 다른 실제 경험을 반영하는 웰빙의 측정 방법을 찾아야 한다. 이는 서로 다른 집단의 상대적 성과를 탐구하는 훨씬 더 지역화된 데이터를 가지는 것을 의미할 것이다.

3장에서 다룬 브렉시트 사례를 다시 살펴보면, 이동의 자유가 가져온 전반적인 영향을 보여주는 통계 자료는 실제 각 지역에서 발생한 구체적인 부작용들을 제대로 드러내지 못했음을 알 수 있다. 예를 들어, 여러 연구에 따르면 이동의 자유가 도입된 후 건설업과 같은 일부 부문에서는 임금이 상당히 하락했으며, 많은 유입 이민을 끌어들인 지역에서는 공공 서비스에 대한 압박이 있었다.[3] 이러한 데이터를 가지고, 이를 사용하여 인구의 각기 다른 부분을 이해하는 것은 정부가 연결성으로 인해 손해를 보는 사람들을 실제로 도울 수 있는 정책을 개발하면서 소통하는 데 도움이 될 것이다. 경제적 문제를 지위 상실에 대한 두려움, 그리고 우리 사회가 살아가는 규칙의 희석, 또는 사람들이 가지고 있는 정체성과 비교하여 측정하는 것이 중요하다.

반발이 시작된 이후, 많은 정부들은 글로벌화를 재고하려 노력해 왔다. 그리고 서로 다른 유형의 상호의존성을 좋은 것과 나쁜 것으로 구분하려 했다. 좋은 부분은 세계가 규모의 경제로부터 이익을 얻을 수 있게 하고, 국경을 초월한 문제들에 대한 해결책을 제공하며, 폭력과 대량 살상 무기에 대한 제한에 합의함으로써 평화를 증진시키는 것들이다. 여기에 자유로운 여행, 시야의 확장, 더 나은 음식과 같은 문화적 풍요로움이 더해진다. 반면에, 글로벌화의 어두운 면에는 무임승차, 정체성의 변화, 불공정 경쟁, 그리고 악의적인 행동들이 포함된다. 모든 강대국들은 제한 없는 글로벌 연결성과 국가적 보호주의 사이에서 균형점을 찾으려 한다. 미국에서는 중국과의 '탈동조화'을 이야기한다. 베이징에서는 '쌍순환 경제'를 옹호하고 있다. 그리고 유럽에서는 '전략적 자율성'을 추구한다. 이 세 가지 개념은 모두는 동일한 통찰을 암시한다. 즉 연결성이 유익할 수도 있지만 위험할 수도 있다는 것이다.

## 2단계: 건강한 경계 설정

서론에서 이야기했듯이, 우리를 하나로 모으기 위한 모든 것들이 오히려 우리를 갈라놓는 것처럼 보인다. 역설적이게도, 세계를 통합하는 가장 좋은 방법은 사람들이 안전하고 통제력을 가질 수 있도록 충분히 거리를 두는 것이다. 구분선은 '개방' 사회와 '폐쇄' 사회가 아닌, '관리된' 함께함 그리고 '관리되지 않은' 함께함 사이에 있어야 한다.

예를 들어, 중국과 미국의 경제학자들과 법률가들은 미중 무역에 있어 그들이 말하는 '심화된 통합'과 '탈동조화' 사이의 중간 지점을 찾으려 노력해 왔다.[4] 개별 국가들은 자신들의 선호도에 가장 잘 맞는 정책을 설계할 자유('policy space')를 가져야 한다. 설령 그것이 잘못된 방향이고 역효과를 낳더라도 말이다! 그들은 주권 존중에서 시작하여, '근린 궁핍화' 정책들에 대해 레드라인을 그으며, 차이점을 해결하기 위한 협상 방안들을 제시한다.

다른 이들은 글로벌 이동성과 국가 정체성의 조화를 추구해 왔다. 2000년에 네덜란드의 정치인이자 지식인인 파울 셰퍼(Paul Scheffer)는 네덜란드의 다문화 통합 모델이 실패했다고 주장하는 글을 발표했다. '우리는 네덜란드에서 서로 옆에 살고 있지만 실제로는 만나지 않고 있다'라고 그는 선언했다. '각자가 자신만의 카페, 자신만의 학교, 자신만의 우상, 자신만의 음악, 자신만의 신앙, 자신만의 정육점을 가지고 있으며, 곧 자신만의 거리와 동네를 갖게 될 것이다.'[5] 몇 년 후 그는 신중한 책에서 통합에 대한 다른 접근 방식을 제시했다.[6] 네덜란드로 이주하는 것이 허용되는 대가로, 새로 온 사람들은 네덜란드의 자유주의를 보호하기 위해 설계된 특정 규범에 동의해야 할 것이다. 정치는 점점 더 소수자의 권리를 보호하면서도 (부수적으로, 보통 다수의 권리도 보호하는 법률을 통해) 다수 인구의 문화와 역사를 존중한다는 것을 보여줄 필요가 있을 것이다.

정치학자 조너선 하이트(Jonathan Haidt)는 미국의 국가 정치 생활에 심각한 영향을 미친 윤리와 문화를 둘러싼 양극화된 상황을 헤쳐 나갈 몇 가지 방법을 제시했다. 그는 새로운 정치적 공간을 열기 위한 방법으로, 다양성보다는 사회가 공유하는 공통점을 강조하는 것으로 시작하는 것이 다른 이들의 문화를 존중하는 가장 좋은 방법이라고 주장한다.[7] 그리고 기술 영역에서는, 학자들, 심리학자들, 입법자들, 심지어 기술 기업들 스스로도 인터넷이 어떻게 사회적 통합으로 이어질 수 있는지, 그리고 어떻게 '사회적 군것질(social snacking)'과 '사회적 비교(social comparison)'라는 유해한 영역으로 빠지는 것을 피할 수 있는지 탐구하려 노력해 왔다.[8] 영국 상원은 심지어 개인의 프라이버시를 보호할 뿐만 아니라 기계 사용에 관련된 윤리적 문제에 대해 인간의 지능이 통제권을 유지하도록 보장하는 '인공 지능을 위한 대헌장'이라는 아이디어를 제시했다.[9]

정치는 경제적 개방의 패자들에게 더 큰 보호를 제공하고, '뒤처진 사람들'을 특별히 배려하는 방법을 찾아야 한다. 작은 정책처럼 보일 수 있지만, 덴마크에서 사회민주당은 연금 제도를 개혁하여 (주로 대학에 가지 않고) 더 일찍 일을 시작한 사람들이 더 일찍 연금을 받을 수 있도록 했다. 이 조치의 독특한 점은 대학에 가지 않은 사람들 — 글로벌 경쟁의 피해에 가장 많이 노출된 것으로 느끼는 그룹 — 을 특별히 도와주는 개혁이었다는 것이다. 모든 이러한 영역에서 우리의 목표는 적절한 경계를 설정하는 것이어야 한다. 이를 통해 교류는 가능하게 하되 과도한 연결이 가져올 수 있는 위험은 줄임으로써, 사람들이 더 이상 자신을 보호하기 위한 장벽을 필요하지 않게 만드는 것이다. 상호의존성은 다시 한번 안전하다고 느껴질 때만 장기적으로 생존할 수 있다.

### 3단계: 통제할 수 있는 것을 현실화하기

중도주의적 글로벌리스트 철학을 중심으로 한 수렴을 기대하는 것은 유토피아적이고 역효과를 낳을 수 있는 것으로 보인다. 대안적 접근방식 — 우리 측이 무슨 수를 써서라도 이겨야 하는 '체제 경쟁'으로 경쟁을 보는 것 — 도 마찬가지로 위험할 수 있다. 만약 우리가 국가 간의 모든 접촉점을 '체제 간 경쟁'의 장소로 본다면, 우리는 영구적인 불안정성과 함께 살 수밖에 없을 것이다. 미국, 중국, EU에서 세 가지 보편주의적 프로젝트가 지속적으로 존재한다는 것은 앞으로 수년간 많은 갈등이 있을 것임을 의미한다.

1990년대와 2000년대 초반, 많은 미국인들과 유럽인들은 중국, 러시아 그리고 다른 강대국들을 서구의 자유민주주의적 사고방식과 작동방식으로 전환시키기를 희망했다. 하지만 사람들은 이제 중국이 붕괴하지도 않을 것이고 미국과 같이 되지도 않을 것이라는 사실을 받아들이고 있다. 따라서 해결책은 우리 자신의 가치관을 지키면서도 강력한 중국과 어떻게 공존할 것인지를 파악하는 것이다. 전환에 희망을 거는 대신, 이제 목표는 서구 경제와 정치 체제를 중국의 간섭으로부터 차단하는 것이다. 이는 예를 들어 중국산 철강은 구매하되 5G와 같은 통신 인프라는 피하는 '선택적 탈동조화(selective decoupling)'라는 개념으로 이어지고 있다.

글로벌 정치를 재구성하기 위한 새로운 구조나 철학을 만들어내는 대신, 지금 우리가 할 수 있는 최선은 연결성에 내재된 위험을 인식하고 이를 관리하려 노력하는 것이다. 지그문트 프로이트는 한때 그의 환자 중 한 명에게 자기 치료가 '히스테리적 비참함을 평범한 불행(hysterical misery into common unhappiness)'으로 바꿀 수 있다면 성공일 것이라고 썼다. 국제 정치에서 이에 상응하는 것은 통제되지 않은 연결성 갈등의 위험을 완화하기 위해 제한과 규칙이 있는 힘든 경쟁으로 전환하는 것일 것이다.

연결성을 안전하게 만들기 위해서, 국가들은 비행기와 원자폭탄의 발명 이후에 만들었던 것과 유사한 자신들의 행동에 대한 인정된 경계를 설정할 필요가 있다. 다시 말해, 인류는 자신이 만든 기술을 통제하는 법을 배워야 한다. 현재 시스템은 무제한적 확전을 허용하고 있다. 이는 생존을 위한 규칙들로 바뀌어야 한다. 세계 질서는 러시아 마트료시카 인형처럼 구축될 수 있다. 가장 바깥층 — 전쟁이나 기후 위기를 통한 지구의 파괴를 막기 위해 설계된 매우 적은 수의 규칙들을 가진 — 은 모든 국가들에 적용될 것이다. 그 글로벌 용기 안에서, 더 작은 인형들은 더 광범위한 규칙들을 발전시킬 수 있다. 예를 들어, 민주주의 국가들은 데이터나 새로운 기술들의 규제에 대한 규범들을 발전시키기로 선택할 수 있다. 그리고 민주주의 세계 안에서, EU와 같은 다양한 지역 기구들은 자신의 회원국들 사이에서 훨씬 더 두꺼운 규정집을 발전시킬 수 있다. 목표는 그것들과 함께 살아가야 하는 시민들에게 가능한 한 가깝게 부합하는 법들을 발전시키는 것이어야 한다.

### 4단계: 셀프 케어

지난 50년간의 경험을 통해 우리는 평등하고, 자유롭고, 번영하는 국가들이 권위주의, 극심한 불평등 또는 정치적 혼란으로 고심하는 국가들보다 더 나은 이웃이자 더 건설적인 국제사회의 구성원이 되는 경향이 있다는 것을 알게 되었다. 러시아나 중국과 같은 국가들에 의한 조작에 서구 민주주의가 취약하다는 것을 인정하는 것이 옳지만, 나는 자유주의 질서에 대한 가장 큰 도전은 우리의 분열된 사회 내부로부터 온다고 생각한다. 그리고 그 장소가 우리가 대부분의 관심을 집중해야 할 곳이다. 국제주의 지도자들의 세대적 과제는 국내에서 부를 생산하고 공정하게 분배하기 위해 그들의 국가 교육, 의료, 사회 복지, 복지 및 산업 정책을 재설계하는 것이다. 국내의 힘과 자신감을 구축하는 것이 국제적 참여를 위한 가장 강력한 기반이다.

이 섹션의 앞부분에서 나는 글로벌 연결성으로 인해 손해를 보았다고 느끼는 사람들에게 다가가는 데 필요한 정치적 타협에 관해 설명했는데, 이는 경제와 정치, 이주 문제에서 개방적 질서를 유지하기 위한 필수 전제조건이 될 것이다. 국내 합의를 보존해야 할 필요성과 세계 무대에서 우리의 일을 효과적으로 조직해야 할 필요성 사이에는 상충관계가 있을 것이다.

예를 들어, 세기 초반에 많은 사람은 미국과 유럽이 21세기의 규칙을 정하려는 노력의 하나로 새로운 범대서양무역투자동반자협정을 발전시켜야 한다고 주장했다. 이 프로젝트가 약속한 경제적 이익은 제한적이었지만, 그러한 거래를 성사시키는 데 필요한 정치적 조정은 매우 가시적이었다. 곧 독일(시민들이 염소 처리된 닭고기를 먹어야 할 것을 우려했다)과 영국(사람들이 국민보건서비스가 미국에 기반을 둔 민간 의료기업들과의 경쟁을 받아들여야만 할 것이라고 두려워했다)에서 무역투자동반자협정에 반대하는 풀뿌리 운동이 일어났다. 결과적으로, 21세기의 새로운 세대의 대서양 간 조화를 만들어 내기 위해 설계된 프로젝트는 오히려 두려움과 상호 불신을 부채질하는 결과를 낳았다. 중국에 영향력을 행사하기 위해 대륙간 규모로 활동하기를 원하는 민주주의 국가의 지도자들에게 이 사례는 중요한 교훈이 된다.

### 5단계: 진정한 동의 구하기

비평화 시대와 냉전 시대의 가장 큰 차이점은 그것이 보통 사람들과 관련되어 있다는 사실이다. 하와이와 다른 지역의 사람들이 핵전쟁

(Armageddon)에 대비해 '엎드려 숨기 훈련(duck and cover exercises)'을 해야 했던 것은 사실이다. 하지만 대부분의 행동은 그들의 일상생활과는 거리가 먼 곳에서 일어났고 그들은 분명 레이캬비크 군비통제 회담*에 초대받지 못했다. 반면에, 우리의 비평화 시대의 폭력은 베트남의 정글이나 아프가니스탄의 사막이 아닌 우리 주머니 속의 스마트폰에서 일어난다. 따라서 우리도 군축 의제를 어떻게 실행할지 파악하는 데 참여할 필요가 있다.

우리는 인간관계를 통해 어떤 종류의 정당성에도 핵심이 되는 하나의 원칙이 있다는 것을 알고 있다. 바로 동의이다. 그리고 그것이 연결성과 관련해서 가장 눈에 띄게 부족했던 한 가지이다. 자유무역 협정부터 페이스북까지, 정부와 기업들은 국내외적으로 동의를 확보하려는 어떤 진지한 시도도 없이 연결성을 추진해 왔다. 대부분의 국가들은 (민주주의와 비민주주의를 막론하고) 경제적인, 정치적인, 가치적인 전체 패키지를 받

* 레이캬비크(Reykjavik) 군비통제 회담은 1986년 10월 11-12일 아이슬란드의 수도 레이캬비크에서 미국의 로널드 레이건 대통령과 소련의 미하일 고르바초프 서기장 사이에 진행된 정상회담이다. 이 회담은 표면적으로는 실패한 것처럼 보였지만, 냉전 역사의 중요한 전환점이 되었다. 두 지도자는 전략핵무기의 50% 감축과 유럽 내 중거리 핵미사일 제거에 대해 극적으로 합의에 근접했으나, 레이건의 전략방위구상(일명 '스타워즈') 프로그램을 포기하라는 고르바초프의 요구를 레이건이 거부하면서 최종 합의에 실패했다. 그러나 이 회담에서 진행된 심도 있는 논의는 이후 1987년 중거리핵전력조약(INF)과 1991년 전략무기감축조약(START) 체결의 기반을 마련했고, 두 초강대국 간의 관계 개선과 냉전 종식으로 이어지는 결정적인 외교적 돌파구를 제공했다. 무엇보다 이 회담은 핵무기 없는 세계에 대한 비전을 처음으로 진지하게 논의한 역사적 순간으로, 양측 지도자가 전례 없는 수준의 핵군축 가능성을 심각하게 고려했다는 점에서 냉전 시대의 핵심적인 사건으로 평가받고 있다.

아들이는 데 있어 매우 적은 선택권을 갖고 있다고 느꼈다. 국내적으로 사람들은 의제 뒤에 있는 정치적 합의의 깊이를 고려할 때 '아니오' 또는 심지어 '속도를 늦추자'라고 말할 기회조차 없었다고 느꼈다. 한편 일부 글로벌 기업들은 거의 완전 무제한으로 운영되었다. 실제로 정치인들과 기업들은 그들이 하고 있는 일을 다른 대안이 없는 선의의 임무의 일부로 포장을 씌웠다. 물론 사람들은 북한이 되거나 현대적 통신사용을 거부함으로써 이론적으로 모든 것을 선택하지 않을 수 있었지만, 대부분에게 그것은 본질적으로 전부 아니면 전무의 선택이었다. 이러한 비동의적 연결성의 결과는 다양한 형태의 저항이나 노골적인 반란으로 이어졌다.

진정한 동의를 얻기 위해 노력하는 것이 대안적 의제의 특징이 될 것이다. 그것은 진정한 민주적 통제를 받는 기술 기업들을 의미한다. 가속화된 무역과 자유로운 이동을 원하는 국가들의 정치체제는 더 빠르게 전진하는 반면 다른 국가들은 참여하지 않기로 선택할 수 있다. 그러나 전반적인 틀은 이러한 선택을 가능하고 신중하게 만들어, 사람들이 자신의 목소리를 내거나 자신들이 좋아하지 않는 특정한 것을 멈추기 위해 사회 전체를 뒤엎어야 한다고 느끼지 않도록 하는 것이다.

물론 이러한 접근 방식은 더 큰 질문을 제기한다. 즉 누구의 동의인가? 그리고 어떻게 그것을 구해야 하는가? 영국과 EU를 출발점으로 삼자면, 영국의 EU 회원국 자격은 의회와 국민투표에 의한 공공의 명시적 동의에 기반했다. 브렉시트 지지자들의 반론은 대중이 더 제한된 유형의 유럽에는 동의했지만 그 이후의 모든 것에는 동의하지 않았다는 것이다. 아울러 EU가 확대된 후, 자유 이동 정책으로 인한 이민 규모에 대한 사회적 합의를 끌어내기 위한 진정성 있는 노력은 찾아보기 어려웠다. 단지 이것은 순경제적 이익이며 사람들이 이주민과 함께 살아야 한다는 주장뿐이었다. 마찬가지로, 오늘날 잔류에 투표한 48%의 사람들과 관계를 맺으려는 진지한 시도는 없었고, 그들 역시 동등하게 상실감과 권리 박탈을 느끼고 있다. 유럽과의 더 많은 연결성을 가치 있게 여기는 사람들로부터 동의를 확보하려 노력하는 대신, 그들(우리)의 권리를 거의 신나게 박탈하고 있다. 이는 이제 연결성의 폐지에 있어서, 민주적 동의에 근거를 두지 않는 최대주의와 다수결주의의 또 다른 형태이다. 양극화 상태에서 어떻게 동의를 얻을 수 있는지에 대한 진정한 의문이 있다. 우리의 선출된 제도들은 삐걱거리고 있다. 그리고 국민투표도 분열된 사회를 치유하는 데 더 나은 것 같지 않다. 하지만 아이슬란드에서 에스토니아까지 사람들은 새로운 형태의 숙의 정치를 시도하고 있고, 덴마크와 같은 국가들의 지도자들은 계급과 민족 간의 분열을 넘어설 수 있는 것처럼 보인다. 포기하기보다는, 이것이 우리 세대가 맡아야 할 시급한 과제로 보인다.

### 하나의 개입

글로벌화와 특히 디지털 혁명이 어떻게 다양한 방식으로 갈등을 더 가능하게 만드는지를 이 책은 설명한다. 우리는 이미 백신 접근성을 둘러싼 소규모 충돌들, 공급망 지연으로 인한 가격 상승, 급증하는 허위정보 캠페인, 제재의 광범위한 사용, 난민 흐름의 정치화, 그리고 기후 변화 보호주의에 대한 논쟁들과 함께 우리의 통합된 글로벌 경제가 분열되기 시작하면서 미래에 대한 힌트를 얻고 있다. 우리의 행동으로 제어되지 않는다면, 이러한 추세들의 논리적 결론은 질투의 정치가 점점 더 폭력적이고 공격적인 정책들로 이어지고, 우리를 하나로 묶는 유대관계가 이러한 갈등에 쓰일 더욱 강력한 무기를 제공하는, 대규모 불평등의 디스토피아적 세계가 될 것이다.

우리가 더 많은 연결성, 더 많은 비교와 더 많은 경쟁이라는 현재의 궤도를 계속 유지한다면, 우리는 공식적으로는 전쟁 상태가 아니지만 결코 평화롭지도 않은, 그리고 우리 불화의 기원을 아무도 기억할 수 없는 영구적인 갈등의 시대로 들어설 위험이 있다. 파괴의 기술이 점점 더 강력해짐에 따라, 이 영원한 갈등에서의 위험은 세계를 벼랑 끝으로 몰고 갈 때까지 계속해서 증가할 것이다.

인류 역사의 이 단계에서 우리는 시작에 불과하지만, 상호의존성의 숨겨진 갈등들은 이미 전쟁보다 더 많은 사람들을 해치고 있다. 그리고 이는 훨씬 더 위험해질 수 있다. 악몽같은 시나리오는 전쟁에는 미치지 못하는 명시적인 공격들과 글로벌 과제들의 조작이 겹치는 것이다. 재앙적인 사이버 공격, 금융 위기, 그리고 글로벌 공급망의 붕괴로 인한 경제 불황이 발생할 수 있다. 이는 기후 위기 대응 실패로 인해 악화될 수 있으며, 이는 다시 이주 위기와 추가적인 전염병을 촉발할 수 있다.

코로나-19와 기후 변화의 현실은 종말론적 시나리오를 쉽게 떠올리게 했지만, 우리의 지도자들과 시민들은 이를 피하기 위해 그들의 행동을 바꾸는 데 어려움을 겪어왔다. 만약 그들이 실패한다면, 비평화의 대가는 세계 대부분의 지역에서 생생한 기억이 사라지기 시작한 그런 종류의 파괴로 추락하는 것이 될 수 있다.

하지만 나는 운명론자가 아니다. 최근 몇 년 동안 이러한 추세가 자리 잡았다고 해서 우리의 몰락이 필연적인 것은 아니다. 인류의 역사는 미리 정해져 있지 않다. 정치는 방향을 바꿀 수 있는 힘이 있다. 게다가 최근 미국과 유럽의 변화와 함께, 이미 그렇게 되고 있다. 코로나는 미래의 전염병에 대한 협력 체계의 구상을 그리기 시작했다(비록 서방과 중국이 아직 진정으로 힘을 합치지는 않았지만). 우리는 백신을 개발하고, 세계를 먹이고, 재생 에너지를 저장하고, 세계를 연결할 수 있게 해준 기술을 관리하는 방법에 대해 더 섬세한 논의를 발전시키고 있다. 유럽과 미국의 거대한 회복 계획은 내가 방금 설명한 정치적 각성과 함께 — 두 대륙이 더 나은 방향으로 재건할 수 있게 해줄 것이다. 그들은 이미 건강한 경계를 확립하고, 자기 관리를 하며, 그들의 국민들로부터 더 큰 동의를 구함으로써 연결된 세계를 위한 치료법에서 내가 제시한 단계들 중 일부를 밟아왔다.

중대한 변화의 시기에는 새로운 예루살렘으로 가는 길을 제시하거나 새로운 세계 질서의 구조를 그리는 것이 더 매력적으로 보일 수 있다. 하지만 나는 워싱턴과 유럽 수도들에서 추구하고 있는 치료법이 더 나을 것이라고 확신한다. 이는 비평화의 도전 과제들에 대한 영구적인 해결책을 제시하지는 않지만, 최악의 부작용을 피할 수 있는 기회를 약속한다. 지금 우리의 정치에 올바른 치료법을 도입함으로써, 우리는 중대한 재설정을 위한 토대를 마련할 수 있다. 그리고 장기적으로는 구조도 달라질 수 있다.

우리는 재앙에 빠지지 않으면서 상호의존성의 발전을 일부 보존하기 위한 새로운 탐구를 시작했다. 이는 우리가 좋아하든 않든 연결성이 양날의 검이라는 것을 인식하는 것을 포함한다. 일단 우리가 그것이 협력뿐만 아니라 갈등도 의미한다는 것을 받아들이면, 우리는 불만을 최소화하고 그것이 가져오는 폭력을 제한하는 전략들로부터 혜택을 볼 수 있다. 모든 심리적 질병과 마찬가지로, 건강으로 돌아가는 첫 번째 단계는 문제가 있다는 것을 인정하는 것이다. 그것이 이 책의 궁극적인 목적이다. 이는 하나의 개입이다.

# 감사의 말

네트워크화된 세계를 이해하기 위해서는 네트워크가 필요하다. 그리고 이 책은 개인의 학문만큼이나 집단 지성의 산물이다.

다섯 곳의 저명한 기관들이 상호 연결된 세계에 관한 나의 연구에 영감을 주고 지원해 주었다.

이 책은 벨라지오의 코모 호수(Lake Como) 기슭에 있는 록펠러 재단의 휴양지인 빌라 세르벨로니(Villa Serbelloni)의 숨 막히는 아름다움 속에서 처음 탄생했다. 나는 브렉시트 두표 이후에 내가 받게 된 펠로우십에 나를 추천해 준 익명의 후원자에게 영원히 감사할 것이다. 나는 식사와 아페롤 스프리츠(Aperol spritz)를 함께 나누고, JFK가 빌라를 방문했을 때 사용했던 침실에서 도널드 트럼프의 당선이라는 초현실적인 경험을 함께 목격했던 다른 펠로우들로부터 많은 것을 배웠다. 4주 동안 나는 매일 새벽 4시에 일어나 오후 6시까지 일하는 수도원 같은 일정으로 살면서, 아침 식사와 점심 식사, 그리고 빌라 구내를 달리는 시간에만 멈추며 나의 정치적 비통함을 달랬다. 내 동료 펠로우들은 심리학, 네트워크 과학, 역학, 인류학, 그리고 식민지 경험과 그 여파에 대한 이야기들로 나의 시야를 넓혀주었다. 나는 처음에 나를 초대해 준 클라우디아 주에치(Claudia Juech)와, 그러한 연민으로 우리를 맞이해 주신 필라 팔라시아(Pilar Palacia), 그리고 2019년에 나를 다시 초대하여 다른 펠로우들과 재회하고 록펠러의 놀라운 변화 주도자들의 네트워크로부터 영감을 받을 수 있게 해준 '벨라지오 60 홈커밍(Bellagio 60 Homecoming)' 재회에 초대해 준 록펠러 재단의 회장 라지브 샤(Rajiv Shah)와 그의 동료 매튜 비숍(Matthew Bishop)에게 감사드린다.

나의 글쓰기는 빠른 속도로 시작되었지만, 일터로 돌아왔을 때 현실에 부딪쳐 2019년 말 비엔나 인문과학연구소에서 두 번째 펠로우십을 제안받을 때까지 진전이 없었다. 샬리니 란데리아(Shalini Randeria)와 이반 베이보다(Ivan Vejvoda)의 리더십 아래, 연구소는 비엔나의 유대인 지구에 있는 아름다운 아파트에 나를 머물게 하고 눈 내리는 비엔나를 가로질러 연구소에서 점심을 먹기 위한 평화로운 일상적 산책을 가능하게 함으로써 나의 현실적 필요뿐만 아니라 영적 필요도 특별히 돌봐주었다. 그곳에서 나는 미샤 글레니(Misha Glenny)와 클라우스 오페(Claus Offe)와 같은 다른 펠로우들과 많은 매혹적인 대화를 나누었고, 이반 크라스테프, 데시 가브릴로바(Dessy Gavrilova)와 그들의 멋진 자녀들을 만나는 기쁨도 누렸다.

내가 빚을 진 세 번째 기관은 세계경제포럼으로, 내가 설명하는 많은 트렌드들에 대한 통찰력을 제공해 주었다. 그들은 2015년부터 2017년까지 나를 '지오이코노믹스 글로벌 아젠다 위원회(Global Agenda Council on Geoeconomics)'의 의장으로 임명했다. 나는 카란 바티아(Karan Bhatia), 이안 브레머(Ian Bremmer), 파라그 칸나(Parag Khanna), 히나 라바니 카르(Hina Rabbani Khar), 폴 라우디시나(Paul Laudicina), 마이클 레비(Michael Levi), 키쇼어 마부바니(Kishore Mahbubani), 모이세스 나임(Moises Naim), 더그 레디커(Doug Rediker), 드미트리 트레닌(Dmitri Trenin)과 같은 동료들의 경험을 통해 많은 것을 배웠다. 나는 클라우스 슈밥(Klaus Schwab)이 나를 세계경제포럼의 '영 글로벌 리더' 중 한 명으로 선정해 주고 세계의 거대한 트렌드를 이해하기 위해 여러 차례 다보스(Davos)로 초대해 준 것에 감사드리며, 포럼과 노르웨이 외무장관으로서의 역할에서 훌륭한 파트너이자 지정학의 스승이 되어준 보르게 브렌데(Borge Brende)에게도 감사드린다.

오픈 소사이어티 재단(Open Society Foundations)의 야망, 용기, 그리고 창의성은 지속적인 영감의 원천이 되어왔다. 나는 조지 소로스(George Soros)의 아이디어와 본보기로부터 말로 표현할 수 있는 것보다 더 많은 것을 배웠다. 최근 몇 년간의 가장 큰 기쁨 중 하나는 그의 아들 알렉스 소로스(Alex Soros)와 함께 일할 기회를 가진 것이었다. 그는 자신만의 열정, 지성, 그리고 아이디어로 재단의 활동을 점점 더 형성해 나가고 있다. 멘토이자 친구인 마크 말로크 브라운(Mark Malloch Brown)은 글로벌 정치 변화의 가장 영감을 주는 설계자 중 한 명이다. 그는 국가 정치, 국제 관료주의, 이사회, 그리고 글로벌 시민사회에서 산을 옮길 수 있는 독특한 능력을 가지고 있다. 레오나드 베나르도(Leonard Benardo)는 그의 지적 범위, 문화적 박식함, 그리고 친절함으로 나를 계속해서 놀라게 한다. 로라 실버(Laura Silber)는 좋은 친구였으며, 항상 현명한 조언과 자문을 기꺼이 해 주었다. 글로벌 이사회의 마리아 카타우이(Maria Cattaui), 마이클 이그나티에프(Michael Ignatieff), 아나톨 칼레츠키(Anatole Kaletsky), 다니엘 삭스(Daniel Sachs), 그리고 아냐 시프린(Anya Schiff)은 모두 글로벌 정치를 재고하는 데 있어 지적 동맹자들이었다.

무엇보다도 내게 일할 기회를 준 유럽외교관계협의회(European Council on Foreign Relations)에 관여하신 놀라운 분들께 감사드려야 한다. 나는 유럽외교관계협의회를 함께 설립한 파트너인 마벨 반 오란예(Mabel van Oranje)와 우리의 비범한 이사회 멤버들인 칼 빌트(Carl Bildt), 프란치스카 브란트너(Franziska Brantner), 이안 클락슨(Ian Clarkson), 마르타 다수(Marta Dassu), 리케 프리스(Lykke Friis), 테레사 구베이아(Teresa Gouveia), 실비 코프만(Sylvie Kaufmann), 이반 크라스테프, 안제이 올레호프스키(Adrzej Olechowski), 노르베르트 뢰트겐(Norbert Roettgen), 하비에르 솔라나(Javier Solana), 마리에체 스하케(Marietje Schaake), 알렉스 스투브(Alex Stubb), 헬레 토닝-슈미트(Helle Thorning-Schmidt)에게 감사드린다. 그들은 나에게 영감을 주고, 지원해 주었으며, 우리의 연결된 세계에 대해 많은 것을 가르쳐 주었다.

내 동료들 또한 진정한 지적 영혼의 동반자들이었다. 내 친구이자 동료 리더인 알바 람베르티(Alba Lamberti)와 베셀라 체르네바(Vessela Tcherneva)는 가장 광기 어린 시기를 함께한 훌륭한 파트너였다. 제레미 샤피로(Jeremy Shapiro), 앤서니 드워킨(Anthony Dworkin), 앤드류 스몰(Andrew Small), 얀카 외르텔(Janka Oertel), 야나 푸글리에린(Jana Puglierin), 베셀라 체르네바(Vessela Tcherneva)는 모두 이 책에서 다루는 많은 까다로운 주제들을 함께 고민하며 인내심 있게 도와주었고, 원고와 제안서, 챕터들을 읽고 더 나아지도록 도와주었다.

유럽외교관계협의회에서 나는 가장 가까운 협력자이자 파트너가 된 세 명의 비범한 연구 조교들과 함께 일하는 기쁨을 누렸다. 울리케 프랑케(Ulrike Franke)는 2016년 이 프로젝트 시작 때부터 나와 함께 일했으며, '연결성 전쟁'에 관한 편집본에서 내가 처음 탐구했던 상호의존성의 무기화에 대한 아이디어를 개념화하는 데 처음으로 도움을 주었다. 그 뒤를 이어 2017년의 요나단 하켄브로이히(Jonathan Hackenbroich)는 나를 격려하며 많은 화이트보드 앞에서 나와 함께 수많은 큰 아이디어들을 브레인스토밍했다. 그는 경제적 강압에 대한 자신만의 선구적인 연구에서 이러한 주제들 중 일부를 다루었다. 가장 최근에는 뛰어난 사상가이자 조직가, 협력자인 루시 하우펜탈(Lucie Haupenthal)이 봉쇄로 인해 실제로 만나지는 못했지만 줌(Zoom)과 팀즈(Teams), 전화로 매일 함께하는 파트너가 되어주었다.

나는 또한 아슬리 아이딘타스바스(Asli Aydintasbas), 줄리엔 반스-다시(Julien Barnes-Dacey), 수잔네 바우만(Susanne Baumann), 피오트르 부라스(Piotr Buras), 수지 데니슨(Susi Dennison), 엘리 게란마예(Ellie Geranmayeh), 스완체 그린(Swantje Green), 구스타프 그레셀(Gustav Gressel), 알렉시아

구테브로제(Alexia Gouttebroze), 아담 해리슨(Adam Harrison), 칼라 홉스(Carla Hobbs), 요안나 호사(Joanna Hosa), 안나 쿠헨베커(Anna Kuchenbecker), 앤드류 레보비치(Andrew Lebovich), 카드리 리크(Kadri Liik), 휴 로밧(Hugh Lovatt), 타렉 메게리시(Tarek Megerisi), 테오 머피(Theo Murphy), 폴케 피스터(Folke Pfister), 니쿠 포페스쿠(Nicu Popescu), 크리스 라겟(Chris Ragett), 아나 라미치(Ana Ramic), 호세 이그나시오 토레블랑카(Jose Ignacio Torreblanca), 타라 바르마(Tara Varma), 아르투로 바르벨리(Artuo Varvelli), 닉 위트니(Nick Witney), 앤드류 윌슨(Andrew Wilson), 데니차 요토바(Denica Yotova), 파벨 제르카(Pawel Zerka)와 같은 지적인 동료들과 아이디어를 교환하면서 크게 도움을 받았다.

나의 비서인 제니 브래들리(Jennie Bradley)와 록산 포드(Roxanne Ford)는 내가 지구를 누비며 세련되고 조직적으로 일할 수 있게 해주었으며, 그들의 친절함과 임기응변, 유머로 나의 나날들을 밝게 해주었다. 마지막으로, 이 책을 작업한 5년의 여름 동안 연구 업무를 수행한 재능 있는 인턴들의 도움을 받았다. 요한 반 데르 벤(Johann van der Ven), 아치 홀(Archie Hall), 라비 베리아 자크(Ravi Veriah Jacques), 야스민 삼라이(Yasmin Samrai), 샤오란 후(Xiaoran Hu), 아벨 리빙크(Abel Ribbink), 조슈아 피터슨(Joshua Peterson), 한나-소피 볼만(Hanna-Sofi Bollman), 발레리아 바란니코바(Valeriia Barannikova)가 바로 그들이다.

내 동료들 외에도, 여러 초안들에 대해 관대하고 통찰력 있는 의견을 제공하여 내가 논지를 다듬는 데 도움을 준 다수의 다른 사람들이 있다.

복잡한 상호의존성에 대한 자신의 연구를 통해 내 책의 많은 토대가 되어준 준 조셉 나이(Joseph Nye)는 오랫동안 친구이자 지지자였다. 그는 여러 차례의 전화와 화상 통화를 통해 몇 가지 큰 주제들을 끌어내는 데 도움을 주었고, 첫 번째 초안에 대해 관대하게 의견을 주었다.

학부생 시절 나의 세계관 형성에 가장 큰 영향을 준 대학 교수인 앤서니 기든스(Anthony Giddens)는 이후 성인이 되어서도 디지털 혁명이 모든 것을 어떻게 변화시키고 있는지 연구하도록 설득하고, 글로벌화와 정치, 경제, 인간 본성에 미치는 영향을 연구하는 유럽외교관계협의회 워크숍 시리즈를 공동 기획함으로써 또 한 번 나의 세계관을 재형성했다.

앤디 모라브칙(Andy Moravcsik)은 초안의 결함을 엄격하지만 정당한 비평으로 보게 해주었고, 앤-마리 슬로터는 과정의 마지막에 책의 구조에 대한 훌륭한 의견과 지침으로 이 사업에 대한 새로운 믿음을 주었다. 우리의 연결된 세계의 대전략에 대한 그녀 자신의 선구적인 연구는 계속해서 영감을 주고 있다.

올라프 코리(Olaf Corry)는 시간을 내어 매우 초기의 초안을 읽고, 훌륭한 피드백을 해주었으며 기후 변화에 관한 우리의 행성적 딜레마를 이해하도록 도와주었다. 조지 로슨(George Lawson)은 글로벌 질서에 대한 나의 서술에 국제 관계 이론, 사회학, 역사가 독특하게 혼합된 그만의 관점을 적용했다. 그의 에너지와 야망으로 나를 계속 놀라게 하는 파라그 칸나(Parag Khanna)는 수년간 이러한 주제들을 연구해 왔으며 중요한 순간에 훌륭한 지침을 주었다. 한스 쿤다니(Hans Kundnani)는 매우 초기 초안에 대한 그의 회의적인 반응으로 그가 생각하는 것보다 더 많은 도움을 주었다.

내 아이디어들에 대한 가장 극적인 시험대는 미국과 중국 간의 새롭게 부상하는 경쟁이다. 제레미 샤피로(Jeremy Shapiro)는 우리의 상호 연결된 세계의 다른 많은 것들뿐만 아니라 미국을 이해하려 노력하는 데 있어 훌륭한 파트너였다. 얀카 외르텔(Janka Oertel)과 앤드류 스몰(Andrew Small)은 중국 측면에서 이 역사적 관계의 가장 큰 궤적과 가장 미세한 곡절을 이해하는 데 있어 최고의 파트너들이었다. 나는 또한 아가타 크라츠(Agatha Kratz), 장펑(Zhang Feng), 그리고 중국과 미국 모두에 대한 깊은 지식을 대전략과 통합할 수 있는 전지한 케빈 러드(Kevin Rudd)의 의견들로부터 도움을 받았다. 수십 년 전 처음으로 중국에 대한 나의 관심을 불러일으킨 것은 조슈아 라모(Joshua Ramo)였다. 그는 친절하게 이 초안을 읽고 그가 얼마나 훌륭한 친구이자 지적 동반자인지를 다시 한번 상기시켜 주었다. 그는 기술, 글로벌 정치, 그리고 삶의 예술에 대해 나에게 너무나 많은 것을 가르쳐 주었다.

이 책을 쓰는 동안 나의 지적 각성의 가장 가까운 지적 지지자가 되어준 두 사람이 있다.

나에게 끊임없이 영감을 주는 다각적 사고 구조를 가진 아담 루리(Adam Lury)는 우리 세계를 이해하기 위한 새로운 각도를 찾도록 지속해서 격려해 주었다. 전염병과 데이터에 대한 그의 소설들이 20년 전에 쓰였다는 것을 생각하면 놀랍다.

이반 크라스테프는 지적 대부이자 가장 관대한 친구로서, 수많은 초안들을 읽어주었고 내가 브렉시트의 광기나 조직 생활의 끊임없는 압박으로부터 도피가 필요할 때 불가리아 해안과 비엔나에서 피난처를 제공해 주었다.

이반은 또한 내가 에비타스 크리에이티브 매니지먼트(Aevitas Creative Management)의 토비 먼디(Toby Mundy)와 계약하도록 격려해 주었는데, 이는 내가 내린 가장 행복한 결정 중 하나였다. 나는 20년 넘게 토비의 아이디어에 대한 열정을 존경해 왔으며, 그의 날카롭고 창의적이며 사려 깊은 대리하에서 나의 글쓰기 경력을 재개하게 된 것을 특권으로 느낀다. 토비는 차례로 저를 펭귄 랜덤하우스의 훌륭한 편집자인 알렉스 크리스토피(Alex Christofi)에게 소개해 주었는데, 그는 이 책의 제목을 제안했으며 그의 섬세한 개입은 책의 모든 페이지를 빛나게 했다. 그 자신이 뛰어난 작가인 사람에게 편집을 받는 것은 기쁨이었다.

글을 쓰는 과정 동안 저는 가장 오래된 친구들의 지지를 받았다. 케이트 브래들리(Kate Bradley), 루시 에머슨(Lucie Emerson), 조안나 펠(Joanna Fell), 쇼나 맥알리스터(Shauna McAllister), 시오반 맥이너니-랭크포드(Siobhan McInerney-Lankford)는 내가 브뤼셀에서 불쾌한 아이였을 때부터 나의 삶에 함께해 왔다. 제이미 쿨타드(Jamie Coulthard), 헬렌 파(Helen Parr), 토비 그린(Toby Green)은 케임브리지 시절부터 내가 정신을 차리고 있도록 도와주었다. 나는 또한 20년 전 외교정책센터(Foreign Policy Centre)에서 만난 친구들에게 감사한다. 순더 카트왈라(Sunder Katwala)

는 정체성의 정치에 대해 많은 것을 가르쳐 주었고 이 책을 외교정책 분야가 아닌 사람들도 이해할 수 있도록 도와주었다. 롭 블랙허스트(Rob Blackhurst)는 더 넓은 청중에게 아이디어를 전달하는 방법에 대한 조언을 제공했다. 리차드 고완(Richard Gowan)은 법전과 글로벌 거버넌스에 대한 지혜를 제공했다. 그리고 포비(Phoebe)와 리차드 클레이(Richard Clay)는 그들의 용감한 자녀들과 함께 셀시, 워릭셔, 런던에서 나의 가족과 훌륭한 음식, 대화, 자연 수영, 캠프파이어를 공유하며, 매년 우리가 전년도에 경솔하게 세웠던 결심들에 대해 책임을 지도록 해주었다.

브렉시트-트럼프-코로나-19의 쓰나미가 덮쳤을 때, 나의 가족은 닻이자 인도하는 빛이었다. 나는 매일 그들과 함께할 기회를 얻기 위해 나의 방랑자적 삶을 기꺼이 포기했다. 이 책은 그들에게 바친다.

나는 가장 힘든 시기를 용기와 사랑으로 살아오신 부모님께 모든 것을 빚졌다. 2021년 6월 24일 90세의 나이로 돌아가신 나의 아버지 딕 레너드(Dick Leonard)는 그의 회복력과 진실성, 생산성으로 우리를 매일 경외하게 만드셨다. 그분의 모범은 내가 이 책을 계속 써나갈 수 있도록 영감을 주었다.

내 어머니 아이린 하이델베르거-레너드(Irene Heidelberger-Leonard)는 대부분의 사람들이 평생 동안 이루는 것보다 더 많은 지성과 연민을 하루에 쏟아붓는 분이다. 그녀는 아버지의 일련의 건강 위기를 지탱해 주었을 뿐만 아니라, 가장 특별한 할머니이자 가장이며 지적 원동력이었다. 베르니(Berni), 안넬레(Annele)와 존(John), 마조리(Marjorie)와 매일 통화하며 나누었던 그들의 헌신과 동반자 관계는 감동적이다. 그리고 사촌 리처드(Richard)와 앤드류(Andrew)의 친절함과 의학적 탁월함은 말 그대로 코로나바이러스 기간 동안 우리를 살아 있게 — 그리고 정신적으로도 건강하게 — 지켜주었다. 이것을 생각할 때마다 울고 싶어진다.

미리암(Miriam)과 피로즈(Phiroze)는 한계를 모르는 공감과 우정, 지적 교감으로 저를 감동하게 했다. 그들의 영특한 아들 아이작(Isaac)과 그의 사촌들 사이에 피어나는 우정을 보는 것은 기쁨이다.

나의 아이들인 야콥(Jakob)과 노아(Noa)는 글을 쓰는 가장 힘든 순간들 동안 매일 기쁨과 응원을 주었다. 2016년 6월 24일, 친절하고 똑똑한 7살 야콥이 영국의 EU 재가입을 주장하는 포스터를 만들어준 것('걱정하지 마세요 아빠, 우리가 나이가 들면 영국을 되돌려놓을 거예요')을 나는 절대 잊지 못할 것이다. 4년 후, 8살이 된 그의 여동생 노아는 스스로 이 책의 멋진 표지를 디자인하기로 했는데, 이 과정에서 그녀는 타의 추종을 불허하는 지적 능력과 예술적 재능, 그리고 사랑의 능력을 보여주었다. 이제 책 쓰기가 끝났으니 이 특별한 인간들과 주말과 이른 아침 시간을 더 많이 보낼 수 있기를 기대한다.

마지막으로, 나의 아내 가브리엘 캘버(Gabrielle Calver)에게 감사를 전해야 한다. 당신은 25년 동안 나의 가장 친한 친구였고, 이제 나의 많은 부분에는 당신의 아름다운 흔적이 남아있다. 봉쇄 기간 동안의 강제 격리는 소중한 선물이었고, 내가 당신을 얼마나 사랑하고 필요로 하는지를 더욱 생생하게 깨닫게 해주었다. 당신의 관대함과 창의성, 모험 정신이 없었다면 우리는 모두 무너졌을 것이다. 밥 딜런(Bob Dylan)의 말을 빌리자면, '당신이 아니었다면 ….'

# 미주

## 페이퍼백 서문

1 Ivan Krastev, 'We Are All Living in Vladimir Putin's World Now', *New York Times*, 27 February 2022.

2 Andrew Wilson, *Ukraine Crisis: What it Means for the West* (New Haven: Yale University Press, 2014).

## 서론: 연결성의 난제

1 Keith Bradsher and Ana Swanson, 'The U.S. Needs China's Masks, as Acrimony Grows', *New York Times*, 23 March 2020, <https://www.nytimes.com/2020/03/23/business/coronavirus-china-masks.html> [accessed 10 November 2020].

2 연결성과 갈등이 서로 연관되어 있다는 통찰은 새로운 것이 아니라 장-자크 루소(Jean-Jacques Rousseau)와 최근의 칼 폴라니(Karl Polanyi)만큼이나 오래된 것이다. 1970년대 로버트 코헤인(Robert Keohane)과 조지프 나이(Joseph Nye)는 『권력과 상호의존(Power and Interdependence)』에서 비대칭적 상호의존이 권력의 중요한 원천이라고 지적했다. 몇 사람을 예로 들자면, 대니 로드릭(Dani Rodrik), 파리드 자카리아(Fareed Zakaria), 존 러기(John Ruggie), 위르겐 하버마스(Jürgen Habermas), 댄 드레즈너(Dan Drezner)와 같은 학자들은 우리 시대의 중대한 과제 중 하나는 경제적, 군사적, 문화적, 사회적 상호의존성을 어떻게 제한하여 그 혜택을 보존하면서도 동시에 사람들이 만족할 만큼 혼란으로부터 이들을 보호할 것인가라는 점이라고 주장했다. 나는 2016년 연결성 전쟁에 관한 에세이 모음집에서 처음으로 '상호의존성의 무기화'에 대해 집필했다(Mark Leonard (ed.), Connectivity Wars: Why migration, finance, and trade are the geoeconomic battlegrounds of the future (London: European Council on Foreign Relations (ECFR), 2016). 이 주제들은 헨리 패럴·애이브러햄 L. 뉴먼(Henry Farrell and Abraham L. Newman)이 2019년 『국제 안보(International Security)』에 발표한 '무기화된 상호의존'이라는 널리 인용되는 논문을 통해 학계에서 더욱 깊이 탐구되었다.

3 Leonard (ed.), Connectivity Wars.

4 Ibid.

5 Yuval Noah Harari, Homo Deus: A Brief History of Tomorrow (New York: Harper Collins, 2018).

6 Fergus Hanson and others, 'Hacking democracies', Australian Strategic Policy Institute, 15 May 2019, <https://www.aspi.org.au/report/hacking-democracies> [accessed 25 October 2020].

7 웁살라 갈등 데이터 세트에 따르면 2001년부터 2019년까지 국가 간 무력 갈등, 비국가 간 갈등 또는 일방적인 폭력으로 인한 사망자 수는 1,183,079명에 달한다. 'Uppsala Conflict Data Program', Department of Peace and Conflict Research, <https://ucdp.uu.se/exploratory> [accessed 16 December 2020].

8 Lucas Kello, The Virtual Weapon and International Order (Yale University Press, 2017).

9 Mark Leonard, Why Europe Will Run the 21st Century (London: 4th Estate, 2005).

10 Mark Leonard, What Does China Think? (London: 4th Estate, 2008).

11 European Council on Foreign Relations, www.ecfr.eu.

12 국제관계학의 현실주의자들은 오래전부터 상호의존성이 협력뿐만 아니라 갈등을 가져올 수도 있다는 점을 인식해 왔다. 예를 들면, Kenneth N. Waltz, Theory of International Politics (Boston, MA: McGraw-Hill, 1979).

13 Parag Khanna, Connectography: Mapping the Future of Global Civilization (New York: Random House, 2016).

14 Steve Morgan, 'Top 5 Cybersecurity Facts, Figures, Predictions, And Statistics For 2021 To 2025', Cybercrime Magazine, 8 January 2021, <https://cybersecurityventures.com/top-5-cybersecurity-facts-figures-predictions-and-statistics-for-2021-to-2025/> [accessed 10 February 2021].

15 John Thornhill, 'Time to save the internet', Financial Times, 14 January 2021, <https://www.ft.com/content/4e27089f-5a99-4fa4-8713-9420f5e5a611> [accessed 10 February 2021].

16 Anthony Giddens, Foreword to Carla Hobbs (ed.), Europe's digital sovereignty: From rulemaker to superpower in the age of US-China rivalry, ECFR, 30 July 2020, <https://www.ecfr.eu/publications/summary/europe_digital_sovereignty_rulemaker_superpower_age_us_china_rivalry> [accessed 5 October 2020].

17 Anthony Giddens, Foreword to Carla Hobbs (ed.), Europe's digital sovereignty: From rulemaker to superpower in the age of US-China rivalry, ECFR, 30 July 2020, <https://www.ecfr.eu/publications/summary/europe_digital_sovereignty_rulemaker_superpower_age_us_china_rivalry> [accessed 5 October 2020].

## 01 거대한 수렴

1 'Xi addresses World Peace Forum', China Daily USA, 7 July 2012, <http://usa.chinadaily.com.cn/2012-07/07/content_15557706.htm> [accessed 10 October 2020].

2 Niall Ferguson and Moritz Schulatrick, 'Chimerical? Think Again', *Wall Street Journal*, Opinions

section, 5 February 2007, <https://www.wsj.com/articles/SB117063838651997830> [accessed 25 July 2020].

3 Joseph Nye, 'Power and Interdependence with China', *Washington Quarterly*, 43, no. 1 (2020), 7–21, <https://www.tandfonline.com/doi/full/10.1080/0163660X.2020.1734303>; Julian Gewirtz, 'Chinese Reassessment of Interdependence', *China Leadership Monitor*, no. 64 (2020); Kevin Rudd, 'To Decouple or not to Decouple', University of San Diego, Robert F. Ellsworth Memorial Lecture, 4 November 2019.

4 Nye, 'Power and Interdependence with China'.

5 Nye, 'Power and Interdependence with China'; 'World Development Indicators', World Bank, <https://databank.worldbank.org/reports.aspx?source=world-development-indicators#> [accessed 3 November 2020].

6 Alyssa Leng and Roland Rajah, 'Chart of the Week: Global Trade through a US–China Lens ', *Interpreter* (Lowy Institute), 18 December 2019, <https://www.lowyinstitute.org/the-interpreter/chart-week-global-trade-through-us-china-lens> [accessed 2 July 2020].

7 C. K. Tan and James Hand-Cukierman, 'Face recognition trailblazer SenseTime rushes to be next Google', *Financial Times*, 18 August 2019.

8 Ibid.

9 'The Talent ', MacroPolo: Decoding China's Economic Arrival, <https://macropolo.org/digital-projects/chinai/the-talent/> [accessed 2 July 2020].

10 Bernard Marr, 'Meet the World's Most Valuable AI Startup: China's SenseTime', *Forbes*, 17 June 2019.

11 Tan and Hand-Cukierman, 'Face recognition trailblazer SenseTime rushes to be next Google'.

12 'SenseTime "Smart AI Epidemic Prevention Solution" Helps Control Coronavirus Cross-Infection', SenseTime, 14 February 2020, <https://www.sensetime.com/me-en/news-detail/23783?categoryId=21072> [accessed 2 July 2020].

13 Josh Horwitz, 'The Billion-dollar, Alibaba-backed AI company that's quietly watching people in China', *Quartz*, 16 April 2018.

14 'SenseTime, the Chinese AI giant blacklisted by Trump, sees demand surge during coronavirus', *Bloomberg*, 19 August 2020.

15 Tan and Hand-Cukierman, 'Face recognition trailblazer SenseTime rushes to be next Google'.

16 Kai Strittmatter, *We've Been Harmonised: Life in China's Surveillance State* (Exeter: Old Street Publishing, 2019).

17 Ibid.

18 Ibid., p. 174.

19 Zou Shuo, 'Chinese students studying abroad up 8.83%', *China Daily*, 28 March 2019, <http://www.chinadaily.com.cn/a/201903/28/WS5c9c355da3104842260b30eb.html> [accessed 2 July 2020].

20 Bethany Allen-Ebrahiman, 'The Man who Nailed Jello to the Wall', *Foreign Policy*, 29 June 2016.

21 Strittmatter, *We've Been Harmonised*, p. 173.

22 Paul Mozur, 'One Month, 500,000 Face Scans: How China is Using AI to Profile a Minority', *New*

*York Times*, 14 April 2019.

23 Kenneth Roth and Maya Wang, 'Data Leviathan: China's Burgeoning Surveillance State', *New York Review of Books*, 16 August 2019.

24 Christian Shepherd, 'China's SenseTime sells out of Xinjiang joint venture', *Financial Times*, 15 April 2019.

25 Roth and Wang, 'Data Leviathan: China's Burgeoning Surveillance State'; Mohd Ayan, 'China's forced sterilisation on the Uyghur women: a gross violation of human rights', LSE blog, 13 October 2020, <https://blogs.lse.ac.uk/socialpolicy/2020/10/13/chinas-forced-sterilisation-on-the-uyghur-women-a-gross-violation-of-human-rights/> [accessed 2 December 2020].

26 Siminia Mistreanu, 'Life Inside China's Social Credit Laboratory', *Foreign Policy*, 3 April 2018, <https://foreignpolicy.com/2018/04/03/life-inside-chinas-social-credit-laboratory/> [accessed 2 December 2020]; Nicole Kobie, 'The complicated truth about China's social credit system', *Wired*, 7 June 2019, <https://www.wired.co.uk/article/china-social-credit-system- explained> [accessed 2 December 2020]; Strittmatter, *We've Been Harmonised*.

27 Sherisse Pham, 'The United States Strikes a Blow to China's AI Ambitions', *CNN Business*, 10 October 2019.

28 Rebecca Fanin, 'Facebook Copies China's WeChat Once Again. Who Would Have Guessed This?', *Forbes*, 20 June 2019.

29 Shoshana Zuboff , *The Age of Surveillance Capitalism: The Fight for a Human Future at the New Frontier of Power* (New York: Public Affairs, 2019).

30 Guy Rosen, 'New EU Report Finds Progress Fighting Hate Speech', Facebook, 23 June 2020, <https://about.fb.com/news/2020/06/progress-fighting-hate-speech/> [accessed 2 July 2020].

31 Ryan Browne, 'Edward Snowden says "the most powerful institutions in society have become the least accountable" ', CNBC, 4 November 2019, <https://www.cnbc.com/2019/11/04/edward-snowden-warns-about-data-collection-surveillance-at-websummit.html> [accessed 10 July 2020].

32 Barton Gellman, 'NSA infiltrates links to Yahoo, Google data centers worldwide, Snowden documents say', *Washington Post*, 30 October 2013, <https://www.washingtonpost.com/world/national-security/nsa-infiltrates-links-to-yahoo-google-data-centers-worldwidesnowden-documents-say/2013/10/30/e51d661e-4166-11e3-8b74-d89d714ca4dd_story.html> [accessed 15 July 2020].

33 Glenn Greenwald, 'XKeyscore: NSA tool collects "nearly everything a user does on the internet"', *Guardian*, 21 July 2013, <https://www.theguardian.com/world/2013/jul/31/nsa-top-secret-program-online-data> [accessed 16 July 2020].

34 David Cole, '"No Place to Hide" by Glenn Greenwald, on the NSA's sweeping efforts to "Know it All "', *Washington Post*, 12 May 2014, <https://www.washingtonpost.com/opinions/no-place-to-hide-by-glenn-greenwald-on-the-nsas-sweeping-efforts-to-knowit-all/2014/05/12/dfa45dee-d628-11e3-8a78-8fe50322a72c_story.html> [accessed 2 July 2020].

35 'Surveillance Technologies', American Civil Liberties Union (ACLU), <https://www.aclu.org/issues/privacy-technology/surveillance-technologies> [accessed 2 July 2020].

36 René Girard, 'Triangular Desire', in *Deceit, Desire and the Novel: Self and Other in Literary Structure* (Baltimore, MD: Johns Hopkins University Press, 1965), pp. 1–52; René Girard, 'Hamlet's Dull Revenge', in *A eater of Envy: William Shakespeare* (New York: Oxford University Press, 1991), pp. 271–89.

37 Russell Berman and Peter Thiel, 'German 270: Sovereignty and the Limits of Globalization and Technology', Stanford University, Winter Quarter 2019, <https://www.documentcloud.org/documents/5677718-Thiel-German-270-Syllabus.html> [accessed 2 October 2020].

38 비교문학과 정치학을 전공하는 스탠퍼드 대학교 4학년생으로, 2018년에 피터 틸의 '주권과 글로벌화 및 기술의 한계' 강좌를 수강한 샘 울프(Sam Wolfe)와의 인터뷰 (2019년 10월).

39 Sigmund Freud, *Civilization and Its Discontents* (Vienna: Internationaler Psychoanalytischer Verlag Wien, 1930).

40 Darren Lim and Victor Ferguson, 'Decoupling and the Technology Security Dilemma', *China Story Yearbook*, Australian National University, 2020.

41 Yoko Kubota and Liza Lin, 'Beijing Orders Agencies to Swap Out Foreign Tech for Chinese Gear', *Wall Street Journal*, 9 December 2019, <https://www.wsj.com/articles/beijing-orders-agencies-to-swap-out-foreign-tech-for-chinese-gear-11575921277> [accessed 2 July 2020]; Yuan Yang and Nian Liu, 'Beijing orders state offices to replace foreign PCs and soft ware', *Financial Times*, 8 December 2019, <https://www.ft.com/content/b55fc6ee-1787-11ea-8d73-6303645ac406> [accessed 2 July 2020].

42 'The Clean Network', US Department of State, <https://www.state.gov/the-cleannetwork/> [accessed 2 July 2020]; 'US borrows from Beijing's playbook to decouple the Internet from China', Mercator Institute for China Studies, *MERICS China Briefing*, 13 August 2020, <https://merics.org/en/newsletter/us-borrows-beijings-playbookdecouple-internet-china> [accessed 2 September 2020].

43 James Crabtree, 'Trump's TikTok battle heralds the ugly birth of a new splinternet', *Wired*, 21 September 2020, <https://www.wired.co.uk/article/tiktok-china-trump> [accessed 2 October 2020].

44 Yuan Yang and James Fontanella-Khan, 'Grindr sold by Chinese owner after US national security concerns', *Financial Times*, 7 March 2020, <https://www.ft.com/content/ a32a740a-5fb3-11ea-8033-fa40a0d65a98> [accessed 3 October 2020].

45 James Crabtree, 'Trump's TikTok battle heralds the ugly birth of a new splinternet'.

## 02 연결된 사람

1 Circe de Bruin, Lucia Hoenselaars and Machiel Spruijt, 'My Phone Helped Me With Everything', *Public History Amsterdam*, 2 December 2015, <http://publichistory.humanities.uva.nl/queercollection/my-phone-helped-me-with-everything/> [accessed 2 October 2020].

2 Rachel Halliburton, 'How Marine Le Pen is Winning France's Gay Vote', *The Spectator*, 15 August 2016.

3 Caroline Marie Lancaster, 'Not So Radical Aft er All: Ideological Diversity Among Radical Right

Supporters and Its Implications', *Political Studies*, September 2019.

4 Jaime Woo, *Meet Grindr: How one app changed the way we connect* (CreateSpace, 2013).

5 Emma Hope Allwood, 'What's Grindr's new agenda?', *Dazed*, 14 January 2016,<https://www.dazeddigital.com/fashion/article/29181/1/grindr-s-new-agenda> [accessed 4 October 2020].

6 Zygmunt Bauman and David Lyon, *Liquid Surveillance: A Conversation* (Cambridge:Polity, 2012).

7 Zygmunt Bauman and David Lyon, Liquid Surveillance: A Conversation (Cambridge:Polity, 2012).

8 Jean-Claude Kaufmann, *Love Online* (Cambridge: Polity, 2012).

9 'The New Grindr: Zero Feet Away', *CISION PR Newswire*, 1 October 2013, <https://www.prnewswire.com/news-releases/the-new-grindr-zero-feet-away- 225991411.html>[accessed 8 October 2020].

10 Michael Rosenfeld, Reuben J. Thomas, Sonia Hausen, 'Disintermediating yourfriends: How online dating in the United States displaces other ways of meeting', *Proceedings of the National Academy of Sciences*, Volume 116, Issue 36, July 2019.

11 Alfie Bown, 'Tech is turning love into a right-wing game', *Guardian*, 3 May 2018,<https://www.theguardian.com/commentisfree/2018/may/03/tech-love-rightwinggame-facebook-dating-app> [accessed 4 October 2020]; 'Political dating sites are hot', *Economist*, 26 January 2017, <https://www.economist.com/business/2017/01/26/political-dating-sites-are-hot> [accessed 5 October 2020]; Claire Downs, 'I tried the anti-feminist dating app for real "patriots"', *Daily Dot*, 19 September 2019, <https://www.dailydot.com/irl/ patrio-dating-app/> [accessed 8 October 2020].

12 'Table FG4. Married Couple Family Groups, by Presence of Own Children in Specific Age Groups, and Age, Earnings, Education, and Race and Hispanic Origin of Both Spouses: 2010 (thousands)' in 'America's Families and Living Arrangements: 2010', United States Census Bureau, <https://www.census.gov/data/tables/2010/demo/families/cps- 2010.html> [accessed 8 October 2020].

13 Gregory A. Huber and Neil Malhotra, 'Political Homophily in Social Relationships: Evidence from Online Dating Behavior ',*Journal of Politics*, January 2017.

14 Levi Boxell, Matthew Gentzkow and Jesse M. Shapiro, 'Greater Internet use is not associated with faster growth in political polarization among US demographicgroups', *PNAS*, 114, no. 40 (2017), 10612– 17.

15 Dhiraj Murthy, *Twitter: Social Communication in the Twitter Age* (Cambridge: Polity, 2013).

16 Freud, *Civilization and Its Discontents.*

17 J. D. Shadel, 'Grindr was the first big dating app for gay men: Now it's falling out of favor', *Washington Post*, 6 December 2018, <https://www.washingtonpost.com/lifestyle/2018/12/06/grindr-was-first-big-dating-app-gay-men-now- its-falling-out-favor/> [accessed 8 October 2020].

18 Eleanor Hall, 'Misogyny isn't dying out, it just moved to WhatsApp', *GQ*, 21 November 2018, <https://www.gq- magazine.co.uk/article/ whatsapp-groups> [accessed 8 October 2020].

19 Heather Webb, 'The Global Supply Chain of a Mobile Phone', *Ethical Consumer*, 15 October 2018, <https://www.ethicalconsumer.org/technology/global-supply-chainmobile-phone> [accessed 8 June 2020]; Magdalena Petrova, 'We traced what it takes to make an iPhone, from its initial design to the components and raw materials needed to make it a reality', CNBC, 14 December 2018, <https://www.cnbc.com/2018/12/13/inside-apple-iphone-where-parts-and-materials-come-from.html> [accessed 8

June 2020].

20 Ulrich Beck, 'Living your own life in a runaway world: individualisation, globalisation and politics', in Will Hutton and Anthony Giddens (eds), *On the Edge* (New York:Vintage Books, 2001).

21 Bauman and Lyon, *Liquid Surveillance*.

22 See for instance Richard M. Perloff, 'Social Media Effects on Young Women's Body Image Concerns: Theoretical Perspectives and an Agenda for Research', *Sex Roles*, 71(2014), 363–77, <https://doi.org/10.1007/s11199-014-0384-6>.

23 Leon Festinger, 'A theory of social comparison processes', *Human Relations*, 7, no. 2 (1954), 117–40, <doi:10.1177/001872675400700202>.

24 나는 맨체스터 대학교의 사회심리학자인 수잔 스케빙턴(Suzanne Skevington) 교수에게 감사를 표한다. 그녀는 헨리 타즈펠의 지도하에 대학원생으로 일했던 자신의 기억을 공유해 주었다

25 '5 Coolest Cars from Justin Bieber's Instagram', *Newswheel*, 18 January 2016, <https://thenewswheel.com/5-coolest-cars- from-justin-biebers-instagram/> [accessed 8 June 2020]; Greta Heggeness, 'Kelly Ripa & 7 Other Celebs Who Gave Us Rare Glimpses of Th eir Backyard Pools', *Purewow*, 5 October 2020, <https://www.purewow.com/entertainment/celebrity- backyard-pools> [accessed 8 November 2020]; Kim Kardashian's instagram profile, <https://www.instagram.com/kimkardashian/> [accessed 8 November 2020].

26 Ivan Krastev, 'The Ambiguous Legacy of 1989', German Marshall Fund of the United States, 2 October 2015, <https://www.gmfus.org/blog/2015/10/02/ambiguous-legacy-1989> [accessed 8 October 2020].

27 Justyna Pawlak and Marcin Goe, 'For many voters in Poland, economic growth is not enough', Reuters, 20 October 2015.

28 알렉산드르 스몰라르(Aleksandr Smolar), 저자와의 인터뷰(2015).

29 Zygmunt Bauman, *Retropia* (Cambridge: Polity, 2017), p. 100.

30 John Naughton, 'From viral conspiracies to exam fiascos, algorithms come with serious side effects', Guardian, 6 September 2020, <https://www.theguardian.com/technology/2020/sep/06/from-viral-conspiracies-to-exam-fiascos-algorithms-comewith-serious-side-effects> [accessed 8 September 2020].

31 Shoshana Zuboff, *The Age of Surveillance Capitalism: The Fight for a Human Future at the New Frontier of Power* (New York: Public Affairs, 2019).

32 Neil Howe, 'A Special Price Just for You', *Forbes*, 17 November 2017, <https://www.forbes.com/sites/neilhowe/2017/11/17/a-special-price-just-for-you/#12f3b4bf90b3> [accessed 8 September 2020].

33 Rafi Mohammed, 'How Retailers Use Personalized Prices to Test What You're Willing to Pay', *Harvard Business Review*, 20 October 2017, <https://hbr.org/2017/10/how-retailers-use-personalized-prices-to-test-what-youre-willing-to-pay> [accessed 8 September 2020].

34 Marion Dakers, 'Uber knows that customers with dying batteries are more likely to accept surge pricing', *Telegraph*, 22 May 2016, <https://www.telegraph.co.uk/business/2016/05/22/uber-app-can-detect-when-a-users-phone-is-about-to- die/> [accessed 8September 2020].

35 Kate Abnett, 'Will Personalised Pricing Take E-Commerce Back to the Bazaar?', *The Business of Fashion*, 20 March 2015, <https://www.businessoff ashion.com/articles/fashion-tech/personalised-

pricing-turns-e-commerce-online-bazaar> [accessed 8 October 2020].

36 Joseph F. Coughlin, 'The "Internet of Things" Will Take Nudge Theory Too Far', *Bigink*, 27 March 2017, <https://bigthink.com/disruptive-demographics/the-internetof-things-big-data-when-a-nudge-becomes-a-noodge> [accessed 8 October 2020].

37 Byung-Chul Han, *Psychopolitics: Neoliberalism and New Technologies of Power* (London/New York: Verso, 2017).

38 James Williams, *Stand Out of Our Light: Freedom and Resistance in the Attention Economy* (Cambridge: Cambridge University Press, 2018).

39 Kelsey Piper, 'AI could be a disaster for humanity. A top computer scientist thinks he has the solution', Vox, 26 October 2019, <https://www.vox.com/futureperfect/2019/10/26/20932289/ai-stuart-russell-human-compatible> [accessed 9 October2020].

40 Jeffrey Dastin, 'Amazon scraps secret AI recruiting tool that showed bias against women', Reuters, 10 October 2018, <https://www.reuters.com/article/usamazon-com-jobs-automation-insight-idUSKCN1MK08G> [accessed 8 October 2020].

41 Henry Kissinger, 'How the Enlightenment Ends', *Atlantic*, June 2018, <https://www.theatlantic.com/magazine/archive/2018/06/henry-kissinger-ai-could-mean-the-endof-human-history/559124/> [accessed 11 October 2020].

42 Frank Pasquale, *The Black Box Society: The Secret Algorithms at Control Money and Information* (Cambridge MA: Harvard University Press, 2015).

43 Henry Kissinger, Eric Schmidt and Daniel Huttenlocher, 'The Metamorphosis', *Atlantic*, August 2019, <https://www.theatlantic.com/magazine/archive/2019/08/henrykissinger-the-metamorphosis-ai/592771/> [accessed 11 October 2020].

## 03 비평화의 국가 문화

1 'Nearly two-thirds of Czechs oppose taking in war refugees: poll', Reuters, 15 February 2016, <http://www.reuters.com/article/us-europe-migrants-czech-pollidUSKCN0VO1B3> [accessed 13 October 2020].

2 Dominik Jůn, 'Populist politician stages "Islamic State invasion" in Old Town Square', Radio Prague International, 22 August 2016, <http://www.radio.cz/en/section/curraffrs/far-right-politician-stages-islamic-state-invasion-in-old-town-square> [accessed 25 July 2020].

3 Ibid.

4 Jan J. Hansen and Jurgen Osterhammel, *Decolonization: A Short History* (Princeton:Princeton University Press, 2017).

5 Manuel Castells, *The Internet Galaxy: Reflections on the Internet Business and Society* (Oxford University Press, 2003).

6 John B. Judis and Ruy Teixeira, *The Emerging Democratic Majority* (New York: Scribner, 2002).

7 'Transcript: Donald Trump's Victory Speech', *New York Times*, 9 November 2016, <http://www.nytimes.com/2016/11/10/us/politics/trump-speech-transcript.html?smprod=nytcore-iphone&smid=nytcore- iphone-share&_r=0> [accessed 25 July 2020].

8 Casey Newton, 'Read the full transcript of Mark Zuckerberg's leaked internal Facebook meetings', *Verge*, 1 October 2019, <https://www.theverge.com/2019/10/1/20892354/mark-zuckerberg-full-transcript-leaked-facebook-meetings?fb clid=IwAR2FfECh390qMWQJdaq9cq38eOBABmZJaEbyy hcJprnOPjw18t2uRx6MGUM> [accessed 25 July 2020].

9 Ronald Inglehart and Pippa Norris, 'Trump, Brexit, and the Rise of Populism: Economic Have-Nots and Cultural Backlash', HKS Faculty Research Working Paper Series RWP16- 026, August 2016, <https://www.hks.harvard.edu/publications/trumpbrexit-and-rise-populism-economic-have-nots-and-cultural-backlash> [accessed 25 July 2020].

10 David Abernethy, *The Dynamics of Global Dominance: European Overseas Empires, 1415–1980* (New Haven, CT: Yale University Press, 2000).

11 Ibid.

12 Stuart Laycock, *All the Countries We've Ever Invaded: And the Few We Never Got Round To* (Cheltenham: Th e History Press, 2012).

13 Eric Hobsbawm, *Industry and Empire: From to the Present Day* (2nd edition) (London: Penguin Group, 1999).

14 Steve McCaskill, 'London Is "Most Connected" Major City In Th e World', *Silicon.co.uk*, 20 June 2016, <https://www.silicon.co.uk/networks/london-world-wi-fi-daywba-193981> [accessed 25 July 2020].

15 'London is the world's most connected city, HK leads in Asia', *WIT*, 19 May 2016, <http://www.webintravel.com/ rome2rio-global-connectivity-ranking/> [accessed 25 July 2020].

16 'The most globally connected financial centre: Always open and connected across the globe', <https://www.theglobalcity.uk/global-financial-centre> [accessed 25 July 2020].

17 Wolfgang Streek, *Buying Time: The Delayed Crisis of Democratic Capitalism* (London/New York: Verso Books, 2014).

18 예를 들어, 모라비에츠키가 폴란드 TV와 가진 2017년 인터뷰(2017년 10월 19일)를 보면, 그는 베르시드스키(Berszidskij)를 인용하면서 폴란드가 '외국인 소유'의 국가로 볼 수 있다고 언급했다. <https://www.youtube.com/watch?v=3b3y_1uJWIA> [accessed 25 July 2020].

19 Paul Streeten, 'The Use and Abuse of Models in Development Planning', in *The Frontiers of Development Studies* (London: Palgrave Macmillan, 1972),pp. 52–70.

20 Thomas Piketty, Emmanuel Saez and Gabriel Zucman, 'Distributional National Accounts: Methods and Estimates for the United States', *Quarterly Journal of Economics*, 11, no. 2 (2018), 553–609.

21 Susi Dennison, Mark Leonard and Adam Lury, 'What Europeans really feel: The battle for the political system', ECFR, 16 May 2019, <https://www.ecfr.eu/publications/ summary/what_europeans_really_feel_the_battle_for_the_political_system_eu_election> [accessed 25 July 2020].

22 Will Davies, *Nervous States: How Feeling Took Over the World* (London: Jonathan Cape, 2018).

23 Dennison, Leonard and Lury, 'What Europeans really feel'.

## 04 연결성의 지정학

1 노먼 앤젤(Norman Angell)은 책을 출판하여 노벨평화상을 수상한 유일한 인물로, 1910년에 자유무역의 확대가 국가 간의 상호의존성을 높이고 교육의 발전과 함께 전쟁을 비합리적(상호 파괴의 위험으로 인해)이고 비문명적인 것으로 만들 것이라고 주장했다. 1914년 8월 제1차 세계대전의 발발은 그의 주요 논지를 반박하는 것처럼 보였다. 리처드 닉슨의 대중국 개방 정책, 빌리 브란트의 동방정책(Ostpolitik), 그리고 헨리 키신저의 소련과의 데탕트 전략에 대해서도 비슷한 주장들이 제기되었다.

2 Thomas Friedman, *The World Is Flat: A Brief History of the Twenty-first Century* (3rd edition) (London: Picador, 2007).

3 Albert Hirschman, *National Power and the Structure of Foreign Trade* (Berkeley and Los Angeles: University of California Press, 1945).

4 데일 코플랜드(Dale Copeland)는 지도자들이 미래의 무역 환경에 대해 긍정적인 기대를 가질 때, 장기적인 국력을 강화하는 경제적 이익을 확보하기 위해 평화를 유지하고자 한다고 주장한다. 그러나 이러한 기대가 부정적으로 변하면, 지도자들은 원자재와 시장에 대한 접근을 상실할 것을 두려워하게 되며, 상업적 이익을 보호하기 위해 위기를 촉발할 유인이 커진다고 본다. Dale C. Copeland, 'Economic Interdependence and War: A Theory of Trade Expectations', *International Security*, 20, no. 4 (1996), 5–41.

5 Ibid.

6 Erik Gartzke, 'Interdependence really is complex', University of California San Diego, February 2010, <http://pages.ucsd.edu/~egartzke/papers/complexinterdep_02242010.pdf> [accessed 13 October 2020].

7 Center for Strategic and International Studies, 'The Grayzone Project', <https://www.csis.org/grayzone> [accessed 25 July 2020]; Raphael S. Cohen and others, *The Future of Warfare in 2030: Project Overview and Conclusions*, RAND, 2020, <https://www.rand.org/pubs/research_reports/RR2849z1.html> [accessed 25 November 2020].

8 Helmi Noman, 'Internet Censorship and the Intraregional Geopolitical Conflicts in the Middle East and North Africa', *Berkman Klein Center Research Publication No. 1* (2019).

9 Michael Sexton and Eliza Campbell, *Cyber War & Cyber Peace in the Middle East: Digital Conflict in the Cradle of Civilization* (Middle East Institute, October 2020).

10 Ibid.

11 Christopher Bing and Raphael Satter, 'Exclusive: Trump campaign targeted by Iranlinkedhackers – sources', Reuters, 4 October 2019, <https://www.reuters.com/article/us-cyber-security-iran-trump-exclusive/exclusive-trump-campaign-targeted-by-iranlinked-hackers-sources-idUSKBN1WJ2B4> [accessed 25 November 2020].

12 Adam Goldman, 'Spy Betrayed U.S. to Work for Iran, Charges Say', *New York Times*, 13 February 2019, <https://www.nytimes.com/2019/02/13/world/middleeast/air-force-monica-elfriede-witt-iran.html> [accessed 28 November 2020]; 'Ex- US Air Force officer Monica Witt charged with spying for Iran', BBC News, 13 February 2019,<https://www.bbc.com/news/world-us-canada-47231777> [accessed 28 November 2020]; 'Monica Elfriede Witt', *FBI Most Wanted*, 13 February 2019, <https://www.fbi.gov/wanted/counterintelligence/monica-elfriede-witt> [accessed 28 November 2020].

13 'Cyber Operations Tracker', Council on Foreign Relations, <https://www.cfr.org/cyber-operations/> [accessed 28 January 2021].

14 Ariane M. Tabatabai, 'Syria Changed the Iranian Way of War', *Foreign Affairs*, 16 August 2019.

15 'Twitter Suspends 90,000 Accounts Used to Spread Saudi Spam', *Bloomberg*, 20 December 2019.

## 05 비평화의 해부

1 'Turkey's charismatic pro-Islamic leader', BBC Europe, 4 November 2002, <http://news.bbc.co.uk/2/hi/europe/2270642.stm> [accessed 13 October 2020].

2 'Erdoğan's new sultanate', *Economist*, 4 February 2016, <http://www.economist.com/news/special-report/21689871-under-recep-tayip-erdogan-and-his-ak-party-turkey-has-become-richer-and-more-confident> [accessed 25 October 2020].

3 Kathrin Hille and Laura Pitel, 'Russia and Turkey seek to repair ties after Putin and Erdoğan phone call', *Financial Times*, 29 June 2016, <https://www.ft.com/content/210057f2-3df6-11e6-8716-a4a71e8140b0> [accessed 21 October 2020].

4 Dan Drezner, *The Sanctions Paradox: Economic Statecraft and International Relations* (Cambridge: Cambridge University Press, 1999).

5 Joanna Diane Caytas, 'Weaponizing Finance: U.S. and European Options, Tools, and Policies', *Columbia Journal of European Law*, 23, no. 441 (2017).

6 Ellie Geranmayeh, 'Secondary reach of US sanctions in Europe: how far is too far?', ECFR Blog, 12 June 2014, <http://www.ecfr.eu/blog/entry/secondary_reach_of_us_sanctions_in_europe_how_far_is_too_far> [accessed 17 February 2020].

7 Joanna Diane Caytas, 'Weaponizing Finance'; Eric Lichtblau and James Risen, 'Bank Data Is Sifted by U.S. in Secret to Block Terror', *New York Times*, 23 June 2006, <https://www.nytimes.com/2006/06/23/washington/23intel.html> [accessed 16 October 2020].

8 'Facing the sanctions challenge in financial services: A global sanctions compliance study', Deloitte, 2009, <https://www2.deloitte.com/content/dam/Deloitte/ru/Documents/financial-services/Facing%20the%20sanctions%20challenge%20in%20financial%20services.pdf> [accessed 18 February 2020].

9 Juan Zarate, *Treasury's War: The Unleashing of a New Era of Financial Warfare* (New York: Public Affairs, 2013), p. 244.

10 Greg Satell, 'Here's How Obama's Russia Sanctions Will Destroy Vladimir Putin', *Forbes*, 28 April 2014, <http://www.forbes.com/sites/gregsatell/2014/04/28/heres-how-obamas-sanctions-will-destroy-vladimir-putin/> [accessed 18 February 2020].

11 Ibid.

12 'The struggle over chips enters a new phase', *Economist*, 23 January 2021.

13 Nisha Gopalan, 'China May Dismiss U.S. Sanctions. Its Banks Can't', *Bloomberg*, 14 August 2020, <https://www.bloomberg.com/opinion/articles/2020-08-13/china-banks-bowing-to-u-s-sanctions-shows-dollar-s-power> [accessed 18 December 2020].

14 Mark Leonard (ed.), *Connectivity Wars*.

15 Li Keqiang, 'China deepens strategy of domestic demand expansion in the course of reform and opening-up', China.org.cn, 4 March 2012, <http://www.china.org.cn/china/2012-03/04/content_24801231.htm> [accessed 18 February 2020].

16 Dimitri Simes, 'China and Russia ditch dollar in move towards "financial alliance"', *Financial Times*, 17 August 2020, <https://www.ft.com/content/8421b6a2-1dc6-4747-b2e9-1bbfb7277747> [accessed 19 November 2020].

17 Steven Blockmans, 'Extraterritorial sanctions with a Chinese trademark', CEPS, 26 January 2021,<https://www.ceps.eu/ceps-publications/extraterritorial-sanctions-with-a-chinese-trademark/> [accessed 19 November 2020].

18 Hirschman, *National Power and The Structure of Foreign Trade*.

19 Robert D. Atkinson, 'A Remarkable Resemblance', *The International Economy*, Fall 2020.

20 Kate Buck, 'I've seen starving North Korean women executed for eating their own children', *Metro*, 27 February 2019, <https://metro.co.uk/2019/02/27/ive-seen-starving-north-korean-women-executed-for-eating-their-own-children-8726479/> [accessed 21 November 2020].

21 Matthias Neuenkirch and Florian Neumeier, 'The Impact of UN and US Economic Sanctions on GDP Growth', Forschungsschwerpunkt Internationale Wirtschaft (FIW) Working Paper 138 (January 2015), <https://www.fiw.ac.at/fileadmin/Documents/Publikationen/Working_Paper/N_138_NeuenkirchNeumeier.pdf> [accessed 16 February 2020].

22 Rune Friberg Lyme, 'Sanctioning Assad's Syria: Mapping the economic, socioeconomic and political repercussions of the international sanctions imposed on Syria since March 2011', Danish Institute for International Studies (DIIS) Report 13 (2012), <https://www.diis.dk/files/media/publications/import/extra/rp2012-13_sanctioning_assads_syria_web_1.pdf> [accessed 16 February 2020], p. 60; Rania Khalek, 'US and EU Sanctions are Punishing Ordinary Syrians and Crippling Aid Work, U.N. report reveals', *The Intercept*, 28 September 2016, <https://theintercept.com/2016/09/28/u-s-sanctions-are-punishing-ordinary-syrians-and-crippling-aid-work-u-n-report-reveals/> [accessed 16 February 2020].

23 'World Economic Outlook: Global Manufacturing Downturn, Rising Trade Barriers', IMF, October 2019, <https://www.imf.org/en/Publications/WEO/Issues/2019/10/01/world-economic-outlook-october-2019> [accessed 16 February 2020], p. 14.

24 'Inflation rate, average consumer prices', IMF, 2020, <https://www.imf.org/external/ datamapper/

PCPIPCH@WEO/WEOWORLD/VEN> [accessed 16 November 2020]; Emilio Fernandez Corugedo and Jaime Guajardo, 'For Venezuela's Neighbors, Mass Migration Brings Economic Costs and Benefits', IMF Blog, 21 November 2019, <https://blogs.imf.org/2019/11/21/for-venezuelas-neighbors-mass-migration-brings-economic-costs-and-benefits/> [accessed 16 February 2020].

25 'Venezuelan Refugee and Migrant Crisis: Overview', IOM, <https://www.iom.int/venezuela-refugee-and-migrant-crisis> [accessed 16 December 2020].

26 Jerg Gutmann, Matthias Neuenkirch and Florian Neumeier, 'Sanctioned to Death? The Impact of Economic Sanctions on Life Expectancy and its Gender Gap', University of Trier, Research Papers in Economics, no. 6/17 (September 2018), <https://www.uni-trier.de/fileadmin/fb4/prof/VWL/EWF/Research_Papers/2017-06.pdf> [accessed 16 February 2020].

27 Abbas Alnasrawi, 'Iraq: economic sanctions and consequences, 1990–2000', *Third World Quarterly*, 22, no. 2 (2001), 205–18.

28 Ibid.

29 Kee B. Park, Miles Kim and Jessup Jong, 'The Human Costs of UN Sanctions and Funding Shortfalls for Humanitarian Aid in North Korea', *38 North*, 22 August 2019, <https://www.38north.org/2019/08/parkkimjong082219/> [accessed 17 February 2020].

30 Mark Weisbrot and Jeffrey Sachs, 'Economic Sanctions as Collective Punishment: The Case of Venezuela', Center for Economic and Policy Research, April 2019, <https://cepr.net/images/stories/reports/venezuela-sanctions-2019-04.pdf> [accessed 17 February 2020].

31 Ibid., p. 11.

32 Marton Dunai, 'Hungary welcomes wealthy Chinese despite migrant hostility', Reuters, 5 October 2016, <http://www.reuters.com/article/us-europe-migrants-china-hungary-idUSKCN1250RN> [accessed 20 February 2020].

33 Robert Velkey, 'News About Injured Survivors of the Verona Bus Accident', *Hungary Today*, 28 February 2017, <http://hungarytoday.hu/news/91762> [accessed 18 February 2020].

34 Ibid.

35 Csaba Tóth, 'Full text of Viktor Orbán's speech at Băile Tuşnad (Tusnádfürdő) of 26 July 2014', *The Budapest Beacon*, 29 July 2014, <https://budapestbeacon.com/full-text-of-viktor-orbans-speech-at-baile-tusnad-tusnadfurdo-of-26-july-2014/> [accessed 10 February 2020].

36 Jonathan E. Hillman, 'How Big Is China's Belt and Road?', Center for Strategic and International Studies, 3 April 2019, <https://www.csis.org/analysis/how-big-chinas-belt-and-road> [accessed 10 April 2020].

37 Dragan Pavlićević and Agatha Kratz, 'Testing the China Threat paradigm: China's high-speed railway diplomacy in Southeast Asia', *The Pacific Review*, 31, no. 2 (2018), 151–68.

38 Keith Barney, 'High speed rail could bankrupt Laos, but it'll keep China happy', *The Conversation*, 7 April 2014, <http://theconversation.com/high-speed-rail-could-bankrupt-laos-but-itll-keep-china-happy-22657> [accessed 10 February 2020].

39 반면 연구원 아가타 크라츠(Agatha Kratz)가 보고한 바에 따르면, 인터뷰한 다수의 현지 안보 관계

자들은 오늘날의 전쟁에서 철도를 이용하는 것에 관해 낙관적이었다. 왜냐하면 철도는 몇 발의 정밀 유도 미사일로 쉽게 파괴될 수 있기 때문이다(저자와의 이메일 교환, 2020년 9월).

40 James Kynge and Jonathan Wheatley, 'China pulls back from the world: rethinking Xi's "project of the century"', *Financial Times*, 11 December 2020, <https://www.ft.com/content/d9bd8059-d05c-4e6f-968b-1672241ec1f6> [accessed 21 February 2021].

41 Jude Blanchette and Jonathan E. Hillman, 'China's Digital Silk Road after the Coronavirus', Center for Strategic and International Studies, 13 April 2020, <https://www. csis.org/analysis/chinas-digital-silk-road-after-coronavirus> [accessed 21 February 2021].

42 David Sanger, *The Perfect Weapon: War, Sabotage, and Fear in the Cyber Age* (Melbourne: Scribe Publications, 2018).

43 'Zhu Hua', *FBI Most Wanted*, 20 December 2018, <https://www.fbi.gov/wanted/cyber/zhu-hua> [accessed 10 February 2020].

44 'APT10 was managed by the Tianjin bureau of the Chinese Ministry of State Security', *Intrusion Truth*, 15 August 2018, <https://intrusiontruth.wordpress.com/2018/08/15/apt10-was-managed-by-the-tianjin-bureau-of-the-chinese-ministry-of-state-security/> [accessed 10 February 2020].

45 Brian Barrett, 'How China's Elite Hackers Stole the World's Most Valuable Secrets', *Wired*, 20 December 2018, <https://www.wired.com/story/doj-indictment-chinese-hackers-apt10/> [accessed 10 February 2020].

46 Henry Farrell and Abraham L. Newman, 'Weaponized Interdependence: How global economic networks shape state coercion', *International Security*, 44, no. 1 (2019), 42–79.

47 Farrell and Newman quoted in Michael Hirsch, 'How America's Top Companies Created the Surveillance State', *National Journal*, 26 July 2013, <http://www.nextgov.com/cio-briefing/2013/07/analysis-how-americas-top-tech-companies-created-surveillance-state/67490/> [accessed 16 October 2020].

48 Alex Hern, 'WannaCry, Petya, NotPetya: how ransomware hit the big time in 2017', *Guardian*, 30 December 2017, <https://www.theguardian.com/technology/2017/dec/30/wannacry-petya-notpetya-ransomware> [accessed 10 February 2020].

49 'Chinese Cyber Spies Hack Taiwan Ruling Party: FireEye', *Security Week*, 2 June 2016,<https://www.securityweek.com/chinese-cyber-spies-hack-taiwan-ruling-party-fireeye> [accessed 13 February 2020].

50 Herbert Lin, 'The Existential Threat From Cyber Enabled Information Warfare', *Bulletin of the Atomic Scientists*, 75 (June 2019), 187–96.

51 Ibid.

52 Christopher Wray, 'The FBI and the National Security Threat Landscape: The Next Paradigm Shift', *FBISpeeches*, 26 April 2019, <https://www.fbi.gov/news/speeches/the-fbi-and-the-national-security-threat-landscape-the-next-paradigm-shift> [accessed 13 February 2020].

53 Kristin Shi-Kupfer and Mareike Ohlberg, 'China's Digital Rise: Challenges for Europe', *MERICS Papers on China*, 7, April 2019.

54 James Kynge and Nian Liu, 'From AI to facial recognition: how China is setting the rules in new tech', *Financial Times*, 7 October 2020, <https://www.ft.com/content/188d86df-6e82-47eb-a134-2e1e45c777b6> [accessed 16 December 2020].

55 Ibid.

56 Adrian Shahbaz, 'Freedom on the Net 2018: The Rise of Digital Authoritarianism', Freedom House, 2018, <https://freedomhouse.org/report/freedom-net/2018/rise-digital-authoritarianism> [accessed 16 December 2020].

57 Kieron O'Hara and Wendy Hall, 'Four Internets: the Geopolitics of Digital Governance', *CIGI Papers Series*, 7 December 2018, <https://www.cigionline.org/publications/four-internets-geopolitics-digital-governance> [accessed 14 July 2020].

58 'Erdoğan: Daha ileri giderseniz sınır kapıları açılır', *Hürriyet*, 25 November 2016, <http://www.hurriyet.com.tr/erdogan-daha-ileri-giderseniz-sinir-kapilarini-acariz-40288025> [accessed 14 July 2020].

59 'Turkish president threatens to send millions of Syrian refugees to EU', *Guardian*, 12 February 2016, <https://www.theguardian.com/world/2016/feb/12/turkish-president-threatens-to-send-millions-of-syrian-refugees-to-eu> [accessed 14 July 2020].

60 Kelly M. Greenhill, *Weapons of Mass Migration: Forced Displacement, Coercion, and Foreign Policy* (Ithaca, NY: Cornell University Press, 2011).

61 Sholto Byrnes, 'Colonel Gaddafi warns Europe over "turning black"', *New Statesman*, 1 December 2010, <https://www.newstatesman.com/blogs/the-staggers/2010/12/obama-gaddafi-black-europe> [accessed 14 July 2020].

62 Greenhill, *Weapons of Mass Migration*.

63 Kelly M. Greenhill, 'Migration as a Weapon in Theory and in Practice', *Military Review*, November/December 2016, p. 27.

64 Frank Mattern and others, 'Europe's New Refugees: A Road Map for Better Integration Outcomes', McKinsey Global Institute, 1 December 2016, p. 1.

65 Michael A. Clemens, 'Economics and Emigration: Trillion-Dollar Bills on the Side-walk?', *Journal of Economic Perspectives*, 25, no. 3 (2011).

66 'Migrant crisis: Russia and Syria "weaponising" migration', *BBC News*, 2 March 2016, <http://www.bbc.com/news/world-europe-35706238> [accessed 14 July 2020].

67 'Overview of Rules on Entry and Residence of Nationals of CIS Member Countries in the Russian Federation', V. I. Vernadsky Crimean Federal University, <https://eng.cfuv.ru/viza-i-migracionnaya-podderzhka/overview-of-rules-on-entry-and-residence-of-nationals-of-cis-member-countries-in-the-russian-federation> [accessed 14 July 2020]; 'Tajik Migrants with Re-entry Bans to the Russian Federation', IOM, 2014, <https://publications.iom.int/books/tajik-migrants-re-entry-bans-russian-federation> [accessed 14 July 2020].

68 Mark Leonard, 'Getting a Grip on Migration', *Project Syndicate*, 17 June 2016, <https:// www.project-syndicate.org/onpoint/getting-a-grip-on-migration-by-mark-leonard-2016-06> [accessed 14 October

2020].

69 Jonathan Woetzel and others, 'People on the move: global migration's impact and opportunity', McKinsey Global Institute, December 2016, p. 1.

70 Ibid., p. 13.

71 Ibid.

72 Dan Senor and Saul Singer, *Start-up Nation: The Story of Israel's Economic Miracle* (New York: Twelve, 2009).

73 'Number of foreign fighters in Iraq and Syria doubles in a year, report finds', *Guardian*, 8 December 2015, <https://www.theguardian.com/world/2015/dec/08/isis-foreign-fighters-iraq-syria-doubles-report> [accessed 17 October 2020].

74 Richard Hall, 'Isis caliphate defeated: Victory declared as Islamic State loses last of its territory', *Independent*, 23 March 2019, <https://www.independent.co.uk/news/world/middle-east/isis-caliphate-over-islamic-state-territory-lose-syria-iraq-terrorists-jihadis-a8781896.html> [accessed 14 October 2020].

75 Jessica Stern and J. M. Berger, 'Thugs wanted – bring your own boots: how Isis attracts foreign fighters to its twisted utopia', *Guardian*, 9 March 2015, <https://www.theguardian.com/world/2015/mar/09/how-isis-attracts-foreign-fighters-the-state-of-terror-book> [accessed 14 October 2020].

76 John Sutter and Lawrence Davidson, 'Teen tells climate negotiators they aren't mature enough', CNN, 17 December 2018, <https://edition.cnn.com/2018/12/16/world/greta-thunberg-cop24/index.html> [accessed 14 October 2020].

77 Linda Givetash, 'Australian wildfires declared among the "worst wildlife disasters in modern history"', *NBC News*, 28 July 2020, <https://www.nbcnews.com/news/world/australian-wildfires-declared-among-worst-wildlife-disasters-modern-history-n1235071> [accessed 14 October 2020].

78 Naomi Klein, '"We have a once-in-century chance": Naomi Klein on how we can fight the climate crisis', *Guardian*, 14 September 2019, <https://www.theguardian.com/books/2019/sep/14/crisis-talk-green-new-deal-naomi-klein> [accessed 14 December 2020].

79 'About us', Rainforest Concern, <https://www.rainforestconcern.org/about-us> [accessed 14 December 2020].

80 E. S. Brondizio, J. Settele, S. Díaz, and H. T. Ngo (eds), *Global assessment report on biodiversity and ecosystem services of the Intergovernmental Science-Policy Platform on Biodiversity and Ecosystem Services* (Bonn: IPBES secretariat, 2019).

81 Nina Tannenwald, 'Life Beyond Arms Control: Moving Toward a Global Regime of Nuclear Restraint and Responsibility', American Academy of Arts and Sciences, 2020.

82 Laurens Cerulus and Eline Schaart, 'How the UN migration pact got trolled', *Politico*, 3 January 2019, <https://www.politico.eu/article/united-nations-migration-pact-how-got-trolled/> [accessed 4 April 2021].

## 06 새로운 권력 지형

1 Yuval Noah Harari, *Homo Sapiens: A Brief History of Humankind* (London: Harvill Secker, 2014).

2 Jürgen Osterhammel, *The Transformation of the World: A Global History of the Nineteenth Century* (Princeton: Princeton University Press, 2014).

3 Eric Hobsbawm, *The Age of Revolution: Europe zy89–z848* (London: Weidenfeld & Nicolson, 1962).

4 Vanessa Ogle, *The Global Transformation of Time 1870–1950* (Cambridge, MA: Harvard University Press, 2015).

5 Ibid.

6 Ibid.

7 Osterhammel, *The Transformation of the World.*

8 Friedman, *The World Is Flat.*

9 네트워크 과학의 기본 개념에 대한 자세한 소개는 다음을 참조하라. M. E. J. Newman, *Networks: An Introduction* (New York: Oxford University Press, 2010).

10 Anne-Marie Slaughter, 'The Real New World Order', *Foreign Affairs*, September/ October 1997, <https://www.foreignaffairs.com/articles/1997-09-01/real-new-world-order> [accessed 27 July 2020].

11 네트워크에 관한 놀라운 연구들이 많이 이루어졌다. 이 자리에서 특히 언급하고 싶은 것은 다음과 같다. Anne-Marie Slaughter, *The Chessboard and the Web: Strategies of Connection in a Networked World* (New Haven, CT: Yale University Press, 2017); Parag Khanna, *Connectography: Mapping the Global Network Revolution* (London: Weidenfeld & Nicolson, 2017); Niall Ferguson, *The Square and the Tower: Networks, Hierarchies and the Struggle for Global Power* (London: Penguin, 2018); Albert-László Barabási, *Linked: How Everything Is Connected to Everything Else and What It Means for Business, Science and Everyday Life* (New York: Penguin, 2002); Manuel Castells's three-volume Information Age trilogy: *The Rise of Network Society* (Oxford: Blackwell, 1996), *The Power of Identity* (1997) and *End of Millennium* (1998); Manuel Castells, *Communication Power* (Oxford University Press, 2009); Manuel Castells, *The Internet Galaxy: Reflections on the Internet Business and Society* (Oxford University Press, 2003); Manuel Castells, *Networks of Outrage and Hope: Social Movements in the Internet Age* (Cambridge: Polity, 2015).

12 John F. Padgett and Walter W. Powell, 'The Problem of Emergence', in *The Emergence of Organizations and Markets* (Princeton, NJ: Princeton University Press, 2012), p. 2.

13 Sulzhan Bali, Kearsley A. Stewart and Muhammad Ali Pate, 'Long shadow of fear in an epidemic: fearonomic effects of Ebola on the private sector in Nigeria', *BMJ Global Health*, 2016, <http://gh.bmj.com/content/1/3/e000111> [accessed 27 October 2020].

14 Ibid.

15 Miller McPherson, Lynn Smith-Lovin and James M. Cook, 'Birds of a Feather: Homophily in Social Networks', *Annual Review of Sociology*, 27, no. 1 (2001), 415–44.

16 Barabási, Linked.

17 Tom Goodwin, 'The Battle Is For The Customer Interface', *Tech Crunch*, 3 March 2015,<https://

techcrunch.com/2015/03/03/in-the-age-of-disintermediation-the-battle-is-all-for-the-customer-interface/> [accessed 27 October 2020].

18 Anne-Marie Slaughter, 'How to Succeed in the Networked World: A Grand Strategy for the Digital Age', *Foreign Affairs*, November/December 2016, <https://www.foreign affairs.com/articles/world/2016-10-04/how-succeed-networked-world> [accessed 13 October 2020].

19 Slaughter, *The Chessboard and the Web.*

20 Barabási, *Linked.*

21 Peter Csermely and others, 'Structure and dynamics of core/periphery networks', Journal of Complex Networks, 1 (2013), 93–123, <https://arxiv.org/pdf/1309.6928.pdf> [accessed 27 October 2020].

22 Joshua Cooper Ramo, *The Seventh Sense: Power, Fortune, and Survival in the Age of Networks* (Boston, MA: Little, Brown & Company, 2016).

23 Howard French, *China's Second Continent: How a Million Migrants Are Building a New Empire in Africa* (London: Vintage, 2015).

## 07 연결성의 제국

1 Douglas McGray, 'The Marshall Plan', *Wired*, 2 January 2003, <https://www.wired.com/2003/02/marshall/> [accessed 14 October 2020].

2 'The dragon's new teeth', *Economist*, 7 April 2012, <http://www.economist.com/node/2155 2193?fsrc=nlw per cent7Chig per cent7C4-5-2012 per cent7C1303226 per cent7C36310463> [accessed 14 October 2020].

3 Laura Rosenberger, 'Making Cyberspace Safe for Democracy: The New Landscape of Information Competition', *Foreign Affairs*, May/June 2020, <https://www.foreignaffairs.com/articles/china/2020-04-13/making-cyberspace-safe-democracy> [accessed 27 November 2020].

4 Shawn Donnan, 'Biden Wants a Foreign Policy That Puts Middle-Class America First', *Bloomberg*, 4 February 2021, <https://www.bloomberg.com/news/articles/2021-02-04/bidens-foreign-policy-focuses-on-middle-class-americans> [accessed 15 February 2021]; Salman Ahmed and others, 'Making U.S. Foreign Policy Work Better for the Middle Class', Carnegie Endowment for International Peace, 23 September 2020,<https://carnegieendowment.org/2020/09/23/ making-u.s.-foreign-policy-workbetter-for-middle-class-pub-82728> [accessed 27 November 2020].

5 'Exclusive Interview: Jake Sullivan, Biden's National Security Adviser', *NPR Politics Podcast*, 30 December 2020, <https://www.npr.org/transcripts/951503916> [accessed 3 January 2021].

6 'The Biden Plan to rebuild U.S. supply chains and ensure the U.S. does not face future shortages of critical equipment', joebiden.com <https://joebiden.com/supplychains/> [accessed 27 November 2020].

7 Kurt M. Campbell and Jake Sullivan, 'Competition Without Catastrophe: How America Can Both Challenge and Coexist With China', *Foreign Affairs*, September/October 2019, <https://

www.foreignaffairs.com/articles/china/competition-withchina-without-catastrophe> [accessed 27 November 2020].

8 Leonard, *What Does China Think?*

9 Qin Yaqing, *A Relational Theory of World Politics* (Cambridge: Cambridge University Press, 2018).

10 Emilian Kavalski, 'Guanxi or What is the Chinese for Relational Theory of World Politics', *International Relations of the Asia-Pacific*, 18, no. 3 (2018), 397–420.

11 Qin, *A Relational Theory of World Politics*.

12 Kevin Yao, 'What we know about China's "dual circulation" economic strategy', Reuters, 15 September 2020, <https://www.reuters.com/article/china-economy-transformationexplainer-idUSKBN2600B5> [accessed 16 October 2020].

13 Julian Gewirtz, 'The Chinese Reassessment of Interdependence', *China Leadership Monitor*, 1 June 2020, <https://www.prcleader.org/gewirtz> [accessed 16 October 2020].

14 Ibid

15 'EU Antitrust Boss Flags Facebook Crypto Libra for Monopoly Risks – CCN Markets', *Litecoin Investor*, 5 September 2019, <https://litecoininvestor.net/eu-facebookcrypto-libra-monopoly-risk/> [accessed 16 October 2020].

16 Pascal Lamy, 'The New World of Trade', ECIPE, May 2015, <https://ecipe.org/publications/new-world-trade/> [accessed 20 October 2020].

17 Anu Bradford, *The Brussels Effect: How the European Union Rules the World* (Oxford: Oxford University Press, 2020).

18 Zaki Laidi, *Norms Over Force: The Enigma of European Power* (London: Palgrave Macmillan, 2008).

19 Nikita Kwatra and Sriharsha Devulapalli, 'By distancing China in tech, India may be-shooting itself in the foot', Mint, 26 September 2020, <https://www.livemint.com/news/india/by-distancing-china-in-tech-india-may-be-shooting-itself-in-the-foot-11601045308847.html> [accessed 20 October 2020].

20 'The new scramble for Africa: This time, the winners could be Africans themselves', *Economist*, 9 March 2019, <https://www.economist.com/leaders/2019/03/07/ the-newscramble-for-africa>[accessed 24 October 2020].

## 결론: 연결성 무장해제

1 Yansheng Ma Lum and Raymond Mun Kong Lum, Sun Yat-sen in Hawaii: Activities and Supporters (Honolulu: University of Hawaii Press, 1999).

2 'Recovery from Codependency', Good Therapy, 21 November 2019, <https://www.goodtherapy.org/learn-about-therapy/issues/codependency/recovery> [accessed 2 November 2020].

3 John Boswell and others, 'Place-based Politics and Nested Deprivation in the U.K.: Beyond Cities-towns, "Two Englands" and the "Left Behind"', Journal of Representative Democracy, 24 April 2020, <https://doi.org/10.1080/00344893.2020.1751258>.

4 'US–China Trade Relations: A way forward', US–China Trade Policy Working Group, 27 October 2019, <https://en.nsd.pku.edu.cn/docs/20191102095843918441.pdf> [accessed 2 November 2020].

5 Paul Scheffer, 'Het multiculturele drama', NRC Handelsblad, 19 January 2000, <https://retro.nrc.nl/W2/Lab/Multicultureel/scheffer.html> [accessed 2 November 2020].

6 Paul Scheffer, Immigrant Nations (Cambridge: Polity, 2011).

7 Jonathan Haidt, 'When and Why Nationalism Beats Globalism', The American Interest, July 2016.

8 See for example Mark Zuckerberg, 'Building Global Community', Facebook, 16 February 2017, <https://www.facebook.com/notes/mark-zuckerberg/building-globalcommunity/10154544292806634/> [accessed 2 November 2020]; Cal Newport, Digital Minimalism: Choosing a Focused Life in a Noisy World (London: Portfolio, 2019); Jenna Clark, 'What Makes Technology Good or Bad for Us?', Greater Good Magazine, 2 May 2019, https://greatergood.berkeley.edu/article/item/what_makes_technology_good_or_bad_for_us> [accessed 2 December 2020].

9 Anthony Giddens, 'A magna carta for the digital age', Washington Post, 2 May 2018, <https://www.washingtonpost.com/news/theworldpost/wp/2018/05/02/artificial-intelligence/> [accessed 2 December 2020].

# 찾아보기

# 저자 소개

**마크 레너드(Mark Leonard)**

마크 레너드는 최초의 범유럽 싱크탱크인 유럽외교관계협의회(European Council on Foreign Relations)의 공동 설립자이자 관련 연구를 책임지고 있다. 그는 또한 현재 워싱턴 DC의 미국 의회도서관에서 헨리 키신저 외교정책 및 국제관계 의장(Henry A Kissinger chair in foreign policy and international relations)을 맡고 있다. 이전에는 유럽개혁센터(Centre for European Reform) 외교정책 소장, 그리고 전 영국 총리 토니 블레어의 후원 아래 24세의 나이에 설립한 외교정책센터(Foreign Policy Centre) 소장을 역임했다. 또한 그는 워싱턴에 본부를 두고 있는 독일마셜재단(German Marshall Fund) 대서양 지역 대표로 미국에서 근무했고, 중국사회과학원의 객원 학자로 베이징에서 오랜 시간을 보냈다.

그의 주요 관심 분야는 지정학과 지경학, 중국, 유럽연합(EU) 정치 및 제도 등이다. 그는 정부, 기업, 국제기구가 21세기의 중요한 지정학적 경향을 이해하도록 돕는 데 많은 시간을 할애하고 있다. 그의 글은 『이코노미스트』, 『가디언』, 『파이낸셜 타임스』,『월스트리트 저널』, 『타임』,『뉴스위크』 등 주요 세계적 언론에 게재되고 있다.

# 옮긴이들

**김일곤**
한국외국어대학교 정치학 박사
한국외국어대학교 EU연구소 인문사회연구사업단 전임연구원
저·역서 및 논문 『유럽석탄철강공동체(ECSC) 설립조약』(번역·해제, 2022); 『주요국 사용자단체의 현황과 역할 비교분석』(공저, 2020); 「유럽의 전환 실험과 전략적 함의 : 유럽 그린 딜(EGD)을 중심으로」(2023) 외

**박상준**
한국외국어대학교 정치학 박사
한국외국어대학교 EU연구소 인문사회연구사업단 전임연구원
저·역서 및 논문 『유럽경제공동체(EEC) 설립조약, 유럽원자력공동체(Euratom) 설립조약』(공역·해제, 2023); 『사회적 유럽 선언』(번역, 2021); 「기후 위기와 유럽노동조합연맹의 인식 : 사회생태적 계약을 중심으로」(2023) 외

**이영주**
한국외국어대학교 정치학 박사
한국외국어대학교 EU연구소 인문사회연구사업단 전임연구원
저·역서 및 논문 「정치 인구학을 통해 본 EU 인구 위기와 그 영향」(2023). 「중앙은행디지털화폐(CBDC) 발행 논의의 전개와 디지털 유로화(Digital Euro) : 유럽중앙은행(ECB)의 입장 및 디지털 유로화 발행의 의미를 중심으로」(2022) 외

**이하얀**
불가리아 국립 소피아대학교 정치학 박사
한국외국어대학교 EU연구소 인문사회연구사업단 전임연구원
저·역서 및 논문 『통합전환 이후 동유럽인의 삶·도시·문화』(공저, 2023); 『러시아-우크라이나 전쟁과 중동부유럽 주요국의 지정학적 위기 대응 전략』(공저, 2022); 「불가리아의 러시아 에너지 무기화에 대한 에너지 독립 전략과 시사점 분석」(2023) 외

한국외국어대학교 EU연구소 신사회계약인문사회총서 08

**비평화의 시대**
**연결성이 어떻게 갈등의 원인이 되는가**

**초판 인쇄** 2025년 3월 21일
**초판 발행** 2025년 3월 25일

**지은이** 마크 레너드
**옮긴이** 김일곤 · 박상준 · 이영주 · 이하얀
**발행인** 박정식
**기획** 신선호
**편집장** 장혜정
**도서편집** 박미현
**디자인** 최재영
**출판행정** 김가은
**경영기획** 김세희
**인사행정** 김지은 유빈
**재무회계** 곽순석 김세아
**캐릭터** 김세원
**발행처** 한국외국어대학교 지식출판콘텐츠원
02450 서울특별시 동대문구 이문로 107
전화 02)2173-2494~7
FAX 02)2173-3363
홈페이지 http://press.hufs.ac.kr
전자우편 press@hufs.ac.kr
출판등록 제6-6호(1969. 4. 30)
**인쇄·제본** 주)파일투프린트 02)2285-0620

**ISBN** 979-11-7199-296-6 [93340] **정가** 23,000원

* 잘못된 책은 교환하여 드립니다.



HUINE 은 한국외국어대학교출판부의 어학도서, 사회과학도서, 지역학 도서 Sub Brand이다. 한국외대의 영문명인 HUFS, 현명한 국제전문가 양성(International+Intelligent)의 의미를 담고 있으며, 휴인(携引)의 뜻인 '이끌다, 끌고 나가다'라는 의미처럼 출판계를 이끄는 리더로서, 혁신의 이미지를 담고 있다.